D1663594

Hans-Georg Pott (Hrsg.)
Eichendorff und die Spätromantik

Schriften des Eichendorff-Instituts
an der Universität Düsseldorf

Literaturwissenschaftliches Institut der
Stiftung Haus Oberschlesien

Hans-Georg Pott (Hrsg.)

Eichendorff und die Spätromantik

Ferdinand Schöningh

Paderborn · München · Wien · Zürich

2. Auflage 1988

© 1985 Ferdinand Schöningh, Paderborn
(Verlag Ferdinand Schöningh, Jühenplatz 1, D-4790 Paderborn)

Printed in Germany. Gesamtherstellung Ferdinand Schöningh.

ISBN 3-506-76956-1

Inhalt

Vorwort

Die Beziehung zur geistigen Vergangenheit in der falsch auferstandenen Kultur ist vergiftet. Der Liebe zum Vergangenen gesellt vielfach sich die Ranküne gegen das Gegenwärtige; der Glaube an einen Besitz, den man doch verliert, sobald man ihn unverlierbar wähnt; das Wohlgefühl im vertraut Überkommenen, in dessen Zeichen gern jene dem Grauen entfliehen, deren Einverständnis es bereiten half. Die Alternative zu alledem scheint schneidend: der Gestus: „Das geht nicht mehr". Allergie gegen das falsche Glück der Geborgenheit bemächtigt eifernd sich auch des Traumes vom wahren, und die gesteigerte Empfindlichkeit gegen Sentimentalität zieht sich auf den abstrakten Punkt des bloßen Jetzt zusammen, vor dem das Einst so viel gilt, als wäre es nie gewesen. Erfahrung wäre die Einheit von Tradition und Sehnsucht nach dem Fremden.[1]

Dem Verständnis Eichendorffs und seiner Zeit galten die Vorträge (wie auch die Diskussionen und Tischgespräche) des Kolloquiums am 28./29. September 1984 im Eichendorff-Institut in Ratingen-Hösel, die hier vorgelegt werden. Weder antiquarische (gar ideologische) Bewahrung noch vordergründige Aktualität lagen in der Absicht der Aussprachen. Das was an ihnen aktuell erscheint, ist vielmehr das streng Zurückgebundene, und Einiges wurde aus der Vergessenheit in die Erinnerung gebracht.

Ein Gesamteindruck — wenn man ihn denn schlagwortartig benennen wollte — wäre zusammengefaßt in dem Titel: *Eichendorff dazwischen.* Zwischen der dogmatischen Religiosität seiner späten theoretischen Schriften und dem hartnäckigen Widerspruch seiner Dichtung; zwischen den Stühlen der politischen Strömungen seiner Zeit und zwischen den Strömungen der Literatur seiner Zeit — einschließlich der romantischen (dies bezeugt überdeutlich sein Rückblick auf die Romantik in der „Geschichte der poetischen Literatur Deutschlands"). Er steht — wenn ein letzter bildhafter Vergleich gestattet ist — mit einem Bein stets mittendrin und mit dem andern stets draußen. Das Wo dieses Vergleichs erschließt sich aus der Lektüre der Texte.

Die Überschrift „Spätromantik" in bezug auf Eichendorff hat keinerlei programmatische Bedeutung.

---

[1] T. W. Adorno: Zum Gedächtnis Eichendorffs, in: Noten zur Literatur I, Frankfurt/Main 1971, 105–145, hier 105.

Noch ist kein Menschenalter vergangen, seit die moderne Romantik, wie eine prächtige Rakete, funkelnd zum Himmel emporstieg, und, nach kurzer, wunderbarer Beleuchtung der nächtlichen Gegend, oben in tausend Sterne spurlos zerplatzte.[2]

Gleichwohl hält Eichendorff an ihr zwei charakteristische Momente fest, „die sie von andern Literatur-Epochen unterscheiden: erstens die Allgemeinheit des geistigen Umschwungs, der nicht etwa, wie in früheren Perioden, die Poesie allein oder wohl gar nur einzelne Gattungen derselben, sondern den ganzen Ideenkreis erfaßte; und zweitens das religiöse Grundwesen dieses Umschwungs“[3]. Das betrifft insbesondere das Verhältnis zur Philosophie, die in den romantischen Diskurs unmittelbar eintritt oder — wo sie ihren Separatismus behauptet — „eben nur das wissenschaftlich begründete, was gleichzeitig die Romantik an den einzelnen Erscheinungen des Lebens poetisch nachzuweisen strebte“[4].

Der verspätete Wanderer

Wo aber werd' ich sein im künft'gen Lenze?
So frug ich sonst wohl, wenn beim Hüteschwingen
Ins Tal wir ließen unser Lied erklingen,
Denn jeder Wipfel bot mir frische Kränze.

Ich wußte nur, daß rings der Frühling glänze,
Daß nach dem Meer die Ströme leuchtend gingen,
Vom fernen Wunderland die Vögel singen,
Da hatt' das Morgenrot noch keine Grenze.

Jetzt aber wird's schon Abend, alle Lieben
Sind wandermüde längst zurückgeblieben,
Die Nachtluft rauscht durch meine welken Kränze.

Und heimwärts rufen mich die Abendglocken,
Und in der Einsamkeit frag' ich erschrocken:
Wo werde ich wohl sein im künft'gen Lenze?

Derart hat sich Eichendorff selbst unter dem *Unstern* geboren gedacht. Dem Fehlsignal einer von der Hebamme aus dem Fenster geworfenen Windel folgt der unzeitig zum Erdengruß abgefeuerte Böllerschuß:

die Schloßuhr schlug ganz verwirrt zwölfe dazwischen — alles umsonst ... die Konstellation, trotz der vortrefflichen Aspecten, war verpaßt, ich wurde grade um anderthalb Minuten zu spät geboren. / Eine lumpige Spanne Zeit! u. doch holt sie keiner wieder ein, das Glück ist einmal im Vorsprung, er im Nachtrab, u. es ist

---

[2] J. v. Eichendorff: Neue Gesamtausgabe der Werke und Schriften in vier Bänden, Darmstadt 1959, Bd. IV, 453.
[3] Ebd. 396.
[4] Ebd. 397.

schlecht traben, wenn man vor lauter Eile mit der einen Hand in den falschen Ärmel gefahren, u. mit der andern, um keine Zeit zu verlieren, sich die Beinkleider halten muß. Um ein Haar ist er überall der erste, um ein Haar macht er die brillantesten Partien im Lande, um ein Haar bekommt er einen Lorbeerkranz im Morgenblatt u. Orden mit Eichenlaub, Bändern u. Schleifen wie ein Festochs; kurz: er findet überall ein Haar, bis er selbst keins mehr auf dem Kopfe hat.[5]

Eichendorff: *Der verspätete Wanderer.*

Dazwischen, zwischen den Zeiten — das läßt sich auch im Traumbild fassen, das die Zeiten verräumlicht und damit verbildlicht (im „Taugenichts" findet es seine poetische Gestaltung):

Da träumte mir, ich säße auf der Schwelle vor meines Vaters Haus u. blätterte in Bertuchs Bilderbuch, der Schnee tröpfelte ständig vom Dach, die Sonne schien warm durch die Fenster über den getäfelten Fußboden der Zimmer hinter mir, drin hörte ich die Flötenuhr das alte Stückchen spielen. (. . .) Als ich (noch ganz) verwirrt in meinem Zimmer umhersah, war das Licht tief heruntergebrannt, von draußen sah ein fremdes Land mit schneeflimmernden Gebirgszacken durch die Fenster herein, die Heimat war so fern . . .[6]

Das Affirmative, das man glaubt bei Eichendorff in den Vordergrund stellen zu müssen, die Verherrlichung des Positiven, betrifft kein Seiendes, sondern mit dem „Akzent unfehlbaren metaphysischen Takts"[7] das Sein, Ziel alles Wanderns: „nach Haus". Der Wanderer schreitet seltsam quer oder schräg zum fortschreitenden Gang des Weltgeistes, zum vergangenen feudalen und zum ausschreitenden bürgerlichen Prozeß.

Dabei gilt: „Eichendorffs Bewahrendes ist weit genug, sein eigenes Gegenteil mitzuumfassen. Seine Freiheit zur Einsicht in das Unwiderrufliche des geschichtlichen Prozesses ist dem Konservatismus der spätbürgerlichen Phase gänzlich abhanden gekommen."[8]

Derart kollabiert auch sein „schweifeld erotischer Utopismus"[9], wie er programmatisch in der „Schönen Fremde" aus Ausdruck kommt.

Schöne Fremde

Es rauschen die Wipfel und schauern,
Als machten zu dieser Stund'
Um die halbversunkenen Mauern
Die alten Götter die Rund'.

Hier hinter den Myrtenbäumen
In heimlich dämmernder Pracht,

---

[5] A. a. O., Bd. II, 1000 f.
[6] Ebd. 998 f.
[7] Adorno, a. a. O., 112.
[8] Ebd. 115.
[9] Ebd. 118.

Was sprichst du wirr wie in Träumen
Zu mir, phantastische Nacht?

Es funkeln auf mich alle Sterne
Mit glühendem Liebesblick,
Es redet trunken die Ferne
Wie von künftigem, großem Glück! –

Das „wie", „als ob" und der Konjunktiv (der bekannteste wohl im „Es
war, als hätt' der Himmel ...") nehmen die Momente des Utopischen
zurück. Eichendorff sah die Vertreibung aus dem Paradies als noch nicht
ganz gelungen an. Mit ansehen zu müssen, wie der Rest ständig schwindet – dies ist vielleicht die Ursache seiner Melancholie.

Eichendorffs sowohl allegorische wie requisitenhafte poetische Sprache ist von einem zutiefst mystischen Impuls beseelt: „die Wörter
wegzuschwemmen von ihren abgezirkelten Bedeutungen und sie, indem
sie sich berühren, aufleuchten zu machen"[10] – das berührt zweifellos
diesen Impuls. Worin er gründet, läßt sich hier nur andeuten. Das
Figurative seiner Sprache und der sprachlichen Bilder verweist in den
Bereich des Ursprungs – nicht als einem Werden des aus ihm Entsprin-
genden, sondern dem Werden und Vergehen Entspringendem.[11] Eine
Denkfigur Jacob Böhmes trifft hier zu: Nichts sei geworden, das nicht
seine Figur „als ein Schatten in der großen ewigen *Magia* gehabt hätte"[12].
Als lebendiger Buchstabe ist dichterische Sprache: Gottes „selbständiges
ausgesprochenes Wort und Wesen"[13].

Die sichtbare Welt ruht vor einem dunklen Hinter-Grund, in dem ihr
Sinn verschlossen liegt; aber von diesem Hintergrund strahlt ein Licht
aus, das die menschliche Seele beleuchtet – „Am Lichtsinn/errätst du
die Seele" (Celan) –, sobald sie sich nur der Herrschaft des Ichs erledigt.
Sodann hat der Mensch in seinem trauernden und freudigen Dasein teil
an diesem Licht-Blick, der den dunklen Sinn – das „Sprachdunkel"
(Adorno) –, das schlafende Lied erweckt im poetischen Wort.

*

Die Vorträge werden mit den stilistischen Eigenheiten der jeweiligen
Typoskripte in zwei Blöcken abgedruckt. Im ersten stehen einzelne
Dichtungen Eichendorffs im Mittelpunkt; im zweiten wird sein Werk mit

---

[10] Ebd. 130.
[11] Vgl. W. Benjamin: Gesammelte Schriften I/1, Frankfurt/Main 1974, 226.
[12] J. Böhme: Sämtliche Schriften, Reprint der Ausgabe von 1730 in elf Bänden,
neu herausgegeben von W.-E. Peuckert, Stuttgart 1957, Bd. IV (De incarnatione
verbi), 7.
[13] A. a. O., Bd. VI (De signatura rerum), 2.

anderen Kon-Texten teils in Zusammenhang gebracht, teils auch wird ein Abstand hergestellt. Die im Anschluß an die Vorträge stichwortartig zusammengefaßten Diskussionen wollen nicht deren Komplexität reduzieren und auf einen griffigen Nenner bringen; sie wollen und können nur ihre Richtungen, die Motive und Bedenken mehr erinnern als plausibel machen und allenfalls zum Weiterdenken veranlassen.

Mein besonderer Dank gilt meinen Mitarbeiterinnen Frau Cornelia Nolte, die die Diskussionen aufnahm, protokollierte und zusammenfaßte, und Frau Margret Diehl, die für nahezu alles gesorgt hat, was für das Zustandekommen und die erfolgreiche Durchführung des Kolloquiums notwendig war.

Im Januar 1985   *Hans-Georg Pott*

I. GLÜCKSSTERNE – UNSTERNE

Herbert Anton

„Geist des Spinozismus" in Eichendorffs „Taugenichts"

Werk und Leben eines Dichters können in einer Wechselbeziehung stehen oder einander radikal ausschließen. Beides ist an sich schwer auszumachen, und die jeweilige Entscheidung geht zu Lasten des Interpreten, der – so ein dem griechischen „tychein" verwandter Sinn des Wortes „taugen" – glücklich an ein Ziel gelangt, ohne selbst Herr des Weges zu sein. Unter der Voraussetzung, daß Werk und Leben eines Dichters Entitäten eigener Art sind, bedeutet dies auch, daß einem Dichter verborgen bleiben kann, welch Geistes Kind sein ganzes Werk oder ein einzelnes seiner Werke ist, wenn es – wie Euphorion in Goethes *Faust* – ausruft:

> Ich will nicht länger
> Am Boden stocken;
> Laßt meine Hände,
> Laßt meine Locken,
> Laßt meine Kleider!
> Sie sind ja mein.[1]

Daraus ergeben sich Konsequenzen für die Einschätzung der Deutungsgeschichte und Deutung von Eichendorffs *Taugenichts*. Es ist – von Eichendorffs Dichtungs- und Daseinsverständnis her gesehen – leicht zu erraten, wen die Erzählung preist, wenn ihr Taugenichts im freien Feld seine liebe Geige vornimmt und – auf der Landstraße fortgehend – spielt und singt:

> Wem Gott will rechte Gunst erweisen,
> Den schickt er in die weite Welt,
> Dem will er seine Wunder weisen
> In Berg und Wald und Strom und Feld.

---

[1] Goethe: Faust, Vers 9723 ff. Goethes Werke, hrsg. von E. Trunz, Bd. III, Hamburg 1969 (9), S. 293.

Die Trägen, die zu Hause liegen
Erquicket nicht das Morgenrot,
Sie wissen nur vom Kinderwiegen
Von Sorgen, Last und Not um Brot.

Die Bächlein von den Bergen springen,
Die Lerchen schwirren hoch vor Lust,
Was sollt ich nicht mit ihnen singen
Aus voller Kehl und frischer Brust?

Den lieben Gott laß ich nur walten;
Der Bächlein, Lerchen, Wald und Feld
Und Erd und Himmel will erhalten,
Hat auch mein' Sach' aufs best bestellt![2]

Der „liebe Gott" des Liedes ist „Gott der Herr", den „alle guten Geister
loben" und in dessen Namen sie auch zu Felde ziehen „gegen den
lärmenden Hexensabbat unserer neuesten unschönen Literatur, wo die
Konfusion endlich so groß geworden, daß die Christen heidnisch und die
Juden (. . .) christlich dichten"[3].

Eichendorff versteht sich − apostolischer Traditionen eingedenk − als
eine Art poetischer „miles Christi", der „in Gottes Namen fährt", und
wenn es einst dunkelt, das himmlische Tor stürmt:

Und wenn es einst dunkelt,
Der Erd bin ich satt,
Durchs Abendrot funkelt
Eine prächt'ge Stadt:
Von den goldenen Türmen
Singet der Chor,
Wir aber stürmen
Das himmlische Tor.[4]

Es ist folgerichtig und überzeugend, in diesem Zusammenhang nach
einer „emblematischen Formel" als „clavis interpretandi" der Dichtungen Eichendorffs zu suchen, um „Wahrheit, Natur und Dichtung in ihre
als wesentlich-ursprünglich gedachte Bezüglichkeit zu bringen"[5]. Dazu
gehören − so ein Wegbereiter emblematischer Eichendorff-Interpretation − dichterische „Geographie als Theologie" und die Frage: „Was
meint der Dichter, wenn er Rom sagt, da er Rom doch offenkundig nicht

---

[2] Eichendorff: Aus dem Leben eines Taugenichts, Werke, Bd. II, München 1970,
S. 566.
[3] Eichendorff: Schriften zur Literatur, a. a. O. Bd. III, S. 924.
[4] Eichendorff: A. a. O. S. 925 und Gedichte, a. a. O. Bd. I, S. 272. Zu „miles
Christi" vgl. A. von Harnack, Militia Christi, München 1905.
[5] A. von Bormann: Natura loquitur. Naturpoesie und emblematische Formel bei
Joseph von Eichendorff, Tübingen 1968, S. 6.

meint?"⁶ Den Bezugspunkt bildet der Anblick Roms, von dem der Taugenichts erzählt:

Ich war Tag und Nacht eilig fortgegangen, denn es sauste mir lange in den Ohren, als kämen die von dem Berge mit ihrem Rufen, mit Fackeln und langen Messern noch immer hinter mir drein. Unterweges erfuhr ich, daß ich nur noch ein paar Meilen von Rom wäre. Da erschrak ich ordentlich vor Freude. Denn von dem prächtigen Rom hatte ich schon zu Hause als Kind viele wunderbare Geschichten gehört, und wenn ich dann an Sonntagsnachmittagen vor der Mühle im Grase lag und alles ringsum so stille war, da dachte ich mir Rom wie die ziehenden Wolken über mir, mit wundersamen Bergen und Abgründen am blauen Meer, und goldnen Toren und hohen glänzenden Türmen, von denen Engel in goldenen Gewändern sangen. – Die Nacht war schon wieder lange hereingebrochen, und der Mond schien prächtig, als ich endlich auf einem Hügel aus dem Walde heraustrat, und auf einmal die Stadt in der Ferne vor mir sah. – Das Meer leuchtete von weitem, der Himmel blitzte und funkelte unübersehbar mit unzähligen Sternen, darunter lag die heilige Stadt, von der man nur einen langen Nebelstreif erkennen konnte, wie ein eingeschlafener Löwe auf der stillen Erde, und Berge standen daneben, wie dunkle Riesen, die ihn bewachten. / Ich kam nun zuerst auf eine große, einsame Heide, auf der es so grau und still war, wie im Grabe. Nur hin und her stand ein altes verfallenes Gemäuer oder ein trockener wunderbar gewundener Strauch; manchmal schwirrten Nachtvögel durch die Luft, und mein eigener Schatten strich immerfort lang und dunkel in der Einsamkeit neben mir her. Sie sagen, daß hier eine uralte Stadt und die Frau Venus begraben liegt, und die alten Heiden zuweilen noch aus ihren Gräbern heraufsteigen und bei stiller Nacht über die Heide gehn und die Wanderer verwirren. Aber ich ging immer gerade fort und ließ mich nichts anfechten. Denn die Stadt stieg immer deutlicher und prächtiger vor mir herauf, und die hohen Burgen und Tore und goldenen Kuppeln glänzten so herrlich im hellen Mondschein, als ständen wirklich die Engel in goldenen Gewändern auf den Zinnen und sängen durch die stille Nacht herüber.⁷

Es kann kein Zweifel bestehen, „die Stadt – wer möchte sie jetzt noch Rom nennen? – steht nicht im Hier und Heute, sondern im Dort und Immer"⁸. Das verbindet sie mit einem Musterbeispiel allegorischer Interpretation, mit Jerusalem: „geschichtlich eine Stadt auf Erden, allegorisch die Kirche, tropologisch die Seele des Gläubigen, anagogisch die himmlische Gottesstadt"⁹. Die mehrfachen Schriftsinne können zusammenhängend oder isoliert betrachtet werden und erschließen sich „entsprechend dem Aspekt, unter dem das Wort nach seinem Sinn befragt wird, dem Ausleger nach der historischen, der allegorischen, der

---

⁶ O. Seidlin: Versuche über Eichendorff, Göttingen 1965, S. 15 und 29.
⁷ Eichendorff: Aus dem Leben eines Taugenichts, S. 613.
⁸ O. Seidlin: A. a. O. S. 30.
⁹ F. Ohly: Vom geistigen Sinn des Wortes im Mittelalter, Darmstadt 1960, S. 11.

tropologischen oder der anagogischen Dimension des Wortsinnes"[10].
Dies führt auch die Deutungsgeschichte der Erzählung Eichendorffs vor
Augen, wenn zum Beispiel Lukács den „dauernden Erfolg" der Erzählung mit der in ihr „immanent enthaltenen Polemik" erklärt und behauptet: „Diese schöne, tendenzlose Idylle drückt als Ganzes polemisch eine
Revolte aus gegen die – menschlich gesehen – zwecklose und inhumane
Geschäftigkeit des modernen Lebens."[11] Eines ähnlichen Argumentes
bedient sich Emrich, der feststellt: „Die Natur- und Wanderpoesie
Eichendorffs hat vor allem den Sinn, den Menschen aus den Beengun-
gen seiner erstarrten Gesellschaftsformen und Vorstellungen zu befreien, wie sein Taugenichts ein einziger, wenn auch sehr liebenswürdi-
ger wandernder Protest ist gegen die philiströsen Arbeitsversklavungen
unserer Welt."[12] Es kann kein Zweifel bestehen, daß Deutungen solcher
Art einem möglichen Sinn des Textes gerecht werden. Allerdings hat
Eichendorff „hellsichtig" – mit diesem Argument geht Emrich über
Lukács hinaus – „die Selbsttäuschung des modernen Geistes" durch-
schaut, „als sei sein seelen- oder geistvoller Protest gegen die verödende
technische Welt etwas anderes als gerade Ausdruck dieser Welt"[13]. Das
bedeutet: indem Eichendorff – im Bewußtsein des Widerstreites von Ich
und Welt, Sollen und Sein, Endlichkeit und Unendlichkeit – Tauge-
nichtsdasein und „ewigen Sonntag" preist[14], geht es um mehr. Es geht um
die Versöhnung von Himmel und Erde, von Ewigkeit und Zeit, so daß
eine „Grundmelodie" erklingt, die zugleich irdisch und überirdisch ist:
„Die wahre Grundmelodie ist irdisch und überirdisch zugleich, wie die
Heimat und schöne alte Zeit, die Eichendorffs Lieder unermüdlich
besingen, in einer eigentümlich doppelsinnigen Weise die wirkliche
irdische Heimat und Kindheit des Menschen wie auch die überirdische,
jenseitige Heimat aller Seelen zugleich meint und ineins faßt."[15] Es liegt
nahe, in diesem Zusammenhang – auch mit Jakob Böhme – an biblische
Sündenfall- und Erlösungslehre zu denken, an die Vertreibung aus dem
Paradies und an die Rückkehr in den Garten Gottes:

> Blick auf! Schon schweifen Paradiesesvögel,
> Schon wehen Wunderklänge aus der Ferne,
> Der Garten Gottes steigt aus Morgenflammen.[16]

---

[10] F. Ohly: A. a. O. S. 10.
[11] G. Lukács: Deutsche Realisten des 19. Jahrhunderts, Berlin 1956, S. 57 f.
[12] W. Emrich: Dichtung und Gesellschaft bei Eichendorff, in: Eichendorff heute,
hrsg. von P. Stöcklein, Darmstadt 1966 (2), S. 60.
[13] W. Emrich: A. a. O. S. 62.
[14] Eichendorff: Aus dem Leben eines Taugenichts, S. 565.
[15] W. Emrich: A. a. O. S. 63 f.
[16] Eichendorff: Der Fromme, Gedichte, S. 263.

Mit dem Sündenfall war Adam „monstrosisch worden", und er „schämete sich seiner monstrosischen Gestalt"[17], während es ihm wie einem „Diebe" ergeht, der aus einem „schönen Lustgarten" vertrieben wird: „Er meinet, er habe die Jungfrau nun gekriegt, er greiffet zu mit seinem Tappen, und will sich mit der Jungfrauen insinuiren, und dencket, er habe den Braten, der werde ihm nun nicht entlauffen, er wolle die Perle wol finden. Aber es gehet ihm wie einem Diebe, der aus einem schönen Lustgarten ist ausgetrieben, da er wolschmeckende Frucht hat gessen, kommt also und gehet um den verschlossenen Garten, und äße gerne mehr der guten Frucht, und kann aber nicht hinein; sondern muß mit einer Hand hineinlangen und kann die Frucht nicht erlangen: es kommt aber der Gärtner, und nimmt ihm die Frucht aus der Hand, also muß er ledig abziehen, und wird seine Lust in Unlust gesetzet."[18] Aber „Gott wolte sein heiliges, geoffenbartes Wort, das sich mit Erschaffung Adams hatte in ein Ens eingeführet, welches der Teufel in der Schlangen Ente aus dem Zorne verdeckte, nicht verlassen, sondern dasselbe Ens wiederum eröffnen, und der Schlangen Enti damit den Kopf zertreten."[19] Dies geschah durch Christus, und darum darf Adam „aufstehen und das Paradies wieder einnehmen, und ewig besitzen"[20]. Gewiß hat auch Eichendorff in diesem Glauben Trost gefunden. Sein Taugenichts läßt „den lieben Gott" auf andere Weise „walten", und der „Geist der Erzählung"[21] weist über biblische Sündenfall- und Erlösungslehren hinaus. Das verrät des Taugenichts „Gestalt". Sie ist nicht „monstrosisch", sondern „schön", so daß der „doppelgeschlechtliche" Maler Guido in seinen Anblick vertieft entzückt ausruft: „Come è bello"[22]. Auch wird der Taugenichts nicht „aus einem schönen Lustgarten" ausgetrieben"[23], sondern — so seine Sicht der Verabschiedung durch einen irdischen Vater — von „Gott in die weite Welt geschickt". Dies läßt als „Gunst" — denn es heißt ausdrücklich: „Wem Gott will rechte Gunst erweisen, den schickt er in die weite Welt" — Zweifel an orthodoxer Sündenfall- und Erlösungslehre und damit an emblematischer Eichendorff-Interpretation aufkommen — auch eines Argumentes der „Romantischen Schule" Heines eingedenk, das zwar Philosophen anspricht, aber nichtsdestoweniger ebenso — oder

---

[17] J. Böhme: Beschreibung der Drey Principien Göttliches Wesens (X/6–7), Sämtliche Schriften, Faksimile-Neudruck der Ausgabe von 1730, hrsg. von W.-E. Peuckert, Bd. II, Stuttgart 19, S. 103.
[18] J. Böhme: A. a. O. S. 159 (XIII/40).
[19] J. Böhme: Mysterium Magnum (XIII/47), a. a. O. Bd. VII, S. 177.
[20] J. Böhme: A. a. O. (XVIII/3), S. 117.
[21] Th. Mann: Der Erwählte (Wer läutet?).
[22] Eichendorff: Aus dem Leben eines Taugenichts, S. 594.
[23] J. Böhme: Beschreibung der Drey Principien Göttliches Wesens, (XIII/40), a. a. O. S. 159.

sogar mehr — Dichter angeht: „Wenn man den Spinoza einst aus seiner
starren, altkartesianischen, mathematischen Form erlöst und ihn dem
großen Publikum zugänglicher macht, dann wird sich vielleicht zeigen,
daß er mehr als jeder andere über Ideendiebstahl klagen dürfte. Alle
unsere heutigen Philosophen, vielleicht oft, ohne es zu wissen, sehen sie
durch die Brillen, die Baruch Spinoza geschliffen hat."[24] Gilt dies auch für
den „vortrefflichen Dichter Freiherr von Eichendorff"[25], und welcher Art
sind „die Brillen, die Baruch Spinoza geschliffen hat"? Eine epoche-
machende Antwort gab Goethe in *Dichtung und Wahrheit:* „Glücklicher-
weise hatte ich in mich das Dasein und die Denkweise eines außer-
ordentlichen Mannes aufgenommen, zwar nur unvollständig und wie auf
den Raub, aber ich empfand davon doch schon bedeutende Wirkungen.
Dieser Geist, der so entschieden auf mich wirkte, und der auf meine
ganze Denkweise so großen Einfluß haben sollte, war Spinoza. Nachdem
ich mich nämlich in aller Welt um ein Bildungsmittel meines wunder-
lichen Wesens vergebens umgesehen hatte, geriet ich endlich an die
Ethik dieses Mannes. Was ich mir aus dem Werke mag herausgelesen,
was ich in dasselbe mag hineingelesen haben, davon wüßte ich keine
Rechenschaft zu geben, genug, ich fand hier eine Beruhigung meiner
Leidenschaften, es schien sich mir eine große und freie Aussicht über die
sinnliche und sittliche Welt aufzutun."[26] Damit begann auch die „Erlösung" Spinozas aus „seiner starren, altkartesianischen, mathematischen
Form"[27]. Sie vollzog sich als Sprachereignis und ließ Goethe bereits in
der Lili-Lyrik als „Spinoza der Poesie"[28] in Erscheinung treten:

> Herz, mein Herz, was soll das geben?
> Was bedränget dich so sehr?
> Welch ein fremdes neues Leben —
> Ich erkenne dich nicht mehr.[29]

Die Ursache der „Veränderung, ach, wie groß"[30], ist Liebe, die als
zeitlich und ewig zugleich erfahren wird:

> Trocknet nicht, trocknet nicht,
> Tränen der heiligen Liebe!
> Ach, den halbtrocknen Augen schon

---

[24] Heine: Die romantische Schule, hrsg. von H. Weidmann, Stuttgart 1976, S. 89.
Vgl. dazu und zu dem Folgenden A. Henkel, Entsagung. Eine Studie zu
Goethes Altersroman, Tübingen 1964 (2), S. 114 ff.
[25] Heine: A. a. O. S. 150.
[26] Goethe: Dichtung und Wahrheit, Werke, a. a. O. Bd. X, S. 34 (III/14).
[27] Heine: A. a. O. S. 89.
[28] Heine: Zur Geschichte der Religion und Philosophie in Deutschland (3. Buch).
[29] Goethe: Neue Liebe, neues Leben, Gedichte, Werke, a. a. O. Bd. I, S. 96.
[30] Goethe: Neue Liebe, neues Leben, a. a. O. S. 96.

Wie öde, tot ist die Welt!
Trocknet nicht, trocknet nicht,
Tränen der ewigen Liebe![31]

Eichendorffs Taugenichts weiß nicht, daß es Tränen „ewiger Liebe"
sind, die er als Erdenmensch „bitterlich" um zeitlicher Liebe willen
weint[32], und er hat auch keinen Begriff von Spinozas „amor Dei intellectualis", von der „geistigen Liebe der Seele zu Gott, die ein Teil der
unendlichen Liebe ist, womit Gott sich selbst liebt"[33]. Dessenungeachtet
lebt er diese Liebe, und das enthüllt den „Geist der Erzählung"[34] – aller
Einwände Eichendorffs gegen die „Humanitätsreligion"[35] und den
„geistreichen spanischen Juden Spinoza" ungeachtet[36] – als „Geist des
Spinozismus", nach dem Lessing Jacobi in einem epochemachenden
Gespräch im Juli 1780 in Wolfenbüttel eindringlich befragte: „Ich merke,
wir verstehen uns. Desto begieriger bin ich, von Ihnen zu hören: was Sie
für den *Geist* des Spinozismus halten; ich meyne den, der in Spinoza
selbst gefahren war". Jacobi antwortete: „Das ist wohl kein anderer
gewesen, als das Uralte: *a nihilo nihil fit;* welches Spinoza, nach abgezogenern Begriffen, als die philosophirenden Cabbalisten und andere vor
ihm, in Betrachtung zog. Nach diesen abgezogenern Begriffen fand er,
daß durch ein jedes Entstehen im Unendlichen, mit was für Bildern und
Worten man ihm auch zu helfen suche, durch einen jeden Wechsel in
demselben, ein Etwas aus dem Nichts gesetzt werde. Er verwarf also
jeden Übergang des Unendlichen zum Endlichen; überhaupt alle *Causas
transitorias, secundarias* und *remotas;* und setzte an die Stelle des emani-
renden ein nur immanentes Ensoph; eine inwohnende, ewig in sich
unveränderliche Ursache der Welt, welche mit allen ihren Folgen zusam-
mengenommen – Eins und dasselbe wäre."[37]
   „Ensoph" oder „En-sof" ist als „Unendliches" oder – so Jakob Böhmes
Benennungsversuch – „Ungrund"[38] die verborgene Gottheit der Kab-
bala, die „in der Tiefe ihres eigenen Wesens unerkennbar ruht" und
„über allen Aussagen steht"[39]. Darum gibt es „keine Bilder, die sie

[31] Goethe: Wonne der Wehmut, a. a. O. S. 104.
[32] Eichendorff: Aus dem Leben eines Taugenichts, S. 573.
[33] Spinoza: Die Ethik, hrsg. von O. Baensch, Hamburg 1967, S. 289 (V/36).
[34] Th. Mann: Der Erwählte (Wer läutet?)
[35] Eichendorff: Schriften zur Literatur, S. 291 ff.
[36] Eichendorff: A. a. O. S. 681.
[37] F. H. Jacobi: Über die Lehre des Spinoza, in Briefen an Herrn Moses Mendels-
     sohn, Werke, hrsg. von F. Roth und F. Köppen, Bd. IV, Darmstadt 1980, S. 56
     (1. Abteilung). Vgl. dazu und zu dem Folgenden H. Timm, Gott und die
     Freiheit. Studien zur Religionsphilosophie der Goethezeit, Frankfurt 1974.
[38] J. Böhme: De signatura rerum (III/2), a. a. O. Bd. VI, S. 18.
[39] G. Scholem: Von der mystischen Gestalt der Gottheit, Frankfurt 1973, S. 31.

abbilden, keine Namen, die sie benennen", wohl aber eine „mystische Gestalt, die sich unter Bildern und Namen darstellt"[40]. Nun kannte Jacobi freilich „nichts trüberes als dies System"[41], und sein „Credo" schloß es mit Spinoza aus: „Im Spinoza steht mein Credo nicht. – Ich glaube eine verständige persönliche Ursache der Welt."[42] Nicht anders denkt und glaubt Eichendorff, wenn er gegen Spinoza einwendet:

Indem er jedoch mit seinem All im All Gott und die Welt identifiziert, mithin die Persönlichkeit Gottes wie die des Menschen und dessen innere Selbständigkeit und sittliche Freiheit aufhebt, macht auch er alle Religion nicht nur überflüssig, sondern gradezu unmöglich.[43]

Der „Geist der Erzählung" erweist das Gegenteil. Er ist „Freude am Dasein" als Ausdruck der „Freude des Daseins"[44] und erlaubt seiner Inkarnation als Taugenichts einen „Gott" zu loben, der – durchaus im Sinne der *Ethik* Spinozas und ihrer mystischen Interpretation – in „vermenschlichender Redeweise" angesprochen werden darf und zugleich eine „solche Rede weit übersteigende Realität des göttlichen Seins" wahrt.[45] Darum kommt es auch nicht – den Ringen in Lessings dramatischem Gedicht *Nathan der Weise* vergleichbar – auf Bildvorstellungen und Bilddarstellungen der Theophanie an, wenn es grundsätzlich um „amor Dei intellectualis" geht, und darum darf der Taugenichts in Rom sogar als Hirtenknabe die „heilige Jungfrau" und „das Jesuskind" anbeten, um dem „lieben Gott" und sich selber „ordentlich" zu gefallen:

Der Maler aber hatte unterdes das hölzerne Gerüst, worauf ein sehr großes Papier aufgespannt war, näher an das Fenster herangerückt. Auf dem Papiere war bloß mit großen schwarzen Strichen eine alte Hütte gar künstlich abgezeichnet. Darin saß die heilige Jungfrau mit einem überaus schönen, freudigen und doch recht wehmütigen Gesichte. Zu ihren Füßen auf einem Nestlein von Stroh lag das Jesuskind, sehr freundlich, aber mit großen, ernsthaften Augen. Draußen auf der Schwelle der offnen Hütte aber knieten zwei Hirtenknaben mit Stab und Tasche. – „Siehst du", sagte der Maler, „dem einen Hirtenknaben da will ich deinen Kopf aufsetzen, so kommt dein Gesicht doch auch etwas unter die Leute, und will's Gott, sollen sie sich daran noch erfreuen, wenn wir beide schon lange begraben sind und selbst so still und fröhlich vor der heiligen Mutter und ihrem Sohne knien, wie die glücklichen Jungen hier." – Darauf ergriff er einen alten Stuhl, von dem ihm aber, da er ihn aufheben wollte, die halbe Lehne in der Hand blieb. Er

[40] G. Scholem: A. a. O. S. 31.
[41] Goethe-Jacobi: Briefwechsel, hrsg. von M. Jacobi, Leipzig 1846, S. 73 (8. Mai 1784).
[42] F. H. Jacobi: Über die Lehre des Spinoza, a. a. O. S. 58 f.
[43] Eichendorff: Schriften zur Literatur, S. 681.
[44] Goethe: Die schön geschriebenen ..., Westöstlicher Divan, Werke, a. a. O. Bd. II, S. 70.
[45] G. Scholem: A. a. O. S. 8.

paßte ihn geschwind wieder zusammen, schob ihn vor das Gerüst hin, und ich mußte mich nun daraufsetzen und mein Gesicht etwas von der Seite, nach dem Maler zu, wenden. – So saß ich ein paar Minuten ganz still, ohne mich zu rühren. Aber ich weiß nicht, zuletzt konnt ich's gar nicht recht aushalten, bald juckte mich's da, bald juckte mich's dort. Auch hing mir gerade gegenüber ein zerbrochner halber Spiegel, da muß ich immerfort hineinsehen, und machte, wenn er eben malte, aus Langeweile allerlei Gesichter und Grimassen. Der Maler, der es bemerkte, lachte endlich laut auf und winkte mir mit der Hand, daß ich wieder aufstehen sollte. Mein Gesicht auf dem Hirten war auch schon fertig, und sah so klar aus, daß ich mir ordentlich selber gefiel.[46]

Die demütige Verehrung der „heiligen Mutter"[47] findet ihre Entsprechung in der Vergöttlichung einer irdischen Geliebten, denn eine vermeintlich „schöne gnädige Frau" ist ein Waisenkind[48], das zu einer göttlichen Geliebten erhoben wird, wenn der Taugenichts aus voller Brust und Lust singt:

Wohin ich geh und schaue,
In Feld und Wald und Tal
Vom Berg hinab in die Aue:
Vielschöne, hohe Fraue,
Grüß ich dich tausendmal.

In meinem Garten find ich
Viel Blumen, schön und fein,
Viel Kränze wohl draus wind ich,
Und tausend Gedanken bind ich
Und Grüße mit darein.

Ihr darf ich keinen reichen,
Sie ist zu hoch und schön,
Die müssen alle verbleichen,
Die Liebe nur ohnegleichen
Bleibt ewig im Herzen stehn.

Ich schein wohl froher Dinge
Und schaffe auf und ab,
Und ob das Herz zerspringe,
Ich grabe fort und singe
Und grab mir bald mein Grab.[49]

Der Taugenichts singt weiter, aber er gräbt nicht fort, und bald drückt er die mit ihm in Ewigkeit und Zeit geborene Geliebte ans Herz, der zum

[46] Eichendorff: Aus dem Leben eines Taugenichts, S. 617 f.
[47] Eichendorff: Die heilige Mutter, Gedichte, S. 292.
[48] Eichendorff: Aus dem Leben eines Taugenichts, a. a. O. S. 645 ff.
[49] Eichendorff: A. a. O. S. 572.

Lobe und Gott zur Ehre er — durch den „fröhlichen Herrn Leonhard"
ermuntert[50] — Goethes Gedicht *Wiederfinden* hätte aufsagen können:

Ist es möglich! Stern der Sterne,
Drück' ich wieder dich ans Herz!
Ach, was ist die Nacht der Ferne
Für ein Abgrund, für ein Schmerz!
Ja, du bist es! meiner Freuden
Süßer, lieber Widerpart;
Eingedenk vergangner Leiden,
Schaudr' ich vor der Gegenwart.

Als die Welt im tiefsten Grunde
Lag an Gottes ew'ger Brust,
Ordnet' er die erste Stunde
Mit erhabner Schöpfungslust,
Und er sprach das Wort: „Es werde!"
Da erklang ein schmerzlich Ach!
Als das All mit Machtgebärde
In die Wirklichkeiten brach.

Auf tat sich das Licht! So trennte
Scheu sich Finsternis von ihm,
Und sogleich die Elemente
Scheidend auseinander fliehn.
Rasch, in wilden, wüsten Träumen
Jedes nach der Weite rang,
Starr, in ungemeßnen Räumen,
Ohne Sehnsucht, ohne Klang.

Stumm war alles, still und öde,
Einsam Gott zum erstenmal!
Da erschuf er Morgenröte,
Die erbarmte sich der Qual;
Sie entwickelte dem Trüben
Ein erklingend Farbenspiel,
Und nun konnte wieder lieben
Was erst auseinander fiel.

Und mit eiligem Bestreben
Sucht sich, was sich angehört
Und zu ungemeßnem Leben
Ist Gefühl und Blick gekehrt.
Sei's Ergreifen, sei es Raffen,
Wenn es nur sich faßt und hält!

---

[50] Eichendorff: A. a. O. S. 642: „Die Liebe — darüber sind nun alle Gelehrten einig
— ist eine der kuragiösesten Eigenschaften des menschlichen Herzens, die
Bastionen von Rang und Stand schmettert sie mit einem Feuerblicke darnieder,
die Welt ist ihr zu eng und die Ewigkeit zu kurz."

Allah braucht nicht mehr zu schaffen,
Wir erschaffen seine Welt.

So, mit morgenroten Flügeln,
Riß es mich an deinen Mund,
Und die Nacht mit tausend Siegeln
Kräftigt sternenhell den Bund.
Beide sind wir auf der Erde
Musterhaft in Freud' und Qual,
Und ein zweites Wort: Es werde!
Trennt uns nicht zum zweitenmal.[51]

Mit Goethe „sieht man auch hier leicht", wie „die Erlösung nicht allein von Ewigkeit her beschlossen, sondern als ewig notwendig gedacht wird, ja daß sie durch die ganze Zeit des Werdens und Seins sich immer wieder erneuern muß"[52]. Aber Eichendorff ist nicht Goethe, und wiederholt betont er in den *Schriften zur Literatur:*

Seine Poesie war und blieb eine Naturpoesie im höheren Sinne. Da ist nichts Gemachtes; in gesundem, frischem Trieb greift sie fröhlich und ahnungsreich in die schöne weite Welt hinaus, sich von allem Nektar der Erde nährend und stärkend. Sie gibt alles, was die Natur Köstliches geben kann: plastische Vollendung und sinnliche Genüge, aber sie gibt auch nicht *mehr*.[53]

Freilich sieht sich Eichendorff im Hinblick auf das geforderte „Mehr" für Goethe einzuräumen genötigt:

Die Natur mit ihren mannigfachen Gebilden war ihm die ganze Offenbarung und der Dichter nur der Spiegel dieser Weltseele. Allein die Natur ist in ihrem Wesen auch mystisch, als ein verhülltes Ringen nach dem Unsichtbaren über ihr.[54]

Hier nähert sich Eichendorff mit Goethe Jakob Böhmens Lehre vom „Ungrund" an: „ein ewig Gebären und Verzehren, darinnen die Offenbarung des Ungrundes stehet und ein ewiges Liebesspiel, daß der Ungrund mit seinem gefaßten Grunde also mit sich selber ringe, und spiele"[55]. Für Hegel sinkt diese Idee zur Erbaulichkeit und selbst zur Fadheit herab, wenn der Ernst, der Schmerz und die Geduld und Arbeit des Negativen darin fehlt: „Das Leben Gottes und das göttliche Erkennen mag also wohl als ein Spielen der Liebe mit sich selbst ausgesprochen werden; diese Idee sinkt zur Erbaulichkeit und selbst zur Fadheit herab, wenn der Ernst, der Schmerz, die Geduld und Arbeit des Negativen darin fehlt."[56]

[51] Goethe: Westöstlicher Divan, a. a. O. S. 83 f.
[52] Goethe: Dichtung und Wahrheit, Werke, a. a. O. Bd. IX, S. 353 (II/9).
[53] Eichendorff: Schriften zur Literatur, S. 21 und 68.
[54] Eichendorff: A. a. O. S. 22 und 69.
[55] J. Böhme: Mysterium magnum (V/3), a. a. O. Bd. VII, S. 24.
[56] Hegel: Phänomenologie des Geistes, hrsg. von J. Hoffmeister, Hamburg 1952 (6), S. 20.

In Eichendorffs *Taugenichts* fehlen Ernst, Schmerz, Geduld und Arbeit des Negativen vollkommen. Trotzdem sinkt die Erzählung nicht zur Erbaulichkeit oder gar zur Fadheit herab, denn sie hält nicht nur an jener „Idee" fest, sondern bewahrt zugleich – auch im Sinne seines kabbalistischen Buches[57] – ihren sonntäglichen Glanz. Darum ist dem Taugenichts „wie ein ewiger Sonntag im Gemüte", und darum darf er rückblickend und abschließend sagen: „Es war alles, alles gut"[58]. Als Rätsel bleibt die Namenlosigkeit. Aber – „Wer darf das Kind beim rechten Namen nennen"[59], wenn es mit dem „Geist der Erzählung" um den „Geist des Spinozismus" als „Geist der Poesie" geht. Immerhin stehen Taufpaten bereit, zu denen – unter vielen – auch Angelus Silesius gehört, der Gott auf seine Weise „walten läßt", wenn er im „Geiste" Himmelfahrt hält und zugleich mahnt:

> In Gott lebt, schwebt und regt sich alle Creatur:
> Ists wahr? was fragstu dann erst nach der Himmelspuhr?[60]

Diskussion

Ob der „Geist der Erzählung" eine Zeitkategorie darstellt und methodisch hinterfragt werden muß im Sinne Bergsons, oder aber, da – in Anlehnung an Spinoza – Ort gleich Zeit ist und die Texte Ortschaften sind, der „Geist der Erzählung" wie jeder genius loci nur in der Erzählung selbst waltet – diese Frage wurde zwar erörtert, aber nicht beantwortet.

Zum Verhältnis von Spinozismus und Katholizismus in Eichendorffs Werk: Jede lebensgeschichtliche Auslegung, jedes individuelle Daseinsverständnis ist absolut authentisch gemessen am Sein selbst, das nichts anderes zuläßt als lebens-geschichtliche Auslegung von Dasein unter jeweils konkreten Bedingungen; Eichendorffs Katholizismus ist – unter diesen Bedingungen – seine Entelechie. In Anlehnung an Lessings Ringparabel ist der Taugenichts derjenige, welcher den rechten Ring eben *nicht* sucht. Wie bei Schelling ist das Böse das notwendige Moment des ewigen Liebesspieles.

Die weitere Problematik resultiert aus der Erkenntnis, daß der „Geist des Spino-zismus" nicht genannt wird, sondern lediglich sein wesentlicher Kern: „Zu sein ist eine Gunst": daß etwas ist und nicht nichts ist, ist eine Gunst: „Wem Gott will rechte Gunst erweisen . . .". „Zu sein" ist eine explicatio dei, keine Emanation.

---

[57] Gemeint ist das kabbalistische „Buch des Glanzes", der „Sohar". Vgl. dazu G. Scholem: Die jüdische Mystik in ihren Hauptströmungen, Frankfurt 1967, S. 171 ff.

[58] Eichendorff: Aus dem Leben eines Taugenichts, S. 565 und 647. Vgl. dazu im Blick auf das „Buch des Glanzes" auch Genesis I/31.

[59] Goethe: Faust, Vers 589.

[60] A. Silesius: Cherubinischer Wandersmann, hrsg. von L. Gnädinger, Stuttgart 1984, S. 160 und 163.

Daraus resultiert die Frage nach der Ungunst, nicht zu sein, oder der Ungunst des verfehlten Seins, die Frage nach der Ursprünglichkeit des Bösen.

Somit wird die Grundbefindlichkeit des Daseins als das Negative, als Angst vor dem Ungrund definiert. Die Trauer, die kein Unglück ist, bildet — zusammen mit der Freude — in Spinozas Ethik die Eckpfeiler des menschlichen Seins. So ist in mystischer Interpretation der Taugenichts als der Ärmste zugleich der Reichste.

Jochen Hörisch

„Larven und Charaktermasken."
Zum elften Kapitel von
„Ahnung und Gegenwart"

Für Manfred Frank zum 22. 3. 1985

O Täler weit, o Höhen,
O schöner, grüner Wald,
Du meiner Lust und Wehen
Andächtger Aufenthalt!
Da draußen, stets betrogen,
Saust die geschäftge Welt,
Schlag noch einmal die Bogen
Um mich, du grünes Zelt!

Diese berühmten liedhaften Zeilen am Ende des ersten Buches von *Ahnung und Gegenwart* erklingen nicht. Sie werden, anders als die meisten Verse, die in den Roman eingestreut sind, nicht gesungen, sondern vom Dichter Friedrich „wie im Fluge ... in seine Schreibtafel" eingraviert. Bekanntlich entstehen dabei unangenehme Geräusche; und zu Unannehmlichkeiten leiten die überaus kantablen Zeilen denn auch über. Sie haben deutlich die Funktion eines Scharniers: Friedrich wechselt nunmehr den andächtig ruhigen Aufenthalt im schönen, grünen Wald gegen den in der geschäftigen Welt.

Dieser Wechsel wird in den Versen, die ihn einleiten, weniger besungen als vielmehr subtil bedacht. Wie denn überhaupt die reflexive Kraft und die analytische Struktur von Eichendorffs Lyrik größer sind, als ihr Schönklang es vermuten läßt. Bedacht wird ein Abschied, der grundsätzlich und irreversibel heißen darf: der Abschied vom symbiotischen Leben in und mit der Natur. Seinen schönen Ausdruck findet dieses symbiotische Naturleben in einer metaphorischen Wendung, die Eichendorff und nicht nur Eichendorff gerne gebrauchte, im Bild vom einhüllenden Mantel[1] oder Zeltbogen: „Schlag noch einmal die Bogen / um

---

[1] R. Mühlher: Der Poetenmantel — Wandlungen eines Sinnbildes bei Eichendorff; in: P. Stöcklein (ed.): Eichendorff heute. München 1960, pp. 180–203.

mich, du grünes Zelt!" Ohne die Paradoxien, die sie sprengen, sind
Symbiosen nun allerdings weder zu haben noch zu halten. Und auch hier
ist es eine Paradoxie, die zum anderen der umhüllenden Naturinnigkeit,
die zum Inbegriff artifizieller Kultur, die zum Leben, das nicht länger
kreatürlich, sondern von eigener und fremder Willkür skandiert ist,
kurzum: die zu des „Lebens Schauspiel ... auf buntbewegten Gassen"
überleitet. Es ist die Paradoxie der über-flüssig sprechenden Natur; der
Natur, die spricht und sich also verständlich zu machen versucht, obwohl
doch alles an ihr selbst-verständlich und also der Künste von Sprache
unbedürftig scheint.

> Da steht im Wald geschrieben
> Ein stilles, ernstes Wort,
> Vom rechten Tun und Lieben,
> Und was des Menschen Hort.
> Ich habe treu gelesen
> Die Worte, schlicht und wahr,
> Und durch mein ganzes Wesen
> Wards unaussprechlich klar.

Diese Verschränkung zweier Topoi – natura loquitur[2] und Unsagbar-
keit – ist ebenso elegant wie problematisch. Denn beide schließen sich
aus: was unaussprechlich ist, mag überkomplex und also be- oder entrük-
kend, es kann aber niemals klar sein; und was klar ist, ist nicht unaussprechlich. Von diesem offenbaren Widerspruch aber wird ein tieferer
überlagert. Er verweist auf das verschwiegenste Geheimnis von Eichendorffs Dichtung, das sie unermüdlich vergessen machen will – darauf,
daß kein Heil ist in der Natur, die doch so heil und heilig scheint. Es ist
kein Heil in der Natur, auch wenn die Wälder andächtig rauschen, das
Mühlrad sich lustig dreht, die Abendsonne golden untergeht, das Posthorn in der Ferne verklingt und die Sterne am Himmel zu blinken
beginnen. Es ist kein Heil in der Natur, weil das Heil nicht mehr natürlich
ist, seitdem Natur im Sündenfall von Gott sich lossagte.[3] Und es ist kein
Heil in der Natur, weil sie seither die Menschen nötigt, sich von ihr
loszusagen und eine zweite Natur auszubilden.

Mit dem Anderen der Natur wird Friedrich nach seinem auf die
Schreibtafel gebannten Abgesang denn auch sofort konfrontiert. Er, der
die Täler, die Höhen und den schönen, grünen Wald verließ, muß in der
Residenzstadt erfahren, daß die Gräfin Rosa, um derentwillen er kam,

---

[2] A. von Bormann: Natura loquitur – Naturpoesie und emblematische Formel
bei Joseph von Eichendorff. Tübingen 1968.
[3] Cf. den Beitrag von R. Zons in diesem Band, der die Verschränkung von
romantischer und technischer Naturbeherrschung bei Eichendorff nachzeich-
net.

auf einen Maskenball gefahren ist. Kaum ist dieses Wort —„Maske" —
gefallen, verdunkelt sich Friedrichs Stimmung. Eichendorff schildert das
sublim in einem Vergleich, der ein unheilvolles Naturereignis bemüht:
„Diese Nachricht fiel wie ein Maifrost in seine Lust."[4] Wären die Über-
gänge nicht, die das Motiv der heillosen Natur bereithält, so könnte der
Kontrast, auch der Kontrast der leitenden Bilder und Begriffe, nicht
schroffer sein. Kein Mantel oder kein Zeltbogen umhüllt mehr symbio-
tisch den Erwartungsfrohen, der sich vielmehr einer doppelten Abwesen-
heit ausgesetzt sieht. Die Herbeigesehnte ist nicht da, und sollte er doch
zu ihr gelangen, so könnte er sie, die Maskierte, nicht erkennen.

Wärmender Mantel *vs.* Maske; Zeltbogen der ganzen Welt, der sich
zärtlich um den Liebenden legt *vs.* Maske, die die andere, getrennte,
gegenüberstehende noch einmal zu einer anderen, zu einer noch ferne-
ren, zu einer in jeder Weise unerkennbaren macht: so ist die Opposition
benannt, die den in *die* schöne Natur und in *eine* schöne Frau Verliebten
zu zerreißen droht.

Und in der Tat kann Friedrich Rosa unter all den Masken und Larven,
die sich in den Redoutensälen tummeln, allenfalls erahnen, doch keineswegs erkennen. Er, der das stille, ernste Wort vom rechten Tun und
Lieben, das im Wald geschrieben steht, treu zu lesen verstand, vermag in
maskierten Gesichtszügen natürlich nicht und schon gar nichts vom
rechten Tun und Lieben zu lesen. Doch bevor er an den Ort gelangt, wo
er diese Erfahrung macht, begegnet Friedrich noch letzten gebrochenen
Reminiszenzen der Natur, die er verließ. Sie bezeichnen die Grenze, die
die Natursymbiose vom artifiziellen Spiel sich entziehender Masken
scheidet.

Verdrüßlich nahm er den Weg zu den Redoutensälen. Die Musik schallte lockend
aus den hohen Bogenfenstern, die ihre Scheine weit unten über den einsamen
Platz warfen. Ein alter Springbrunnen stand in der Mitte des Platzes, über den nur
noch einzelne dunkle Gestalten hin und her irrten. Friedrich blieb lange an dem
Brunnen stehen, der seltsam zwischen den Tönen von oben fortrauschte. Aber ein
Polizeidiener, der, in seinen Mantel gehüllt, an der Ecke lauerte, verjagte ihn
endlich durch die Aufmerksamkeit, mit der er ihn zu beobachten schien.[5]

Der alte Springbrunnen ist ein Gebilde der Kunst, aber seine Töne
danken sich den elementaren Schwingungen der Natur. Deshalb verharrt
Friedrich bei ihm, der darüber fast seinen künstlichen Charakter verliert
und vom „Springbrunnen" zum schlichten „Brunnen" wird. Endgültig

---

[4] Eichendorff: Sämtliche Werke des Freiherrn Joseph von Eichendorff — Historisch-kritische Ausgabe, edd. W. Kosch / A. Sauer, 3. Bd., Regensburg 1913, p.
121.

[5] Ibid., p. 122.

vertrieben wird er dann durch jemanden, der nicht vom Zeltbogen der
Welt schlechthin, sondern von einem Mantel wohl weniger umhüllt als
vielmehr verdeckt ist; durch einen Polizeidiener, dessen Aufzug metaphorisch und eben nur noch metaphorisch an den verlassenen Schutz
der Natur erinnert; durch einen, welcher beobachtet, wie Friedrich, der
doch *in* der Natur lebte, nun von *außen* einen Redoutensaal beobachtet
und ihn dadurch in das festlich-falsche Haus vertreibt. Dort herrscht ganz
offenbar Maskenzwang, denn Friedrich versieht sich sofort „mit einem
Domino und einer Larve", um sich, durch Auffälligkeiten unter lauter
Verkleideten unauffällig geworden, geblendet in den „plötzlichen
Schwall von Tönen, Lichten und Stimmen" zu stürzen. Schnell muß er
dabei feststellen, daß hier anders als in der Natur nicht einmal der Schein
von Einheit herrscht, sondern alles in Zweiheiten zerrissen ist. Auffällig
nämlich häuft Eichendorff auf kleinstem Raum die Worte „zwei, beide,
doppelt":

Zwei große hohe Säle, nur leicht voneinander geschieden, eröffneten die uner-
meßlichste Aussicht. Er stellte sich in das Bogentor zwischen beide, wo die
doppelten Musikchöre aus beiden Sälen verworren ineinander klangen. Zu beiden
Seiten toste der seltsame, lustige Markt.

Was der Natur tiefstes, gleichsam schamvolles Geheimnis ist, liegt hier
schamlos offen zutage: daß nichts selbstverständlich, daß alles zerrissen,
daß alles heillos ist. Unter solchen Bedingungen läßt sich nicht länger
„treu lesen". Denn nicht einmal mehr die elementare Unterscheidung
zwischen Sein und Schein ist mehr möglich, wenn „unzählige Spiegel . . .
das Leben ins Unendliche (spielen), so daß man die Gestalten mit ihrem
Widerspiel verwechselt." So schwindet jede, aber auch jede Form von
kreatürlicher Vertrautheit. Kein Wunder, daß Friedrich „schauderte
mitten unter diesen Larven". Zum Schaudern, das sich einstellt, wenn
man haltlos Grund- und Bodenlosigkeiten konfrontiert ist, kommt
schnell der aristokratische degout denen gegenüber hinzu, die das
Schaudern verlernt haben.

Und damit hat das elfte Kapitel von *Ahnung und Gegenwart* motivlich
wie auch terminologisch seinen Höhepunkt erreicht:

Gewöhnliches Volk, Charaktermasken ohne Charakter vertraten auch hier, wie
draußen im Leben, überall den Weg: gespreizte Spanier, papierne Ritter, Tami-
nos, die über ihre Flöte stolperten, hin und wieder ein behender Harlekin, der sich
durch die unbehülflichen Züge hindurchwand und nach allen Seiten peitschte.

Mit diesem Begriff „Charaktermaske", den Eichendorff nur hier
verwendet, hat es nun eine seltsame Bewandtnis. Ansgar Hillach und
Klaus-Dieter Krabiel, die doch gute Kenner (neo)-marxistischer Theo-
rie(n) sind, halten das Wort in ihrem verdienstvollen Eichendorff-Kom-

mentar[6] nicht für erläuterungsbedürftig. Dabei verdient es das Interesse gerade der sozialhistorisch orientierten Eichendorff-Forschung. Der Begriff Charaktermaske wird gewöhnlich schnell mit Marx in Zusammenhang gebracht, der an wichtigsten Stellen seines Werkes von Charaktermasken spricht, um Personen zu kennzeichnen, die nicht als unverwechselbare Individuen handeln, sondern als verdinglichte Funktionsträger bloße Elemente eines sie übergreifenden Produktions- und Tauschverhältnisses geworden sind.[7] Seiner systematischen Wichtigkeit zum Trotz aber wird der Begriff Charaktermaske in der dogmatischen Marxrezeption auffällig tabuisiert. Das *marxistisch-leninistische Wörterbuch der Philosophie* von Georg Klaus und Manfred Buhr kennt ebensowenig ein sub voce Charaktermaske wie die großen DDR-Lexika und -Wörterbücher. Die eine Ausnahme ist denn auch gleich um ihrer Definition und ihres Beleges willen bemerkenswert. Das DDR-*Wörterbuch der deutschen Gegenwartssprache*[8] vermerkt in seinen letzten beiden Auflagen von 1964 und 1974 übereinstimmend: „Charaktermaske, die Schauspielermaske, die einen typischen menschlichen Charakter ausdrückt oder als Kennzeichen für einen bestimmten Stand gilt: ‚Wir sehen oft ... einen Schauspieler in verschiedenen Charaktermasken' (Winterstein, Leben 1, 135)."[9] Wenn es darauf ankommt, prekäre Begriffe zu unterschlagen oder doch zu neutralisieren, kann selbst der Memoiren schreibende DDR-Schauspieler Winterstein wichtiger sein als Marx.

Daß aber der Charaktermasken-Begriff der marxistischen Orthodoxie prekär sein muß, ist unschwer nachzuvollziehen. Ist der Begriff doch seit Lukács' Hinweis in *Geschichte und Klassenbewußtsein* auf diese „sehr wichtige Kategorie"[10] semantisch aus gutem Grund vom dissidenten Neomarxismus besetzt, der auf Verdinglichungstendenzen des Tauschverkehrs und der Warenabstraktion aufmerksam macht, die der real existierende Sozialismus kaum revolutioniert haben dürfte. Doch auch die großen Lexika und Wörterbücher der Bundesrepublik Deutschland sind hinsichtlich des Begriffs Charaktermaske nicht sehr auskunftsfreudig. Schlicht ignoriert wird er im *Großen Brockhaus* und in *Meyers Enzyklopädie*, ebenso in den Wörterbüchern von Brockhaus-Wahrig und im *Duden*. Man muß schon zu verstaubteren Bänden greifen, um sich davon

---

[6] A. Hillach / K.-D. Krabiel: Eichendorff-Kommentar I — Zu den Dichtungen. München 1971, p. 124.

[7] Cf. dazu J. Matzner: Der Begriff der Charaktermaske bei Karl Marx; in: Soziale Welt 15/1964, p. 130 sqq.

[8] Berlin (DDR).

[9] E. Winterstein: Mein Leben und meine Zeit — Ein halbes Jahrhundert deutscher Theatergeschichte. Bd. I. Berlin 1947.

[10] Berlin 1923, p. 62 Fn.

zu überzeugen, daß das doch recht suggestiv klingende Wort so exquisit nicht ist oder zumindest nicht war, wie es angesichts seiner gesamtdeutschen Verdrängung den Anschein hat. Je weiter man zur Mitte des neunzehnten Jahrhunderts zurückblättert, desto verläßlicher begegnet das Kompositum. Noch *Der große Herder* von 1952 weiß kurz und knapp: „Charaktermaske: Kostüm, das die Kleidung gewisser Stände und Personen nachahmt."[11] Und um 1900 war der Begriff – natürlich ohne jede Marxallusion – offenbar gängig. Das zeigt ein Blick in *Meyers Großes Konversations-Lexikon* von 1903, das den Begriff nicht etwa auf Personen und ihre Darsteller, sondern gleich auf „Kostüme, welche die Kleidung gewisser Stände oder Persönlichkeiten darstellen, im Gegensatze zu den bloßen Phantasiemasken"[12], bezieht. Das ist eine bloße Paraphrase dessen, was schon die *Allgemeine Realenzyklopädie oder Conversations-Lexikon für alle Stände* von 1867 wußte: „Charaktermaske: eine Vermummung, welche eine bestimmte Persönlichkeit, einen bestimmten Stand usw. darstellt."[13]

Das Eigenartige ist nun, daß sich in den Lexika, sofern sie den Begriff überhaupt verzeichnen, ganz offensichtlich die spezifischere schauspieltechnische Bedeutung von Charaktermaske sedimentiert findet, während ihre umfassendere und interessantere Valenz gänzlich ignoriert wird. Ignoriert werden damit auch die immerhin nicht ganz unprominenten Autoren, die von Charaktermasken handeln: etwa Jean Paul, eben Eichendorff, Immermann und Marx zugunsten eines fast vergessenen Theatertheoretikers aus der Hegel-Schule namens Heinrich Theodor Rötscher. Er bestimmt in seiner 1841 erschienenen Schrift *Die Kunst der dramatischen Darstellung* die Charaktermaske folgendermaßen: „In der Darstellung des Charakters tritt uns als das erste Moment die Erscheinung der Persönlichkeit in ihrer charakteristischen Eigentümlichkeit entgegen. Dies hat die Charakter-Maske zu erfüllen. Ist jeder dichterische Charakter überhaupt eine Darstellung des Allgemeinen im Individuellen, so hat auch die Erscheinung selbst schon das bestimmte Bild zu versinnlichen. In der Maske wollen wir mithin die ganze Persönlichkeit schon in so scharfer Umgrenzung vor uns sehen, daß uns daraus der Charakter entgegentritt."[14]

In dieser Definition Rötschers sieht eine 1979 in Ostberlin erschienene interessante Studie über das deutschsprachige teatro dell'arte der Lessingzeit den Ursprung auch von Marxens positivem Verständnis des

---

[11] Bd. II, Sp. 731.
[12] Bd. III, p. 882.
[13] Bd. III, p. 537.
[14] H. Th. Rötscher: Die Kunst der dramatischen Darstellung – In ihrem organischen Zusammenhange wissenschaftlich entwickelt. Berlin 1841, p. 335.

Begriffs Charaktermaske[15], danach sie „von innen herausgearbeitet"[16] sein und also gut hegelianisch wesentliche Charakterzüge auch zur sinnfälligen Erscheinung bringen muß. Der Autor Rudolf Münz, der übrigens in seinem Vorwort bekennt: „Der Verfasser weiß, daß es Städte wie Wien und Paris, Venedig, Florenz und Rom gibt. Es ist nicht seiner Bequemlichkeit zuzuschreiben, daß er den dortigen Archiven und Bibliotheken mit ihren reichen Schätzen keinen Besuch abgestattet hat"[17], der Autor vergißt dabei, daß der fragliche Terminus schon lange vor 1841 gebräuchlich war. Er hätte bloß in Grimms Wörterbuch zu schauen brauchen, um auf Jean Paul verwiesen zu werden, der diesen Begriff offenbar prägte[18] oder doch zumindest seine Vorläufer aus der italienischen Dramaturgie der commedia dell'arte ins Deutsche und damit auch gleich in radikal andere Kontexte verwandelte. Und alles spricht dafür, daß die guten Jean-Paul-Kenner Eichendorff, Immermann und Marx ihm diesen Begriff danken. Er ist freilich von Jean Paul durchweg — wie später zumeist auch von Marx — pejorativ gefaßt und meint die Ent- oder Veräußerung von Selbstheit an die Gewalt transsubjektiver Strukturen, an denen die Kraft vermeintlich autarker Subjektivität zuschanden wird.[19]

So hat der junge Autor von *Ahnung und Gegenwart* den Begriff übernommen und verwendet. Die Formel „Charaktermasken ohne Charakter" zeugt davon, daß Eichendorff, anders als Rötscher, wohl aber in Affinität zu Marxens negativem Wort-Gebrauch, auf die Entindividuierungstendenzen eines Maskentragens abhebt, das keine genuinen Charakterzüge mehr verdeckt, weil das Individuelle sich dem Allgemeinen bis zur Ununterscheidbarkeit angeglichen hat. Den Verlust unverwechselbarer Individualität gerade bei Adeligen, die insofern an sich selbst zu der Bürgerlichkeit mutieren, die im Namen von Regelsystemen jede individuierende Zu-fälligkeit abschafft, hatte Eichendorff übrigens zu einem der Hauptgründe für die französische Revolution erklärt. In

---

[15] R. Münz: Das „andere Theater" — Studien über ein deutschsprachiges teatro dell'arte der Lessingzeit. Berlin (DDR) 1979. Marx hat den Begriff schon 1839, also zwei Jahre vor der Publikation Rötschers, verwendet (cf. ibid., p. 39). Gleichwohl insinuiert Münz ein direktes Abhängigkeitsverhältnis (p. 26 sq.), ohne es freilich ausdrücklich zu behaupten.

[16] Rötscher, l.c., p. 361. Zu Marxens Verständnis von Charaktermaske „im guten Sinn" cf. den Brief an Lassalle aus dem Jahr 1862 (MEW 30, p. 627). Dazu R. Münz, l.c., p. 42.

[17] L.c., p. 16.

[18] Jedenfalls bin ich seit der Publikation meines Aufsatzes *Charaktermasken — Subjektivität als Trauma bei Marx und Jean Paul;* in: Jahrbuch der Jean-Paul-Gesellschaft 1979, pp. 79—96, keines besseren belehrt worden.

[19] Cf. J. Hörisch: l.c., p. 95 sq.

seiner späten Schrift *Der Adel und die Revolution* heißt es: Die vorrevolutionären Adeligen waren, „wie ihre Gärten, nicht eigentümlich ausge-
prägte Individuen, hatten auch keine Nationalgesichter, sondern nur eine
ganz allgemeine Standesphysiognomie"[20].

Ein Apologet bürgerlicher Fetischisierung der Persönlichkeit ist
Eichendorff gewiß nie gewesen. Zu Recht hat Adorno die Gedichtzeile
„Und ich mag mich nicht bewahren" als emblematische Absage an das
urbürgerliche Prinzip des sese conservare gelesen, die Eichendorffs
gesamtes Werk bestimmt. Doch auch die erzkonservativ-klerikale Hoch-
schätzung invarianter „allgemeiner Standesphysiognomie" können
Eichendorffs Dichtungen nicht nachvollziehen. Davor feit sie die theolo-
gische Scheu vor der geheimnisvollen Aleatorik der göttlichen Schöp-
fung. Sie zerstört, wer ihr die schönen Vielheiten zugunsten der Herrschaft nur einer verbindlichen zweiten Natur austreiben will. Und in der
Charaktermaske offenbart sich die Macht der unifizierenden Zivilisation
über die Vielheit der Geschöpfe. Dieses Motiv hat Eichendorff Jean Paul
ablesen können.

Eichendorffs Bezugnahme auf Jean Paul wird vollends in einer Szene
kurz nach dem zitierten Charaktermasken-Kapitel deutlich. Friedrich
ärgert sich da über „das britisierende, eingefrorene Wesen (eines Ministers), das er aus Jean Pauls Romanen bis zum Ekel kannte"[21]. An der
Charaktermaske, die der Minister weniger hat als ist, geht Friedrich die
rettungslose „Übermacht" des gesellschaftlichen Allgemeinen über das
Individuelle auf, das so unteilbar nicht ist, wie sein Begriff es suggeriert:

Auf die Wahrhaftigkeit seines Herzens vertrauend, sprach er (Friedrich) daher, als
sich bald nachher die Unterhaltung zu den neuesten Zeitbegebenheiten wandte,
über Staat, öffentliche Verhandlungen und Patriotismus mit einer sorglosen,
sieghaften Ergreifung, die vielleicht manchmal um desto eher an Übertreibung
grenzte, je mehr ihn der unüberwindlich kalte Gegensatz des Ministers erhitzte.
Der Minister hörte ihn stillschweigend an. Als er geendigt hatte, sagte er ruhig: Ich
bitte Sie, verlegen Sie sich doch einige Zeit mit ausschließlichem Fleiße auf das
Studium der Jurisprudenz und der kameralistischen Wissenschaften. Friedrich
griff schnell nach seinem Hute. Der Minister überreichte ihm eine Einladungs-
karte zu einem sogenannten Tableau, welches heute abend bei einer Dame, die
durch gelehrte Zirkel berüchtigt war, von mehreren jungen Damen aufgeführt
werden sollte, und Friedrich eilte aus dem Hause fort. Er hatte sich oben in der
Gegenwart des Ministers wie von einer unsichtbaren Übermacht bedrückt gefühlt,
es kam ihm vor, als ginge alles anders auf der Welt, als er es sich in guten Tagen
vorgestellt.[22]

---

[20] In: SW, 10. Bd., Regensburg 1911, p. 393.
[21] L.c., p. 138.
[22] Ibid., p. 139.

Daß in der Welt alles anders zugeht, als man es sich in guten Tagen vorstellt, läßt sich am und mit dem Motiv der Maske suggestiv illustrieren. Deshalb wohl dürfte Eichendorff es so häufig bemüht haben. Und deshalb auch mutet er seinem Helden nicht zu, einem Ereignis beizuwohnen, das „junge Damen" zum maskengleichen Tableau lebender Bilder erstarren läßt. Daß Friedrich aus dem Hause eilt, da kaum die Einladung ausgesprochen ist, zeigt, was ihn umtreibt, wenn er Masken begegnet: Angst, Angst vor dem schlechthin Unvertrauten. Mit dem, der eine Maske trägt und gar agiert wie der, zu dem er sich maskierend machte oder machen ließ, geht es denn auch in der Tat anders zu, als jede vertraute Vorstellung es nahelegt. Zum Grausen gesteigert aber wird die befremdliche Begegnung mit Masken dann, wenn man chocartig erfahren muß, daß hinter der Charaktermaske kein authentischer Charakter sich verbirgt, ja daß die Maske nichts verbirgt. Diese traumatisierende Erfahrung macht Friedrich im Redoutensaal. Er begegnet dort mehrfach einem gespentischen „schwarzen Ritter", der ihm und dem er stets ausweicht, bis die Konfrontation endlich unabwendbar wird. Der schwarze Ritter „blieb vor Friedrich stehen und sah ihm scharf ins Gesicht. Dem Grafen grauste, so allein mit der wunderbaren Erscheinung zu stehn, denn hinter der Larve des Ritters schien alles hohl und dunkel, man sah keine Augen. Wer bist du? fragte ihn Friedrich. Der Tod von Basel, antwortete der Ritter und wandte sich schnell fort."[23]

Aus dem Maskenball, der sich doch dem schönen Wunsch dankt, zumindest für kurze Zeit ein anderer werden zu dürfen und kein Ich mehr sein zu müssen[24], aus dem Maskenball droht ein Totentanz[25] zu werden. Er allegorisiert die Nötigung, kein Ich mehr sein, ja schlechthin nicht mehr dasein zu dürfen. Wahlverwandt aber sind die Maske und der Tod seit jeher. Darauf verweist nicht nur deutlich die Wortgeschichte von „Larve", sondern auch die von „Maske": „1. Masche, Netz; Netz, in das der Leichnam eingehüllt wird; 2. wiederkehrender Toter in Netzumhüllung; böser Geist, der die Eingeweide Lebender verzehrt; 3. Mensch,

---

[23] Ibid., p. 124.

[24] So Th. W. Adorno: Zum Gedächtnis Eichendorffs; in: Noten zur Literatur, GS 11. Ffm 1974, p. 78: „Die Zeile: ,Und ich mag mich nicht bewahren!', die in einem seiner Gedichte vorkommt, ... präludiert in der Tat sein gesamtes oeuvre. Hier zumindest ist er Schumanns Wahlverwandter, gewährend und vornehm genug, noch das eigene Daseinsrecht zu verschmähen: so verströmt die Ekstase des dritten Satzes von Schumanns Klavierphantasie ins Meer. Todverfallen ist diese Liebe und selbstvergessen. In ihr verhärtet sich das Ich nicht länger in sich selber. Es möchte etwas gutmachen von dem uralten Unrecht, Ich überhaupt zu sein."

[25] Cf. dazu die vorzügliche Edition von G. Kaiser: Der tanzende Tod — Mittelalterliche Totentänze. Ffm 1983. Text des Baseler Totentanzes, p. 194 sqq.

bes. Weib, das eigentlich ein solcher Dämon ist, Hexe; Schimpfwort; 4. Vermummter, der mit Netzumhüllung einen solchen Geist darstellt."[26]

Eichendorff hat die thanatologische Semantik des Charaktermaskenbegriffs bei Jean Paul noch radikalisiert. Er läßt Friedrich die Begegnung mit Charaktermasken und also mit mortifiziertem Leben als bloße Initiation in die Begegnung mit dem Leben des Todes erfahren. Mortifiziert wurde, als Friedrich den andächtigen Aufenthalt verließ, die erste Natur. Von ihr bleiben auf dem grausigen Fest nurmehr allegorische Requisiten übrig: ein „schon verwelkter Blumenstrauß", den Marie Friedrich gleich nach der unheimlichen Begegnung überreicht. Elementar gestört ist aber auch die zweite Natur, die auszubilden der Mensch seit seiner Vertreibung aus der ersten verdammt ist. Ihm leuchtet kein Stern des Heils, allenfalls ein Unstern. Das begründet die tiefe Melancholie von Eichendorffs Dichtung, deren bloße Deckfigur ihre mitunter verzweifelte Heiterkeit[27] ist: Heil ist weder in der ersten noch in der zweiten Natur. Daß zumal ihr Zusammenspiel unheilvoll ist, gibt in ungeheuren Versen das in *Ahnung und Gegenwart* eingefügte Gedicht *Zwielicht* zu verstehen:

Dämmrung will die Flügel spreiten,
Schaurig rühren sich die Bäume,
Wolken ziehn wie schwere Träume —
Was will dieses Graun bedeuten?

Hast ein Reh du lieb vor andern,
Laß es nicht alleine grasen,
Jäger ziehn im Wald und blasen,
Stimmen hin und wieder wandern.

Hast du einen Freund hienieden,
Trau ihm nicht zu dieser Stunde,
Freundlich wohl mit Aug und Munde,
Sinnt er Krieg im tückschen Frieden.

Was heut müde gehet unter,
Hebt sich morgen neugeboren.

---

[26] Artikel „Maske" in: Handwörterbuch des deutschen Aberglaubens, Bd. V. Berlin/Leipzig 1932 + 1933, p. 1760. Cf. dazu das eindringliche Vortragsmanuskript von Th. Macho: „Die beste Maske, die wir tragen, ist unser eigenes Gesicht" — Notizen zur Verlarvungsgeschichte der menschlichen Mimik. Vortrag zum „Kärntner Frühling" am 25. Mai 1984.

[27] Vom „Witz der Melancholie" bzw. von der „Melancholie des Witzes" hat Eichendorff selbst im Hinblick auf Jean Paul gesprochen (Der deutsche Roman, l.c., p. 163 bzw. das Kapitel *Die Poesie der modernen Religionsphilosophie*, in: Geschichte der poetischen Literatur Deutschlands, in: SW IX, ed. W. Mauser. Regensburg 1970, p. 251.

Manches bleibt in Nacht verloren —
Hüte dich, bleib wach und munter![28]

Solche „bis zum Wahnsinn schizoiden Mahnungen"[29] — laß es nicht!
trau ihm nicht! hüte dich! — entsprechen einer heillosen Welt, der, wenn
überhaupt, allein noch Beschwörungen von tiefer Ambivalenz beikom-
men. So folgt auf das *Zwielicht*-Gedicht auch gleich heiterer Standard:
„In goldner Morgenstunde, / Weil alles freudig stand, / Da ritt im heitren
Grunde / Ein Ritter über Land" usw. Eichendorffs „Alles ist gut" —
Dichtung versucht solche ambivalenten Beschwörungen. Sie machen
sich mit dem Bösen gemein in der irren Hoffnung, dadurch etwas über es
zu vermögen. Sie segnen das Übel, um es zum Guten zu verzaubern. Sie
gleichen sich dem Tod an, um ihn zu töten. Ihr ruchloser Optimismus ist
einer amor intellectualis diaboli irritierend nahe: wenn alles gut ist, ist
auch der vom Freund zum Feind verhexte, ist auch der „tücksche Frieden", ist auch der schwarze Ritter mit der Charaktermaske gut. Eichendorffs Dichtung will, freundlich aufs Äußerste zielend, ergründen, ob die
Larve das letzte Wort hat. Der romantische Autor dürfte zu fromm
gewesen sein, um dergleichen ernsthaft zu erwägen. Seinen Dichtungen
aber ist in ihren geglücktesten Passagen die Hoffnung anvertraut, der
äußersten Aufmerksamkeit möge sich offenbaren, daß hinter Larven und
Masken alles ganz anders sei als es scheine: „bleib wach und munter",
damit nur „manches in Nacht verloren bleibe", fast alles aber gerettet
werde — eine ästhetische Apokatastasis panton.

Im Entwurf zur Fragment gebliebenen Autobiographie, die unter dem
Titel *Unstern* steht, ist diese Spannung zwischen standardisiertem Humor
und dem trostlosen Sachverhalt des verstellten, systematisch maskierten
Lebens, das der Übermacht des Allgemeinen erliegt, in *einem* Satz
ausgesprochen: „ich halte . . . eine humoristische Anrede . . . vielleicht
darüber, wie eigentlich alle und jeder auf Erden eigentlich nur incognito
lebt".

Diskussion

Eine mögliche Bestimmung von Masken bei Eichendorff läßt ihre Identität mit
Standesphysiognomien zu, wobei dieser Begriff nicht wertend, sondern beschrei-
bend gemeint ist. Das Inkognito als Universalbegriff scheidet die Masken in
befreiende und grausige; das Motiv ist durchgängig für die ganze Romantik und
die Zeit seit Beginn der Industrialisierung im allgemeinen ein Motiv der beginnenden Funktionalität. So werden Oppositionen gesetzt und aufgelöst:

---

[28] L.c., p. 221.
[29] Adorno: l.c., p. 80.

1. Der Begriff der „Charaktermaske" kann dem Begriff der Individualität nicht opponiert werden.

2. In der Romantik opponiert dem Maskenbegriff der Naturbegriff, welcher in „Ahnung und Gegenwart"
   im 1. Teil als Naturkraft an sich dargestellt
   im 2. Teil dämonisiert und
   im 3. Teil erlöst wird.

3. Bei Eichendorff sind zu Beginn alle Personen gleich, dann maskieren sie sich auf eine bestimmte Individualität hin, schließlich hebt eine neue Maske die Individualität auf und verfälscht sie. Daher entsteht als opponierende Kette: Gleichmacherei – persönliche Wahrhaftigkeit – Maske.

4. Nur Substantielles kann inkognito gehen. Daher ist das Problem der Maske auch kein Problem der Individualität, sondern der Personalität – auch „Taugenichts" ist ja kein Name, sondern eine Person –, und die Opposition muß Maske – Person sein.

Raimar Stefan Zons

„Schweifen"
Eichendorffs „Ahnung und Gegenwart"

F. B. zum 80.
13. 10. 1985

> Romantische, goldene Zeit
> des alten, freien Schweifens
> (10. Kapitel)

I. Vorbemerkung

Statt einer Handlung erzählt der romantische Roman seine eigene Struktur und seinen poetischen Prozeß, dessen unerreichbares Ziel das „absolute Buch" ist. Verdankt er dieser unversöhnlichen Differenz von kontingenter Empirie und absolutem Ziel seine fragmentarische Form und seine Kritikbedürftigkeit, so schließt „Ahnung und Gegenwart" scheinbar im Klostergarten ab. Ist also in der christlichen Perspektive der Sinn des Romans zu arretieren, wie Eichendorff selbst und seine Interpreten bis heute behaupten?[1]

Um Sie auf mein eigentliches Thema einzustimmen, möchte ich die Frage zunächst unbeantwortet lassen, der Forschungsfiktion folgen und Ihnen die Struktur von „Ahnung und Gegenwart" als geschlossene vorstellen:

* * *

---

[1] S. dazu die Forschungsübersicht in A. Hillach und K.-D. Krabiel, Eichendorff-Kommentar, Bd. 1, Zu den Dichtungen, München 1971, „Einführung" S. 5–32, „Ahnung und Gegenwart" S. 115–138 sowie von E. Schwarz, Joseph von Eichendorff: Ahnung und Gegenwart (1815), in: P. M. Lützeler (Hrsg.), Romane und Erzählungen der deutschen Romantik, Stuttgart 1981, S. 302–324; hier S. 302–307.

„Ahnung und Gegenwart"* besteht aus drei Büchern, deren Funktion
der spätromantischen Geschichtstheologie folgend: 1. Aufbau und
Ursprung, 2. Aberration und Entfremdung, 3. Rück- und Heimkehr in
einer eschatologischen Perspektive ist. Die Virtuosität der Eichendorffschen Konstruktion zeigt sich nun darin, daß diesen Funktionen zugleich
drei Dimensionen korrespondierend zugeordnet sind: 1. die persönliche,
2. die soziale oder politische und 3. die philosophisch/theologische.
Diesen Einheiten von Funktion und Dimension entsprechen die Schau-
plätze und Konfigurationen:

Im 1. Buch werden die Hauptfiguren eingeführt: Friedrichs liebender
Blick begegnet dem Rosas — so kommt der Roman in Gang; er findet in
deren Bruder Leontin seinen Freund und sein alter ego; Faber, der
Berufspoet tritt als Kontrastfigur zur freien Poesie des Freundespaares
auf; es folgen Erwin/Erwine, Friedrichs Mignon, die in seine Kindheit
hineinreicht und ihn erst in ihrem Tod einholen wird, der verrückte
Viktor, Poet des Alltagslebens, das Nymphchen Marie, später eine Maria
Magdalena, schließlich Julie und ihre Familie, die den idyllischen Gegen-
entwurf zur „Residenz" abgeben wird.

Die poetische Struktur des Romans entfaltet sich in Begegnungen und
im Spiel der Figuren, die singen, dichten, jagen und vor allem ständig
hin- und her-reisen; sie expliziert keine persönliche Entwicklung oder
seelische Befindlichkeit. Eichendorffs „Helden" sind nie so uninteressant
und langweilig, wie wenn sie räsonieren oder ihre „Meinungen" austau-
schen, die, statt die ihren zu sein, ihre jeweilige Position im spätromantischen Diskurs angeben. Von daher unterscheiden sie sich wenig von
den Personifikationen des zeitgenössischen allegorischen Romans, in
dem schon mal eine handelnde Figur „Fabel"[2] oder eben „Faber" und
„Romana" heißen kann.

Die Positionen im Diskurs freilich können changieren, weil, wie wir
sehen werden, der Diskurs selbst zweideutig ist. Es bedarf dann eines
wirkungsvollen poetischen Scheidewassers, um die in der Poesie verein-
ten wieder in Freund und Feind zu trennen — dieses Scheidewasser wird
der Krieg im 3. Buch sein. Davor aber im 2. Buch, das vornehmlich in der
„Residenz" spielt, zeigt sich erst einmal die Verstrickung. Die Residenz
ist in Opposition zur „freien Natur" Ort der Verkennung und Verführung, also der Sexualität, in der Terminologie der Epoche: der vollende-

---

* Eichendorffs Werke werden zitiert nach: Sämtliche Werke des Freiherrn
  Joseph von Eichendorff, Historisch-kritische Ausgabe. Hrsg. von W. Kosch,
  A. Sauer und H. Kunisch (HKA), Regensburg; sowie Joseph von Eichendorff,
  Neue Gesamtausgabe der Werke und Schriften in vier Bänden. Hrsg. von
  G. Baumann und S. Grosse (NGA), Stuttgart 1957—1958.
[2] In Novalis' „Heinrich von Ofterdingen".

ten Sündhaftigkeit, in Eichendorffs Sprache: der „Welt". „Der Fürst
dieser Welt"[3] wird entsprechend als Verführer eingeführt. In dieser
Atmosphäre von Kabale und Liebe, Verführung und Intrige entfaltet sich
und endet Friedrichs Liebe zu Rosa, indem sie sich an die „Welt" verliert.
Rosa wird abgelöst und gesteigert durch die geniale Romana, Friedrichs
Kontrastfigur, die als legitime Residenzbewohnerin zugleich Wiedergän-
gerin der Antike wie Repräsentantin der Moderne ist. Eichendorffs
Lösung der querelle des anciens et des modernes: er vereint die Antipo-
den im gemeinsamen Nenner: Heidentum, sei es neu oder alt. Im lebenden Marmorbild kehrt das Verdrängte wieder: die nackte Lust der Antike
gepaart mit der willkürlichen Selbstvergottung moderner Subjektivität.
Das ist, innerpoetisch, die romantische Gefahr schlechthin, der bei
Eichendorff der Krieg erklärt wird und der nur der poetische Katholizismus begegnen kann.

Das 3. Buch also bringt als Krise und Krisis den Kampf, in dem sich
der Begriff des Poetischen entfaltet. Als historischer Hintergrund des Ge-
schehens ist oft genug der Tiroler Aufstand gegen die französische
Herrschaft von 1809 ausgemacht worden.[4] Eichendorff aber hat zu lange
bei Fichte gehört, um nicht zu wissen, daß der gefährlichste Feind der
innere ist, der innerpoetische nämlich, in erster Linie: die Frauen. Sie
finden sich dann auch an der Seite der Feinde wieder, die plötzlich und
unversehens die künstliche Romanwelt bevölkern und in Schach halten.
Aber die poetische Krise führt zu keiner *politischen* Entscheidung, die
Eschatologie, die Poesie und Politik versöhnte, bleibt aus. Friedrich,
seines sozialen Orts und seiner irdischen Liebe beraubt, bekommt von
der sterbenden Erwine und seinem Bruder ex machina Rudolf das —
ätiologisch im übrigen ziemlich unerhebliche — Rätsel seiner Herkunft
gelöst und findet schließlich sein Glück in sich selbst und im Kloster.
Leontin, der im 2. Buch kaum eine Rolle spielt, aber poetischer Partisan
und Kriegsheld ist, macht sich, um Ansehen und Vermögen gebracht,
mit seiner weißen Krankenschwester[5] Julie auf nach Amerika, seinem

---

[3] So in der katholischen Tradition der Ausdruck für den Teufel, in der gnosti-
schen für den bösen Demiurgen.

[4] So etwa A. Hillach / K.-D. Krabiel, a. .a. O. (Anm. 1), S. 16.

[5] Die Anspielung — „weiße Krankenschwester" versus „Frau mit der Flinte", die
„rote", „männliche" Romana — auf das Buch von K. Theweleit, „Männerphantasien", (Bd. 1, Frankfurt 1977) ist nicht willkürlich. Im Deutschland der napoleonischen Okkupation und der „Befreiungskriege" werden die Phantasmen
vorbereitet, die sich später den Phantasien der Freikorpsbewegungen und
Nationalsozialisten einweben. Fichtes Erfindung des „inneren Feindes" und die
von F. A. Kittler beschriebene „Mutation der romantischen Familie" („Die
Irrwege des Eros und die ‚absolute Familie'. Psychoanalytischer und diskurs-
analytischer Kommentar zu Klingsohrs Märchen in Novalis' ‚Heinrich von

Rousseauschen Utopia. Faber setzt sein poetisches Leben in der Welt fort. Wir kommen auf das Schlußtableau gleich zu sprechen. Viel passiert also eben nicht im Roman. Friedrich hätte auch gleich sein Studium in der vita contemplativa des Klosters fortsetzen können, Leontin sich nach Amerika aufmachen; an der Einstellung, der Weltsicht hätte es ihnen dazu von Anfang an nicht gemangelt. Keine „Männlichkeit"[6] oder Einsicht reift, noch nicht einmal die der „schlechthinnigen Abhängigkeit"[7] über die es vielmehr für die Figuren nie einen Zweifel gibt. Allegorisch exponiert die erste Landschaft das ganze Inventar des Romans: Lebensfahrt, die gefährlichen Strudel und das Kreuz. Dabei könnte es bleiben, wenn nicht, ja wenn nicht das „Auge des Todes" im „Mund des Wirbels" überginge in den „Blick" der Frau.

Das *Auge* des Todes im *Mund* des Flußwirbels im *Blick* der Frau? Solche Deckbilder ließen wohl bei Bataille sich finden — und in der Tat: weit ist Eichendorffs von der Landschaft der Surrealisten nicht entfernt.

II.

„Das Kino gibt dem Angeschauten
die Unruhe seiner Bewegung,
die Ruhe des Blicks scheint
wichtiger"   Kafka, 1911

Die Sonne war eben prächtig aufgegangen, da fuhr ein Schiff zwischen den grünen Bergen und Wäldern auf der Donau herunter. Erster Satz, Vorhang auf! (1. Kapitel)
Da sah er noch, wie von der einen Seite Faber zwischen Strömen, Weinbergen

---

Ofterdingen' ", in: B. Urban / W. Kudszus, Psychoanalytische und psychopathologische Literaturinterpretation, Darmstadt 1981) geben dafür das Schema.

[6] „Gereifte Männlichkeit" nennt G. Lukács bekanntlich die Struktur des Romans („Die Theorie des Romans", Darmstadt/Neuwied [4]1972, S. 6).

[7] Der Ausdruck stammt von Schleiermacher und bezeichnet die unumkehrbare Vorgängigkeit des Seins (der Struktur, der Sprache, des Diskurses) vor dem Ich. Jochen Hörisch (Gott, Geld und Glück. Zur Logik der Liebe in den Bildungsromanen Goethes, Kellers und Thomas Manns, Frankfurt 1983) weist im Kampf gegen eine lange germanistische Tradition diese Strukturen „schlechthinniger Abhängigkeit" gerade in den Bildungsromanen nach, die dem Fach als Paradigmen freier Persönlichkeitsentfaltung galten. Wenn diese Strukturen das Schema des Bildungsromans sind, dann — aber auch nur dann — freilich ist „Ahnung und Gegenwart" tatsächlich „Wilhelm Meisters Lehrjahren" kompatibel, auf die eine lange Forschertradition den Roman bezogen hat. S. dazu auch das vorzügliche Buch von M. Frank, Was ist Neostrukturalismus?, Frankfurt 1983, das sich intensiv der Schleiermacherschen (Fichteschen/Schellingschen) Frage stellt.

und blühenden Gärten in das blitzende, buntbewegte Leben hinauszog, von der anderen Seite sah er Leontins Schiff mit seinem weißen Segel auf der fernsten Höhe des Meeres zwischen Himmel und Wasser verschwinden. Die Sonne ging eben prächtig auf. Letzter Satz, Vorhang zu! (24. Kapitel)

Ein unmögliches Arrangement von Augenblicken und zwei unmögliche Landschaften. Der erste Absatz, der die Fahrt der lustigen Studenten die Donau herunter beschreibt, erweckt noch keinerlei Argwohn. Aber schon im zweiten „wird der Ton heilig-ernster Bedeutsamkeit angeschlagen und eine leicht durchschaubare Allegorie entfaltet"[8], die, wie wir sahen, den ganzen Roman bestimmen wird.

Die Sonne war eben prächtig aufgegangen, da fuhr ein Schiff zwischen den grünen Bergen und Wäldern auf der Donau herunter. Auf dem Schiffe befand sich ein lustiges Häufchen Studenten. Sie begleiteten einige Tagreisen weit den jungen Grafen Friedrich, welcher soeben die Universität verlassen hatte, um sich auf Reisen zu begeben. [...]
Wer von Regensburg her auf der Donau hinabgefahren ist, der kennt die herrliche Stelle, welche der Wirbel genannt wird. Hohe Bergschluchten umgeben den wunderbaren Ort. In der Mitte des Stromes steht ein seltsam geformter Fels, von dem ein hohes Kreuz trost- und friedenreich in den Sturz und Streit der empörten Wogen hinabschaut. Kein Mensch ist hier zu sehen, kein Vogel singt, nur der Wald von den Bergen und der furchtbare Kreis, der alles Leben in seinen unergründlichen Schlund hinabzieht, rauschen hier seit Jahrhunderten gleichförmig fort. Der Mund des Wirbels öffnet sich von Zeit zu Zeit dunkelblickend, wie das Auge des Todes. Der Mensch fühlt sich auf einmal verlassen in der Gewalt des feindseligen, unbekannten Elements, und das Kreuz auf dem Felsen tritt hier in seiner heiligsten und größten Bedeutung hervor. Alle wurden bei diesem Anblicke still und atmeten tief über dem Wellenrauschen. Hier bog plötzlich ein anderes fremdes Schiff, das sie lange in weiter Entfernung verfolgt hatte, hinter ihnen um die Felsenecke. Eine hohe, junge, weibliche Gestalt stand ganz vorn auf dem Verdecke und sah unverwandt in den Wirbel hinab. Die Studenten waren von der plötzlichen Erscheinung in dieser dunkelgrünen Öde überrascht und brachen einmütig in ein freudiges Hurra aus, daß es weit an den Bergen hinunterschallte. Da sah das Mädchen auf einmal auf, und ihre Augen begegneten Friedrichs Blicken. Er fuhr innerlichst zusammen. Denn es war, als deckten ihre Blicke plötzlich eine neue Welt von blühender Wunderpracht, uralten Erinnerungen und niegekannten Wünschen in seinem Herzen auf. Er stand lange in ihrem Anblick versunken, und bemerkte kaum, wie indes der Strom nun wieder ruhiger geworden war und zu beiden Seiten schöne Schlösser, Dörfer und Wiesen vorüberflogen, aus denen der Wind das Geläute weidender Herden herüberwehte.

Der unheimliche Ort wird mit den Prädikationen „herrlich" und „wunderbar" versehen, Trost und Friedensreich *schaut* ein Kreuz in den Sturz und Streit der empörten[9] Wogen herab. In die *gefallene* Natur?

---

[8] E. Schwarz, a. a. O. (Anm. 1), S. 313.
[9] Für Eichendorff durchaus auch in dem Sinne: der sich empörenden, der — gegen die *Ordnung* der Natur — revoltierenden, revolutionären Wogen.

Dafür würde sprechen, daß kein Lebenszeichen den unheimlichen Ort erfüllt. Und als täte das allegorische Inventar noch nicht genug, schiebt der Erzähler auch noch selbst eine Deutung nach, die die Bedrohung der gefallenen Natur und den Trost des Kreuzes auf den Menschen bezieht. Die vom Kreuz nicht erlöste, die nicht vergeistigte Natur ist der Tod, das wird klar, und er blickt *den* Menschen mitten in der Natur Aug' in Aug' an. Aber auch das Kreuz und das Auge des Todes in der Mitte des Wirbels „schauen" einander an. Und als ob es mit dieser Semiotik feindlicher oder erbarmender Blicke nicht genug wäre, biegt *plötzlich* ein fremdes Schiff um die Ecke mit einer jungen, weiblichen Gestalt – einer weiblichen *Gestalt,* keiner Frau! – „und ihre Augen begegneten Friedrichs Blicken". Ein weiß-Gott raffiniertes Blickfeld-Arrangement: Der Konterblick von Kreuz und Natur wird überdeckt durch den Liebesblick Friedrichs und des „Mädchens", das später Rosa heißen wird. Und wenn da, wo eben noch das Auge des Todes war, jetzt *plötzlich* der Blick eines Mädchens ist, wird die tödliche Liebesgefahr überdeutlich, die dieser An-Blick verdeckt. Aug' in Aug' mit dem „Mädchen", fährt Friedrich innerlichst zusammen, als „deckten ihre Blicke plötzlich eine neue Welt von blühender Wunderpracht, uralten Erinnerungen und nie gekannten Wünschen in seinem Herzen auf. Er stand lange in ihrem Anblick versunken . . ." Hören wir recht, aus der tödlichen Bedrohung durch die Natur, dem Wirbel, entsteht zwischen zwei Blicken eine neue Welt, *die romantische.* Aber achten wir auch auf die Zweideutigkeit des Ausdrucks „in ihr*em* Anblick versunken". Wem gehört der Blick, Friedrich oder dem Mädchen, *in* dessen Blick Friedrich „versunken" ist – Denken Sie an die Wassermetaphorik: – wie im „Strudel" der Donau? Ja, ist es nicht gerade seine Versunkenheit, sein Traum, der an den Initialtraum Heinrichs im „Ofterdingen"[10] erinnert, *im* Blick zu sein, der aus ihm – in seiner Verkennung – in erster Linie ein angeschautes Wesen macht, nicht so sehr eines, das sich selbst sehen sieht? Denn was blickt ihm in dem Blick denn da nicht entgegen, wenn nicht sein ganzes imaginäres Leben, uralte Erinnerungen und nie gekannte Wünsche? Im Imaginären zählt allein dieser Blick, kein Kreuz, in dessen Fäden freilich die Geschichte webt. *Das* Mädchen und das Kreuz stehen in Opposition, die Natur des gespiegelten Blicks tut ihren Schlund auf, das Blickfeld, das den Figuren ihren Ort zuweist, ist eröffnet, der Roman kann beginnen.

Und, so wie der Blick des Kreuzes von einem anderen unterlaufen wird, so „fliegen" nun auf beiden Seiten des Schiffs „schöne Schlösser,

---

[10] S. dazu J. Schreiber, Das Symptom des Schreibens. Roman und absolutes Buch in der Frühromantik (Novalis/Schlegel), Frankfurt 1983, S. 192–203 („Das Begehren, die Unruhe").

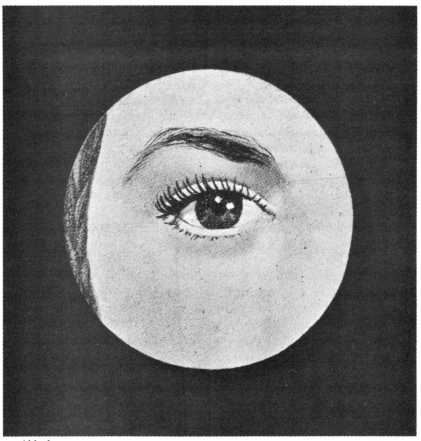

Abb. 1
René Magritte: *Das Objekt (Das Auge) (L'Objet [L'Œil]),* 1932. Öl auf Holz.
25 x 25 cm. Sammlung Mme Georgette Magritte, Brüssel

Dörfer und Wiesen" vorbei, „aus denen der Wind das Geläute weidender
Herden herüberwehte".

Nicht der traumversunkene Blick selbst nimmt solcherart stereotype
Kunstlandschaft aus *schönen* Schlössern, Wiesen und Dörfern wahr, der
Fluß fließt in „ruhiger" Strömung und trägt ihn. Zum ersten Mal in der
deutschen Literatur – sieht man einmal von Romanzen wie Brentanos
„Auf dem Rhein" von 1800 ab – zieht hier solchermaßen Landschaft an
einem stromgeführten Blick vorbei, eine gleitende Wahrnehmung, die
dem ganzen Roman unterlegt ist. So wird „Schweifen", Eichendorffs
Lieblingsterm, Titel dieses Beitrags.

Ob Eichendorffs Helden später herausreiten, zu Fluß oder Fuß reisen, immer *zieht* die Landschaft an ihnen vorbei, bisweilen wie im Fluge, immer eröffnen sich plötzlich Blicke, Augen-Blicke, in denen gewöhnlich Lieder erklingen, überall fließen Ströme und geht eben die Sonne prächtig auf. Überall auch erklingt Herdengeläute und Jagdhornschall, um dann in ungewisser Ferne zu verklingen wie die Stimmen im weißen Rauschen; überall schweifen Blicke und Geräusche hin und her und verlöschen wieder wie sie gekommen sind, unbestimmte visuelle und akustische Räume, unscharf und stereotyp auch ihre Beschreibungen: prächtig, schön, furchtbar, herrlich.

Friedrichs traumverlorenes Auge, das solchem Schweifen das Muster gibt, ist auf dem treibenden Schiff installiert wie ein Kameraauge, durch das ein Film gefilmt wird.[11] Der Kahn fährt, das Auge schweift, es speichert nicht, hebt keine Signifikanzen hervor, und was es sieht, ist als Wahrnehmung nicht die seine. Poesie als künstliche Natur, als Landschaftsraum, verdankt sich einem Arrangement aus Blicken und einer Technik. Und als Videomechaniker, der alles „Romantisieren" in optische Inszenierungen überführt, ist Eichendorff seinem selbst erwählten Gegenspieler E. T. A. Hoffmann mindestens ebenbürtig. Führt Hoffmann als Quelle aller Phantasmen und Verrücktheiten weniger Ätiologien der Einbildungskraft[12] als optische Geräte ins Feld, die etwa in Nathanaels Blick „belebt" und „unbelebt" vertauschen, so können wir nicht daran zweifeln, daß auch Eichendorffs Erfindung des schweifenden, aber festgestellten Blickes seine technische Entsprechung hat. Im Gegensatz zu den Reiseerfahrungen, wie sie in den Apodemiken des 17., 18. und auch des 19. Jahrhunderts festgehalten sind, sind Eichendorffs Visionen von allen organischen Bindungen gelöst. Weder die diskontinuierliche Bewegung des Reitens, noch die „eingeschränkte", im „permanenten Anheben" und „Zurückfallenlassen der Körpermasse" skandierte des Gehens und Wanderns kennt „Ahnung und Gegenwart". Landschaft zieht „gleichmäßig" vorbei, und ihr Anblick ist nicht im geringsten eingeschränkt. Gleichzeitig können die Visionen stufenlos „beschleunigt" und „verlangsamt" werden.

---

[11] Diese Kamerafahrt kann übrigens auch umgekehrt werden, wie folgende Passage aus dem 22. Kapitel zeigt:
„Es war ihm, als rückte sein ganzes Leben Bild vor Bild so wieder rückwärts, wie ein Schiff nach langer Fahrt, die wohlbekannten Ufer wieder begrüßend, endlich dem alten, heimatlichen Hafen bereichert zufährt."
Schöner können Schiffahrt und Film gar nicht kombiniert werden.

[12] Das unterschätzt Friedrich Kittlers – im übrigen richtungsweisende – Studie über „Das Phantom unseres Ichs", in: F. A. Kittler / H. Turk (Hrsg.), Urszenen, Literaturwissenschaft als Diskursanalyse und Diskurskritik, Frankfurt 1977.

„Loslösung von allen organischen Bindungen", „Überwindung der eingeschränkten Bewegung des Reitens und Wanderns", „Gleichmäßige Beschleunigung", die Zitate entstammen einer etwa kontemporären Apologie der Reiseerfahrung mit der Eisenbahn.[13]

Sie werden einwenden, daß Eichendorff seine eigenen Eisenbahnerfahrungen erst sehr viel später machen konnte als in den Jahren 1810 bis 1812, denen „Ahnung und Gegenwart" seine Entstehung verdankt. Ich zweifle daran nicht. Eichendorffs Bilder, und so werden sie eingeführt, sind Wunschbilder, Bilder, in denen, mit Benjamins Passagenwerk zu sprechen, das Neue sich mit dem Alten durchdringt. Neue Techniken, Wahrnehmungstechniken insbesondere, haben ihre Vorläufer in den Träumen und Symbolen des Kollektivs, die die „Ahnungen" technischer Möglichkeiten aus sich heraus generieren, während deren Realisierung beinahe immer enttäuschend ist. Jürgen Link hat Ähnliches etwa für die Ballonflüge im 19. Jahrhundert gezeigt.[14]

Die Wahrnehmungsstruktur also ist da, bevor ihr technischer Apparat installiert ist, sie träumt die neuen Techniken aus sich heraus. Bei Eichendorff wird Landschaft so zugerichtet, wie wir sie vorfinden: als Medienlandschaft, die bis in unsere Touristenlandschaft hereinreicht – „schön und herrlich", während die „Sonne eben prächtig" aufgeht.

Eine kleine Kostprobe aus Benjamin Gastineaus Reisefeuilleton „ La vie en chemin de fer", die bereits die volle Wirklichkeit des Eisenbahnlebens kennt, macht den Zusammenhang schlagartig deutlich. In diesem Feuilleton erscheint die Bewegung des Zugs durch die Landschaft als Bewegung der Landschaft selber.

Die Eisenbahn bringt sie zum Tanzen. Ihre Geschwindigkeit, den Raum verkleinernd, läßt Gegenstände und Szenen in einer unmittelbaren Folge erscheinen, die ihrem ursprünglichen Hier und Jetzt gemäß den verschiedensten Bereichen angehören. Der Blick aus dem Abteilfenster, der solche Szenenfolgen aufnimmt, ist durch eine neuartige Fähigkeit gekennzeichnet, die Gastineau als „die synthetische Philosophie des Auges" bezeichnet. Es ist die Fähigkeit, das Unterschiedene, wie es jenseits des Abteilfensters abrollt, unterschiedslos aufzunehmen. Die Szenerie, die die Eisenbahn in Gastineaus Text in schneller Bewegung herstellt, erscheint, ohne ausdrücklich genannt zu werden, als Panorama: „Die Dampfkraft, dieser machtvolle Maschinist, verschlingt einen Raum von 15 Meilen pro Stunde und reißt dabei die Kulissen und Dekorationen mit sich; sie verändert in jedem Augenblick den Blickpunkt, sie konfrontiert den verblüfften Reisenden hintereinander mit fröhlichen und traurigen Szenen, burlesken Zwischenspielen, mit

---

[13] J. Adamson, Sketches of our Information as to Rail-roads, New Castle 1826, S. 51–52.
[14] J. Link, Elementare Literatur und generative Diskursanalyse, München 1983, S. 48–72 („Riskante Bewegung im Überbau. Zur Transformation technischer Innovation in Kollektivsymbolik am Beispiel des Ballons").

Blumen, die wie Feuerwerk erscheinen, mit Ausblicken, die, kaum daß sie
erschienen sind, schon wieder verschwinden; sie setzt die Natur in Bewegung, so
daß diese nacheinander dunkel und hell erscheint, sie zeigt uns Skelette und junge
Liebende, Sonnenschein und Wolken, heitere und düstere Anblicke, Hochzeiten,
Taufen und Friedhöfe."[15]

Erkennen Sie die Struktur von Eichendorffs romantischem Roman in
dieser Reisebeschreibung wieder? Da wird die Landschaft nicht kräftig
durchgerüttelt und „verwackelt", wie es wohl dem Zustand der Maschinen und Gleisanlagen in der Mitte des 19. Jahrhunderts entsprochen
hätte, sie gleitet vorbei wie vor dem Fenster eines modernen Intercity-
zuges — oder aber eben wie in den technischen Wunschbildern der
Epoche. Und ganz unbeabsichtigt souffliert uns Schivelbuschs Eisen-
bahnbuch, dem ich das Zitat verdanke, auch noch unser 2. Stichwort.

Verlassen wir also Friedrich zunächst in seinem Schiff, Traum und
Begehren, um ihn am Ziel seiner Fahrten, Träume und Wünsche im
Klostergarten wiederzufinden. Ziel ist freilich schon zuviel gesagt, Ende
seiner Irrungen und Wirrungen wäre wohl angemessener. Denn ehe für
ihn klar ist, daß Liebe keine zu den Mädchen ist und daß zwischen Frau
und Mann nichts läuft, haben seine Reisen und Fahrten weder ein Ziel
noch eine Richtung, sondern als Ziel und Richtung nur sich selbst:
Poesie der Poesie; Poesie also nicht wie der Berufsdichter Faber sie
betreibt, sondern als poetisches Leben, Schweifen, „Leben wie im
Roman"[16]. Denn was ist nach romantischer Definition der Roman
anderes als Poesie, und Romantik anderes als Romandichtung, die
Gattung, die Sprache, der Diskurs des Romans. Peter Szondi[17] und Jens

---

[15] B. Gastineau, La vie en chemin de fer, Paris 1861, S. 31.
Zit. nach: W. Schivelbusch, Geschichte der Eisenbahnreise. Zur Industrialisierung von Raum und Zeit im 19. Jahrhundert, München 1977, S. 59.
Im Vorwort zu seinem Fragment gebliebenen autobiographischen Werk
„Erlebtes" von 1856/57 bezieht Eichendorff seine lebenslangen Reisephanta-
sien nachträglich so schön auf die „Dampffahrt", daß ich Ihnen die Passage
nicht vorenthalten möchte: „An einem schönen warmen Herbstmorgen kam
ich auf der Eisenbahn vom andern Ende Deutschlands mit einer Vehemenz
dahergefahren, als käme es bei Lebensstrafe darauf an, dem Reisen, das doch
mein alleiniger Zweck war, auf das allerschleunigste ein Ende zu machen. Diese
Dampffahrten rütteln die Welt, die eigentlich nur noch aus Bahnhöfen besteht,
unermüdlich durcheinander wie ein Kaleidoskop, wo die vorüberjagenden
Landschaften, ehe man noch irgend eine Physiognomie gefaßt, immer neue
Gesichter schneiden, der fliegende Salon immer andere Sozietäten bildet,
bevor man noch die alten recht überwunden."
[16] So der Titel einer wichtigen Berliner Habilitation von B. Bräutigam; erscheint
demnächst in Paderborn.
[17] P. Szondi, Poetik und Geschichtsphilosophie II, Frankfurt 1974, S. 144.

Schreiber[18] haben darauf zurecht immer wieder utopischen Spekulatio-
nen gegenüber hingewiesen.

Die Ruhe und die Glückseligkeit des Klostergartens sind also, trotz
einiger romantischer Klosterbrüder, im strengen Sinne nicht mehr
„*romantisch*" oder poetisch, so daß „Ahnung und Gegenwart" sich mit
seinem letzten Tableau nicht nur tatsächlich oder allegorisch, sondern
auch von der Gattung her und sprachlich zu Ende bringt.

Doch bleiben wir bei der merkwürdigen Schlußvision, die in Opposition zur Eingangsszene steht. Der Anlaß des Romans, Rosa, taucht in der
Klosterkapelle auf und tut nicht nur Buße, sondern wird beim Anblick
Friedrichs als Mönch — wer möchte es ihr verdenken — auch noch
ohnmächtig. „Friedrich hatte nichts mehr davon gemerkt". Der Blick des
irdischen Begehrens ist erloschen, das Kreuz hat gesiegt. „Beruhigt und
glückselig war er in den stillen Klostergarten hinausgetreten. Da sah er
noch", bald wird sein Blick also nicht mehr übers Land gehen, „wie von
der einen Seite Faber zwischen Strömen, Weinbergen und blühenden
Gärten in das blitzende, buntbewegte Leben hinauszog, von der anderen
Seite sah er Leontins Schiff mit seinem weißen Segel auf der fernsten
Höhe des Meeres zwischen Himmel und Wasser verschwinden. Die
Sonne ging eben prächtig auf". (24. Kapitel) Der letzte, unmögliche Blick
in die Welt reicht wahrhaftig von Horizont zu Horizont. Was könnte das
für ein deutscher Klosterberg sein, von dem aus auf der einen Seite der
Ozean, auf der anderen Flüsse und Weingärten zu sehen sind; was muß
das für ein Adlerblick sein, der an der Horizontgrenze zwischen Himmel
und Wasser nicht höchstens einen Punkt, sondern Leontins ganzes
Schiff samt weißem Segel wahrnehmen kann? Was ist das für eine Welt
ohne Gewimmel, in der dem klösterlichen Seher seine beiden Visionen
identifizierbar sind? Wie heißt die Sonne, die da ein letztes und ein für
alle Male aufgeht? Wieder steht Friedrich gleichsam *in* der Perspektive,
aber dieses Mal ist es nicht nur eine schlechthin illusorische, sondern
auch abschließende und endgültige Zentral-Perspektive des Romans und
seiner Welt. Aber ist es überhaupt noch *seine* Perspektive? Öffnet *sein*
Blick wirklich einen Raum? Oder ist er ihm nicht vielmehr schon geöffnet? Sähe er sich endlich sehen, dieser Blick, Voraussetzung jeder
Landschafts*konstitution?* Ist also am Schluß der Naturraum Bewußtseins-
raum oder „erlebter Raum", wie Alewyn in seinem im übrigen aufschluß-
reichen Aufsatz über „eine Landschaft Eichendorffs"[19] suggeriert?

Schwerlich — und so werden wir einen kleinen Umweg machen

---

[18] J. Schreiber, a. a. O. (Anm. 10), S. 74.
[19] R. Alewyn, Eine Landschaft Eichendorffs, in: J. Schillemeit (Hrsg.), Deutsche
Erzählungen von Wieland bis Kafka, Interpretationen, S. 196–217 (Zuerst in:
Euphorion. NF 51 (1957), S. 42–60).

müssen, der uns, so hoffe ich, diesen einzigartigen und merkwürdigen
Naturraum Eichendorffs noch ein wenig näher bringt:

Landschaft, so führt Joachim Ritters richtungsweisende Studie[20] aus,
ist ein Effekt neuzeitlicher Subjektivität und Exzentrik. Sie verlangt ein
„Hinausgehen zu ihr", einen Transzensus also im Wortsinn. Denn dem,
der in ihr baut und wohnt, wird Natur so wenig zur Landschaft wie dem,
dem sie Sitz der Dämonen ist. Ebensowenig kann die landschaftliche die
Regel-Natur der neuzeitlichen analytischen Naturwissenschaft sein, weil
sie „Natur" virtuell in ihre Elemente, Kräfte und Gesetze auflöst, statt sie
als „Ganze" in den Blick zu bekommen, wie es die alte Theoria wollte.
Mit dieser eidetischen Theorieform teilt sich die ästhetische Anschauung
darin, daß sie im Ausschnitt oder im Besonderen in einem Akt totaler
ästhetischer Antizipation die ganze, ja das Wesen der Natur anschaut.
Schließlich kann Natur nur da zur Landschaft werden, wo weder die
Lebensformen durch fraglos geltende Traditionen und Üblichkeiten
gesichert sind, noch kosmologische, universalienrealistische oder heils-
geschichtlich-eschatologische Daseinsinterpretationen der Gesellschaft
eine sichere und inerte Naturbasis geben. Die Selbstkonstitution des Ich
nicht aus dem göttlichen Heilsplan oder der Naturordnung heraus, wie
sie sich Eichendorff wünscht, sondern aus der einsamen Selbstreflexion
steht dem „landschaftlichen Auge" Pate und prägt Petrarcas Begehren
auf dem Mont Ventoux wie das des Rousseauschen promeneur solitaire.
Landschaft als Schema zwischen ichfremder Natur und dem naturlos
solipsistischen Reflexionssubjekt wird zur Hoffnung und Gewißheit, daß
beide einander zumindest nicht widersprechen. Landschaftsgenuß und
-schilderung dient also einer umgekehrten Selbstreflexion, die sehn-
süchtig darauf aus ist, in der Natur ihr Supplement zu finden, ihre eigene
transzendentale Vergangenheit. Soweit, in meiner sehr knappen Zusammenfassung, Joachim Ritter.

Aber führt seine, wie ich meine im Großen und Ganzen zutreffende,
Bestimmung für unsere Eichendorffschen Landschaften wirklich weiter?
Wir hatten ja schon zu Anfang gesehen, daß Natur, weit entfernt, Rette-
rin zu sein, viel mehr ohne das Kreuz Verhängnis ist. Marquards „Wende
zur Ästhetik" deutet diese Konsequenzen für die romantische Sehn-
suchtsnatur schon an. Scheint sie doch das Unglück ihrer Absenz dem
vermeintlichen Glück ihrer Präsenz vorzuziehen. Ist das gesuchte und
ersehnte Glück am Ende gar kein Glück?

---

[20] J. Ritter, Landschaft. Zur Funktion des Ästhetischen in der modernen Gesellschaft, in: Ders., Subjektivität, Sechs Aufsätze, Frankfurt 1974. S. auch R. Piep-
meier, Das Ende der ästhetischen Kategorie „Landschaft". Zu einem Aspekt
neuzeitlichen Naturverhältnisses, MS. Paderborn 1981.

„Gerade das scheinen zwei Denker erfahren zu haben, die in gewissem Sinn zu Philosophen derjenigen Natur geworden sind, die die Romantiker so schmerzlich vermißten: Schopenhauer und Nietzsche. Sie erfahren die Natur nicht als die ferne, sondern als gegenwärtig. Und sie erfahren sie als Wille, als Lebensdrang: die romantische Natur erweist sich, gegenwärtig geworden, als die Triebnatur des Kampfes aller gegen alle; sie wirft die Rousseausche Maske ab und tritt offen auf als Hobbes'-scher Naturzustand."[21]

Eichendorff scheint in diesem Prozeß eine mittlere und gemischte Position einzunehmen, wir werden dem gleich bei der Untersuchung der antikischen Frauennatur weiter nachgehen. Aber zurück zu unserer Frage: Sicher, der Blickpunkt, von dem Ritters Abhandlung ausgeht, Petrarcas Berggipfel des Mont Ventoux, eignet auch den Eichendorff-schen Helden. Ständig klettern sie auf Felsen, Bäume, Türme oder beugen sich aus Schloßfenstern, um „eben die Sonne prächtig aufgehen" zu sehen und einen „ganz freien Rundblick" (Petrarca)[22] zu haben. Auch der Gegensatz von Stadt und Land, der für Petrarca und Ritter landschaftskonstitutiv ist, kommt bei Eichendorff vor als Opposition von „Residenz" und „freier Natur". Aber hier wird's schon problematisch. So sehr Residenz für Gewühl und Gewimmel, für Trug und Schein, eben für die Eichendorffsche „Welt" steht, so sehr steht sie doch auch *in* der Natur. Auch aus Residenztürmen bieten sich landschaftliche Rundblicke an, und die arrangierten „lebenden Bilder", schlimmste Unnatur[23], beziehen ihren Kitzel daraus, daß sie geradewegs in die „freie Natur" übergehen. Freilich ihren *Kitzel,* denn als Kulisse wird Natur selbst zum Bild umgefälscht, sehr zum schließlichen Mißfallen des Betrachters Friedrich. Aber was tut der Roman selbst? Erfüllt er nicht fast allzu wörtlich die Hardenbergsche Forderung, daß Poesie „künstliche Natur"[24] sein solle? Künstlicher geht's ja wirklich kaum als in Eichendorffs Naturtableaus, die stets aus den selben Stereotypen montiert sind. Diese Zweideutigkeit der Eichendorffschen Landschaften wird noch dadurch erhöht, daß den Frauen, auch wenn sie gelegentlich in *Männer*kleidern die Felsen erklimmen, der landschaftliche Blick offenbar versagt ist. Landschaft spaltet sich auch in sich selbst in gute und böse Natur auf.

---

[21] O. Marquard, Kant und die Wende zur Ästhetik, in: Zsf ph F. 1962, Bd. XVI, S. 374.

[22] Briefe des Francesco Petrarca. Eine Auswahl, Berlin 1931, S. 44.

[23] S. dazu R. S. Zons, Ein Denkmal voriger Zeiten. Über Goethes Wahlverwandtschaften, in: N. W. Bolz (Hrsg.), Goethes Wahlverwandtschaften, Hildesheim 1981.

[24] S. dazu: R. S. Zons, Georg Büchner. Dialektik der Grenze, S. 40–59 sowie S. 396–402.

Und trotzdem geht es dem Roman in der Landschaft nicht anders als in Ritters Bestimmung um die Einheit *mit* der, und die Einheit *der* Natur, das macht schon ihre Konjunktion mit den Liedern deutlich, die keinem Gedächtnis, sondern einer memoire involontaire[25] sich verdanken und somit, wie Eichendorff nicht müde wird zu betonen, der stummen Sprache der – geoffenbarten – Natur, ihrem „Rauschen" im nicht meinenden Gesang zum Laut verhelfen. Nur die erlöste Natur, das machen im Kontrast Romanas artistische, mutwillige und schrille Lieder deutlich, kann wahrhaft zum Wort kommen.

Was aber bei Eichendorff ganz signifikant fehlt, ist der Transzensus in die Landschaft, ihre Geburt aus dem selbstreflexiven „landschaftlichen Blick". Um es, zumindest gemessen an Ritters Definition, paradox auszudrücken: Eichendorffs – dadurch – romantische Helden bewegen sich – leben wäre zuviel gesagt – bewegen sich also *in* der Landschaft, stehen ihr *in* ihr gegenüber. Landschaft ist kein Effekt der Selbstreflexion, die den Figuren vielmehr vollständig abgeht, keine Explikation von Innerlichkeit, wie in den großen Vorbildern von Klopstock bis Goethe, sie ist, Alewyn hat darauf in seinem Aufsatz aufmerksam gemacht[26], nicht nur objektiv und unabhängig vom Betrachter, sie ist selbst dynamisch, in sich reflexiv. So ist stets *sie,* nicht der Betrachter bei Eichendorff das Aussagesubjekt: Da rauschen die Bäume „durch das offene Fenster hinein" (5. Kapitel), da „rollte die glänzende Ebene fort", da strahlt „die Gegend in einem zauberischen Glanze in ihre Fenster herauf". Die Beispiele ließen beliebig sich vermehren. Aber nicht nur Gegenden und Ebenen können sich fortbewegen, auch Tages- und Jahreszeiten geben ihre temporale Struktur auf und bewegen sich räumlich. Da heißt es von einem Mittag, er „war durch die kühlen Waldschluchten ... vorüberge- zogen", und mehr als einmal *„steigt"* von den Bergen „sacht hernieder (...) die wunderbare Nacht". Eichendorff darf wohl als Erfinder solcher präpositionalen Präfixe des Ortes gelten, die Glocken „*herüber*"-klingen und draußen den Morgen „*vorbei*"ziehen lassen.

Landschaftliche, ja kosmologische Phänomene dieser Art, vom Objekt der Anschauung zum Subjekt gemacht, verwandeln die Natur in ein Spektakel und eine Feerie, die kein Blick bannt und in die sich menschli- ches Gewimmel verstricken kann: „das Waldhorn irrte fast Tag und Nacht in dem Walde hin und her, dazwischen spukte die eben erwa- chende Sinnlichkeit der kleinen Marie wie ein reizender Kobold, und so machte dieser seltsame, bunte Haushalt diesen ganzen Aufenthalt zu einer wahren Feenburg" (4. Kapitel).

Der Ausschnitt gibt Einblick in die Eichendorffsche Sprachmagie, in

---

[25] Der Ausdruck stammt natürlich von Proust.
[26] Eine Landschaft Eichendorffs, a. a. O. (Anm. 19), S. 198 f.

Abb. 2
Caspar David Friedrich: *Ruine Eldena*. Öl auf Leinwand. 35 x 49 cm. Um 1825. (BS 328)

der Subjekt und Prädikat schlicht vertauscht sind: nicht der Bläser, sondern das Horn und sein Klang irrt durch den Wald, nicht Marie spukt und macht den Kobold, ihre Sinnlichkeit tut es.

Es wäre zu einfach, diesen alchimistischen Stil als personifizierende Rhetorik abzutun, wie sie dem Allegoriker Eichendorff naheliegt: vielmehr verrückt er insgesamt den romantischen Diskurs in den landschaftlichen Figurenraum. Wenn die im Roman und seinem Schauplatz, der Landschaft, gespeicherte Reflexion ichlos ist, ja eher die Figuren im Blick hält, als von ihnen erzeugt ist, dann ist solches Reflexions*medium* Medium im technischen Sinn: Die „freie Natur" ist Innenraum wie in den Bildern von Caspar David Friedrich, in der Landschaft zum Kirchenraum wird! (s. Abb. 2)

Wenn es in anderen Worten und um auf ihn zurückzukommen nicht Friedrichs „landschaftliches Auge" ist, das das Schlußpanorama konstituiert, sondern die Reflexion sich in dieses Riesenpanorama hinein auflöst und Friedrichs Blick selber lenkt, was ist dieses künstliche Panorama dann anderes als ein ... „Panorama", ein Panorama, so wie es Eichendorff in Paris besucht haben mag. So zitiert Stephan Oettermann

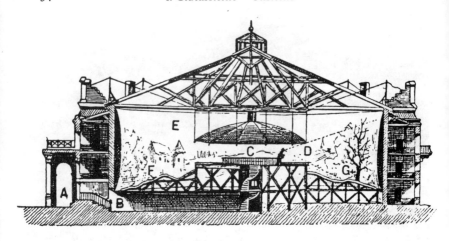

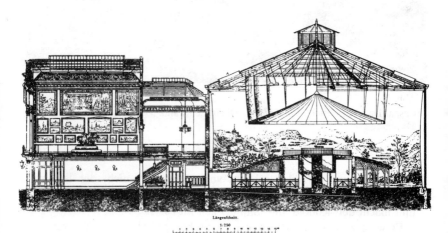

Abb. 3
Schnitt durch ein Panorama: A. Eingang und Kasse B. Verdunkelter Gang C.
Betrachterplattform D. Sehwinkel des Betrachters E. Rundleinwand F. Plastisch
gestalteter Vordergrund (Faux Terrain) G. In trompe-l'œil gemalte Gegenstände
auf der Leinwand
Querschnitt durch das panorama français (bibliothek nationale)

in seinem Standardwerk über „Das Panorama. Die Geschichte eines
Massenmediums" (Frankfurt 1980) „Ahnung und Gegenwart": „Von
jedem Punkt des Gartens hatte man die erheiternde Aussicht in das
Land, das *wie in einem Panorama ringsherum ausgebreitet lag.*" (7. Kapitel,
Oettermann S. 8) Nach Benjamins Ultrakurzdefinition: „Einrichtung der
Panoramen: Blick von einer erhöhten und mit einer Balustrade umgeb-

Abb. 4
Caspar David Friedrich: *Der Wanderer über dem Nebelmeer.*
Öl auf Leinwand. 74,8 x 94,8 cm. Um 1818. (BS 250)

nen Plattform ringsum auf die gegenüber und darunter liegenden Flächen. Die Malerei läuft an einer zylindrischen Wand entlang, hat ungefähr 100 m Länge und 20 m Höhe. Die hauptsächlichsten Panoramen von dem großen Panoramenmaler Prévost: Paris, Toulon, Rom, Neapel, Amsterdam, Tilsit, Vagram, Calais, Antwerpen, London, Florenz, Jerusalem, Athen. Unter seinen Schülern Daguerre. [Q I a, I]"[27]

---

[27] W. Benjamin, Das Passagen-Werk, (Gesammelte Schriften V), Frankfurt 1982, S. 656 f. – Das Panorama kehrt sozusagen den alten, deutschen „Raritäten"- oder „Guckkasten" nach außen. Auch dessen Perspektive findet sich übrigens

„Das besondere Pathos, das in der Kunst der Panoramen steckt"[28] (Benjamin) verweist auf die Frage nach dem mit dieser Kunst verbundenen Subjekteffekten. Das Panorama als „Maschine des zentralisierenden Blicks"[29] produziert die Subjektposition des distanziert-ruhenden Betrachters einer sich zentralperspektivisch auf ihn beziehenden Welt.

In „Überwachen und Strafen" identifiziert Foucault die Subjektposition des Betrachters im Panorama mit dem „Platz des souveränen Blicks" und vermutet, daß von ihm die Inspiration für die große Überwachungsmaschine des 19. Jahrhunderts, das Panoptikum, ausgegangen ist. Doch dies nur am Rande, um das diskursive Umfeld der Zentrierung des perspektivisch gegliederten Raums auf den fixierten Blickpunkt eines imaginierten Subjekts deutlich zu machen und um zu wissen, was es *auch* heißt, *im* Blick zu sein. Caspar David Friedrich setzt an die Stelle dieses Blickpunkts bekanntlich die Rückenansicht des Landschaftsbetrachters. (s. Abb. 4)

Doch das Panorama steuert nicht nur den Blick, Illusionskünstler vom Schlage Daguerres können auch durch Beleuchtungswechsel den Tagesablauf einer Landschaft künstlich simulieren, so daß etwa ständig die Sonne eben prächtig aufgeht; sie können ihn auf eine viertel oder halbe Stunde verknappen, Vorläufer des Zeitraffers, wie wir ihn auch in den Eichendorffschen Landschaften finden.[30] Mit der Eisenbahnerfahrung

---

einmal − mit Anklängen an den „Werther" − in „Ahnung und Gegenwart", wenn Friedrich und Leontins Blick durch das Fenster, der sonst auf die Landschaft trifft, in den Raum hineingeht:
„Es ist doch ein sonderbares Gefühl [. . .], so draußen aus der weiten, stillen Einsamkeit auf einmal in die bunte Lust der Menschen hineinzusehen, ohne ihren inneren Zusammenhang zu kennen; wie sie sich, gleich Marionetten, voreinander verneigen und beugen, lachen und die Lippen bewegen, ohne daß wir hören, was sie sprechen." (6. Buch)
Der Logik der Umkehrung folgend enthält der Guckkasten entsprechend die „Marionetten" der „Welt". Zur Geschichte der Raritätenkästen s. H. E. v. Gronow, Notizen über Guckkästen und Guckkästenbilder, Deutsche Optische Wochenschrift 1930, Nr. 2, S. 19−23. Zum Komplex „Marionette : Mensch" und Charaktermaske s. den Beitrag von Hörisch in diesem Band.
[28] Ebd. S. 657.
[29] So zeigt E. Schulte-Holtey („Anleitung zur Wahrnehmung der Großstadt. Von Städtereisen, Turmbesteigungen, Wegprotokollen und Panoramen") in: Kulturrevolution. Zeitschrift für angewandte Diskurstheorie, Nr. 6, Juni 1984, S. 31−33.
[30] S. dazu auch Benjamins Eintragung im „Passagen-Werk", a. a. O. (Anm. 27), S. 894:
„Das Eintreten des zeitlichen Moments in die Panoramen wird durch die Abfolge der Tageszeiten (mit den bekannten Beleuchtungstricks) zuwege gebracht. Damit transzendiert das Panorama das Gemälde und weist auf die

Abb. 5
René Magritte: *Die Beschaffenheit des Menschen II (La Condition humaine II)*, 1935.
Öl auf Leinwand. 100 x 81 cm. Sammlung Simon Spierer, Genf

Photographie voraus. Infolge ihrer technischen Beschaffenheit kann und muß
die Photographie zum Unterschied vom Gemälde einem bestimmten und
kontinuierlichen Zeitabschnitt (Belichtungsdauer) zugeordnet werden. In
dieser chronologischen Präzisierbarkeit liegt ihre politische Bedeutung in nuce
bereits beschlossen." [Y 10,2].

hat die des Panoramas darin seine Komplizität, daß sie die Zeitabläufe verräumlicht: daß der Morgen vorbeizieht und die Nacht sanft herniedersteigt ist eine Performance des Illusionisten. Schließlich können Panoramen die „ganze Natur" nicht als totalisierende Antizipation in der Reflexion des Betrachters, sondern illusionsrealistisch gleichsam quantitativ vorführen, wie es Eichendorffs Schlußpanorama, dessen Grenzen die einer Welt sind, nicht anders tut. Auffällig an Eichendorffs Naturpanoramen und Illusionsmaschinen ist nun, daß sie gerade nicht in den Städten installiert sind und so, wie es Benjamin vorschwebt, die Stadtlandschaft des Flaneurs vorbereiten[31], sondern daß sie sozusagen mitten in die Natur aufgebaut sind, daß sie also dem Modell der lebenden Bilder folgen, statt es zu verwerfen. Man ist an Magrittes Landschaftsbilder erinnert, die, aus der vom Bild organisierten und fixierten Perspektive des Betrachters, an ihren Rändern in eine ebenfalls gemalte aber nun als real fingierte Landschaft übergehen. Der romantische wie der surreale Blick verdankt sich dem maschinellen Platonismus des Panoptikums, der die Differenz von Natur und Landschaft virtuell löscht.

Der perspektivisch gegliederte Raum des Panoptikums, der Eichendorffs Roman immer und immer wieder unterbricht, ist, das ist wohl klar geworden, Heilsraum. Er definiert das Subjekt durch eine Position in einem theatralischen Arrangement, über das es selbst nicht verfügt. Es ist nicht mehr im Blick einer Frau, sondern des Andern. Das ist die oft gerühmte Transzendenz der Eichendorffschen Landschaften: Eine Illusionsmaschine setzt die diskontinuierliche Struktur des Romans und hält ihn schließlich an, um Friedrich seine „schlechthinnige Abhängigkeit" zu demonstrieren und ihn in die vollkommene Liebe einzuholen. Die Perspektivik des Illusionsraums, die der Figur ihren Subjektpunkt zuschreibt, substituiert die Providentia als Blick des Anderen. Wo „ehedem" eine Naturordnung war, da ist jetzt eine Videomaschine und ein Medium. Gott ist ein Panorama.

III.

Die Spannung im Roman, gerade auch seine überall spürbare erotische Spannung, verdankt sich dem oppositionellen Spiel zweier medialer Wahrnehmungstypen: dem schweifenden, aber festinstallierten Kamerablick der Fahrten und Reisen auf der einen und dem perspektivisch zentrierten Raumblick des Panoramas auf der anderen Seite. Wir haben schon gesehen, daß dieser Opposition auf der Oberfläche des Romans ihre semantische Aufladung entspricht: das Schweifen trägt die poetische

---

[31] Passagen-Werk, a. a. O. (Anm. 27), S. 48 ff.

Bewegung, der Panoramablick unterbricht sie und transzendiert den Roman. Er etabliert, wie die meisten ihm zugeordneten Lieder, im Raum des Poetischen jene Transzendenz, die den (erlösten männlichen) Figuren ihre Position im technischen Blick des Anderen garantiert.

Zugleich entspricht die Opposition der modernen Wahrnehmungsästhetik, die Eichendorff als erster virtuos handhabt, im poetischen Raum des Romans dem Krieg zweier Naturen und zweier Geschlechter, auf den „Ahnung und Gegenwart" mit bisweilen aberwitzigen Konsequenzen nahezu jeden poetischen Konflikt der Epoche von der Querelle bis hin zum Antagonismus von ästhetischer und christlicher Existenz (Kierkegaard) appliziert. In diesen Kampf mischen sich schon die Obsessionen des späteren Jahrhunderts von der femme fatale über den androgynen Mythos bis zur Wiederkehr des Mutterrechts[32], insbesonders aber jene „Männerphantasien", die in der Frau den — wort-wörtlich — „inneren Feind" ausmachen.

Wir wollen dem genauer nachgehen:

Poetische Bewegungsstruktur des Romans, so hatten wir gesehen, ist das Schweifen, das unstete Reisen hierhin und dahin und die unmotivierte Begegnung. Nun ist für Eichendorff die poetische Existenzform des poetischen Lebens von zwei Grenzwerten umstellt, die die äußerste Gefährdung des poetischen Mediótes markieren: Die eine ist die Gefahr, seßhaft zu werden, sich *in* der Welt einzurichten. Sie entspricht also keinesfalls dem Klosterleben, das vielmehr seine Sache auf nichts gestellt hat, sondern dem des „Philisters", der der Verachtung sämtlicher Romanfiguren sicher sein kann. Auffällig ist, daß im Roman die philiströse Position nicht gestaltet ist, sondern nur im Diskurs der Figuren referiert wird. Es ist dies zumindest ein sicheres Indiz dafür, daß Eichendorffs Gegenwartsroman vollständig dem poetischen Feld zuzählt und keine expliziten wie immer gearteten kritischen oder affirmativen Bezüge zur außerromantischen Welt unterhält.[33] Der Roman erzählt ausschließlich, wir hatten darauf hingewiesen, die Explikation des Poetischen. Auch auf Eichendorff, wie wohl er sie selbst fast wörtlich gegen seine erwählten Widersacher und Friedrich sie gegen die falsche Poesie Romanas wendet, träfe also Carl Schmitts Kritik an der „Politischen Romantik" zu:

---

[32] S. dazu G. Kaiser, Mutter Nacht — Mutter Natur, in: Ders., Bilder lesen, Studien zur Literatur und bildenden Kunst, München 1981, S. 11–51.

[33] Eindrucksvoller Beleg dafür ist, daß Eichendorff von seinen beiden explizit politischen Gedichten des Jahres 1810 „Der Tiroler Nachtwache" und „An die Tiroler" nur das erstere, der auch allegorisch lesbaren „Klage" von 1809 vergleichbare in den Roman aufgenommen hat (18. Kapitel — ohne Titel), während das in seiner Aussage eindeutige zweite Gedicht („. . . O Herr! laß diese Lohen wehn, sich breiten / Auffordernd über alle deutschen Lande . . .") in ihm keine Berücksichtigung fand. — Hinweis von Klaus Lindemann.

„Romantik ist subjektivierter Occasionalismus, d. h. im Romantischen behandelt das Subjekt die Welt als Anlaß und Gelegenheit seiner romantischen Produktivität."[34] Um so bedrohlicher die andere Gefahr, die des *Aus*schweifens, die die Frauenfiguren assoziiert, aber die Männer nicht minder bedroht. Leontins Willkür, Rudolfs Sünde Accedia sind von ihr tingiert. Einzig Friedrich scheint von ihr unbedroht.

Wie wir gesehen haben, ist dem Schweifen als imaginäres Zentrum der Panoramablick installiert, dem Ausschweifen dagegen nicht. Es ist von jeglicher Mitte losgelöst wie ein, um es mit Eichendorff zu sagen, „führerloses Schiff" oder wie durchgehende, unbändige „Rosse" (16. Kapitel). Diesen beiden ästhetischen Bewegungsmodi sind nun, wir haben es schon angedeutet, zwei verschiedene Naturkonzeptionen unterlegt, die miteinander im unerbittlichen Kampf stehen: die christliche Offenbarungsnatur, also eine Natur, die durch ihre virtuelle Sprachlichkeit der Poesie, insbesondere der Volkspoesie und dem Lied, nahesteht und die antike, heidnische Triebnatur, deren Willkür mit moderner Subjektivität eine Allianz eingegangen ist. Was aber heißt, daß für Eichendorff die Antike nicht durch das Christentum endgültig überwunden, sondern nur verdrängt ist, daß das Verdrängte wiederkehrt und daß das letzte Gefecht noch aussteht: Ästhetische Gnosis. Hinweise für diese Interpretation gibt es in den theoretischen Schriften Eichendorffs genug.[35] Aber was ist das für eine merkwürdige Triebnatur, die da wiederkehrt?

Die Spannung zwischen Griechentum und, wie Goethe es nannte, „Nazarenerthum", die sich in der Geschichte der Frühromantik ausdifferenziert, scheint in der Spätromantik zu einer einfachen Opposition reifiziert zu sein. Die Oppositionspaare von, wie Eichendorff sie verschiebt, *römischem* „Heidentum" und altdeutschem Christentum, von ausschweifender und schweifender Poesie, von objektiver Sittlichkeit und unsittlicher Subjektivität machen aber doch genealogisch erstaunen, denn seit Winckelmanns Graecomanie und Schillers Untersuchung über „naive und sentimentalische Dichtung", seit aber auch etwa Schlegels „Studium"-Aufsatz wird konzentrische Welthaftigkeit, edle Einfalt, stille Größe, Substanzialität und Objektivität ja gerade den „Alten" zugeschrieben, während die christliche die Geschichte der Subjektivität, Freiheit, aber eben auch Zerrissenheit und „Sentimentalität" ist. Statt der Wieder-

---

[34] C. Schmitt, Politische Romantik, Bern ³1968 (1919), S. 23.

[35] S. dazu die Belege in dem Buch von T. Sauter-Bailliet, Die Frau im Werk Eichendorffs, Bonn 1982; sowie J. Kunz, Eichendorff. Höhepunkt und Krise der Spätromantik, Darmstadt 1973. Zum philosophischen Umfeld der ästhetischen Gnosis s. P. Eicher, Die Politik der absoluten Religion. Fichtes Beitrag zur Gnosis der Deutschen, in: J. Taubes (Hrsg.), Gnosis und Politik, München/Paderborn 1984, S. 199–218.

herstellung der Sittlichkeit und der Synthese Christus-Dyonysos nehmen Novalis, Wackenroder, die Spätromantik und Eichendorff seit Beginn seiner Produktion eine Umbesetzung im chiliastischen Schema vor: Was für die Klassik und die Schlegelsche Frühromantik die Antike war, das ist jetzt die romantische Utopie eines katholischen Altdeutschland, wo das Christentum substantielle Sittlichkeit aufhob, da heißt dieser Subjektivismus der neueren Zeit Eichendorff: Heidentum, dessen Tendenz ausgerechnet die römisch-italienischen Namen annoncieren. Dieses Spiel der Umbesetzungen wird dadurch noch kompliziert, daß Eichendorff das „Heidentum" der Antiken zugleich auf das Neuheidentum dessen appliziert, was das Jahrhundert seit Fichte „vollendete Sündhaftigkeit" nennt, das aber gerade — auch für Fichte — die bürgerliche Konsequenz christlicher Subjektivitätsgeschichte ausmacht. Die Verschiebungen führen dann, wie wir sahen, in der allegorischen Konstellation der Figuren zu oft flimmernden Unschärferelationen zwischen den Extremen, zu tiefen Zweideutigkeiten. Leontins und Rosas „Mutwill" und seine jeweiligen Konsequenzen sind dafür nur ein Beispiel, Romanas Lebens„rosse", schwarz *und* weiß, ein anderes.

Die zwei Naturen werden aber in „Ahnung und Gegenwart" nicht nur in den Figurenkonstellationen und Wahrnehmungsräumen figürlich, sondern auch in den ästhetischen Ausgestaltungen: der „freien Natur" steht eine Zaubernatur gegenüber, die, mit ausländischer und unbekannter, vegetativ wuchernder Flora ausgestattet, die Figuren in ihren Bann schlägt wie der Strudel in der Donau. Dieser Opposition von Naturräumen entspricht die der Architekturen, die von altdeutschen Burgruinen-Landschaften und von fremdartigen Zauberschlössern, die aus einer Vielzahl historischer Stile zusammenmontiert sind.

Die antike heidnische Zaubernatur des wiedergekehrten Verdrängten, keineswegs Überwundenen, zieht also unsere Helden in den traumverlorensten Augenblicken in ihren Bann. Für Friedrich ist sie ja wortwörtlich Effekt eines Blickkontakts. Es bedurfte nicht Eichendorffs Bovary-Bekenntnisses[36] „Romana, c'est moi", um zu erkennen, daß die Zaubernatur und, wie wir jetzt erkennen können, die Frau Symptome sind.

Am Ende der Novelle „Das Marmorbild", die für Eichendorffs Liebessymptomatik das Schema abgibt, steht ein Gedicht, welches in mythischer Raffung Eichendorffs Vision einer „Götterdämmerung" enthält. Da heißt es:

---

[36] S. Eichendorffs Randbemerkung zum Brief Loebens vom 20. 10. 1814, in der er bestreitet, daß „Romana" ein lebendes Vorbild gehabt habe und als ihre Wiege seine eigene Brust benennt. (HKA XIII, S. 62).

Von kühnen Wunderbildern
Ein großer Trümmerhauf,
In reizendem Verwildern
Ein blühnder Garten drauf;

Versunknes Reich zu Füßen,
Vom Himmel fern und nah,
Aus anderm Reich ein Grüßen —
Das ist Italia!

Wenn Frühlingslüfte wehen
Hold übern grünen Plan,
Ein leises Auferstehen
Hebt in den Tälern an.

Da will sich's unten rühren
Im stillen Göttergrab,
Der Mensch kann's schauernd spüren
Tief in die Brust hinab.

Verwirrend in den Bäumen
Gehn Stimmen hin und her,
Ein sehnsuchtsvolles Träumen
Webt übers blaue Meer.

Und unterm duft'gen Schleier,
Sooft der Lenz erwacht,
Webt in geheimer Feier
Die alte Zaubermacht.

Frau Venus hört das Locken,
Der Vögel heitern Chor,
Und richtet froh erschrocken
Aus Blumen sich empor.

Sie sucht die alten Stellen,
Das luft'ge Säulenhaus,
Schaut lächelnd in die Wellen
Der Frühlingsluft hinaus.

Doch öd sind nun die Stellen,
Stumm liegt ihr Säulenhaus,
Gras wächst da auf den Schwellen,
Der Wind zieht ein und aus.

Wo sind nun die Gespielen?
Diana schläft im Wald,
Neptunus ruht im kühlen
Meerschloß, das einsam hallt.

Zuweilen nur Sirenen
Noch tauchen aus dem Grund
Und tun in irren Tönen
Die tiefe Wehmut kund. —

Sie selbst muß sinnend stehen
So bleich im Frühlingsschein,
Die Augen untergehen,
Der schöne Leib wird Stein. —

Denn über Land und Wogen
Erscheint, so still und mild,
Hoch auf dem Regenbogen
Ein andres Frauenbild.

Ein Kindlein in den Armen
Die Wunderbare hält,
Und himmlisches Erbarmen
Durchdringt die ganze Welt.
(...)

Eichendorff hat uns in „Ahnung und Gegenwart", wenn man einmal von der blassen Julie absieht, dies andere „Frauen*bild*" erspart, so daß wir uns ganz auf den Kampf der Geschlechter konzentrieren können.

Es ist das dichterisch-schwärmerische Gemüt Florios, das — verführt von den zauberischen Klängen des Spielmanns — das steinerne Bild der Liebesgöttin im Frühling zum Leben erweckt. Die Wiederkehr der Antike aus dem toten Marmorstein verdankt sich also der Ambivalenz und Zweideutigkeit des Poetischen selbst, die eine der Liebe ist. Aber Florio ist nicht der Schöpfer der neuen poetischen Welt, die sich nach der Venusvivifikation auftut, vielmehr zieht sie selbst ihn in ihren erotischen Bann. So öffnet sich auch für Friedrich die blühende Wunderpracht der neuen, romantischen Welt nicht durch die Entscheidung zur poetischen Existenz, sondern durch den Blick des Mädchens, den sein eigener nur belebt hat.

Auch Romana, um endlich auf sie zu kommen, wird als Venus- und „Marmorbild", nämlich als *lebendes* Bild (als lebende Tote!) in den Roman eingeführt:

Man sah nämlich sehr überraschend ins Freie, überschaute statt eines Theaters die große, wunderbare Bühne der Nacht selber, die vom Monde beleuchtet draußen ruhte. Schräge über die Gegend hin streckte sich ein ungeheurer Riesenschatten weit hinaus, auf dessen Rücken eine hohe, weibliche Gestalt erhoben stand. (...) Von der andern Seite stand eine schöne, weibliche Gestalt in griechischer Kleidung, wie die Alten ihre Göttinnen abbildeten. Sie war mit bunten, vollen Blumengewinden umhangen und hielt mit beiden aufgehobenen Armen eine Zimbel, wie zum Tanze, hoch in die Höh, so daß die ganze regelmäßige Fülle und Pracht der Glieder sichtbar wurde. Das Gesicht erschrocken von der Glorie abgewendet, war sie nur zur Hälfte erleuchtet; aber es war die deutlichste und vollendetste Figur. Es schien, als wäre die irdische, lebenslustige Schönheit von dem Glanze jener himmlischen berührt, in ihrer bacchantischen Stellung plötzlich so erstarrt. (...) Endlich erschien auch Rosa mit der jungen Gräfin Romana, welche in dem Tableau die griechische Figur, die lebenslustige, vor dem Glanze des Christentums zu Stein gewordene Religion der Phantasie so meisterhaft dargestellt hatte. (12. Kapitel)

Die durch Christentum zu Stein gewordene Religion der Phantasie, damit ist das Stichwort gegeben: die romantische Kunstreligion. Dafür, daß Romana selbst für Romantik steht, gibt es aber auch ein anderes Indiz, auf das Sauter-Bailliet[37] aufmerksam macht. Die ganze romantische Bewegung ist für Eichendorff in seinem Literaturrückblick „wie eine prächtige Rakete, die funkelnd zum Himmel emporstieg, und nach kurzer wunderbarer Beleuchtung der nächtlichen Gegend, oben in tausend bunte Sterne spurlos zerplatzte" (NGA IV, 428). In Romana sind beide Aspekte gestaltet: leidenschaftlicher Übermut, der den Himmel erstürmen will, und schließlich Zerstörungswut, in die der Übermut umschlägt. So heißt es im Roman an ihrem Ende, daß man ihr „rasches Leben einer Rakete vergleichen (könnte), die sich mit schimmerndem Geprassel zum Himmel aufreißt und oben unter dem Beifallklatschen der staunenden Menge in tausend funkelnde Sterne ohne Licht und Wärme prächtig zerplatzt" (16. Kapitel). Romana/Roman/Romantik Synonyme? Ist also der Roman die geträumteste aller Frauen, die zu überwinden ist, ein für alle Mal?

---

[37] Die Frau im Werk Eichendorffs, a. a. O. (Anm. 34), S. 188.

IV.

Die Frau ist der Romantik, nach einer schönen Definition von Jens Schreiber[38], wovon der Mann träumt. Und weil *die* Frau bestenfalls geträumt werden kann, hat sie in der Vielzahl ihrer irdischen Repräsentationen nur Gestalten als Bildschirme der Imagination, für Eichendorff reine Transgressionsmedien. Auf der anderen Seite, der der solcherart imaginierten Frauen, fehlt den weiblichen Wiedergängern der Antike, den lebenden Marmorbildern, wortwörtlich Fleisch und Blut. Nicht zufällig ist es daher der naiv christliche, also lebensvolle Friedrich, der es der gespenstischen Romana angetan hat und dem sie sich succubisch und vampyrhaft unterlegen (Sub-jekt) will; nicht zufällig auch schlägt ihr nackter Körper am Fuße seines Bettes umgekehrt Friedrich in den Bann (13. Kapitel). Eine unheilvolle Verkettung. In der Verlockung des „Kleinen Todes" wird der christliche Mann in die Todesstarre des Traums eingeholt, aus dem ihn erst das aus der Ferne heraufklingende, christliche Lied Leontins erlöst. Denn wie das lebendige Blut den Wiedergängerinnen aus uralter Zeit — als letzter und unfruchtbarer Sproß eines uralten Adelsgeschlechts wird Romana vorgeführt, als sei's heidnisch noch nicht genug — neues Leben bescheren soll, so führt das Begehren die Männer nicht nur in das romantische Land der Phantasie, sondern auch in den magischen Kreis des Todes. Friedrichs Grauen, als er Romanas Zauberschloß und Schlafzimmer entkommen ist, kündet davon. Eichendorffs Balladen wie „Die späte Hochzeit", „Das kalte Liebchen", „Der Reitersmann" oder „Die Hochzeitsnacht" spielen ganz bewußt mit Vampir- und Wiedergängermotiven, die die Gespensterwelt, „bleich" und „stumm", der Marmorbilder bevölkern. Dem Bräutigam „schauerts" stets „vor Lust", er muß die Kopulation mit dem Leben bezahlen. Die Paare von Tod und Begehren erhalten so äußerste Ambivalenz. Das sinnliche Begehren bringt den Roman erst in Gang und richtet ihn auf die übersinnliche Liebe hin aus. Zugleich ist die Lockung der Teuflinnen, Hexen und Sirenen tödlich. Ist die Spur des Begehrens umgelenkt, umschifft der Held die Sirenen, erstarrt umgekehrt der Roman in der Allegorie und dem endgültigen Panoptikum.

Die männlichen Helden bewegen sich solchermaßen traumhaft durch den Roman wie Kugeln im magnetischen Kraftfeld des Begehrens. Die Pole, Attraktion und Repulsion, sind im Romansetting einigermaßen festgelegt, aber sie changieren auch. Zieht sinnliches Begehren zweifellos an, so stoßen ihre obskuren Objekte zugleich ab. Allerdings bedarf es dazu, wie gesagt, einer Schaltung, die den Gegenpol, die erlöste Natur des Christentums aktiviert, die die Lieder antizipieren. Nur in diesem

---

[38] Das Symptom des Schreibens, a. a. O. (Anm. 10), S. 4.

Spiel von Attraktion und Repulsion „bilden" sich die Figuren. Erst der eschatologische „Krieg", poetisches Scheidewasser, vereindeutigt die Pole und beendet das Spiel in ein festes Freund-Feind-Verhältnis. Bricht das kriegerische Geschehen äußerlich vollständig unmotiviert über den Roman herein und kommt Friedrichs Eintritt in die Partisanenarmee einem Berufungserlebnis gleich – „Du sprichst ja Deutsch, sagte der Jäger, ihn ruhig auslachend, du könntest jetzt auch was Besseres tun, als reisen!" (18. Kapitel) – so wird der Krieg als inneres Erlebnis geradezu herbeizitiert:

Am Ende des 2. Buchs hat sich die Sündhaftigkeit vollendet. Das erotische Jagdkapitel, das sie entfaltet, beginnt nicht zufällig mit „Rosas Traum", der die vertane Hoffnung auf Versöhnung – in der „Friedrich" und die „Mutter" zu Deckbildern werden! – noch einmal Revue passieren läßt (17. Kapitel). Am Kapitelende verfällt Rosa den „teuflischen" Verführungskünsten des demiurgischen Prinzen: Sie ist von ihrer Mutter und Friedrich als ihren guten Göttern verlassen. Und wie der Teufel seine Jagd auf Rosa macht, so spiegelsymmetrisch Romana die ihre auf Friedrich. Venus wird zu Diana, Liebe zum Kampf auf Leben und Tod. Jetzt kann – so oder so – nur noch Blut fließen. Und wie damit endgültig und in eschatologischen Metaphern das romantische Paar (Friedrich/Rosa) getrennt ist, so versagt jede irdische Liebe und Poesie ihre verbindende Kraft. Das schweifende Leben wird zum „wirrenden", das „reizt und betrügt". Die Etablierung der Simulacra der demiurgischen Welt hat den poetischen Schein zum falschen gemacht, und die ästhetische Existenz ist perdu. Es ist jetzt was „Besseres zu tun, als zu reisen".

Frauen, das ist klar geworden, verführen nicht, *die* Frau *ist* Verführung, weil sich der liebende Mann, Bildern und „Gestalten" verfallen, in der Sehnsucht nach ihr selber verkennt. Das genau ist es, was bei Eichendorff den Roman zur Frau macht: Nicht nur Begehren setzt ihn in Gang und hält ihn in der – schweifenden – Bewegung, er folgt auch der Struktur einer Verkennung. Produzieren die weiblichen Medien eine Serie von Simulacra, so muß die Frau im Medium doppelt durchgestrichen werden, damit der Roman endet und das göttliche Panorama sich auftut.

Gleichzeitig gibt es die Frau nur im Blick der Männer. Das zeigt sich innerromantisch an jenen androgynen Unschärfen, die – keinesfalls mehr romantisches Ideal wie noch in Schlegels Lucinde – männlich „entartete" Frauen und einen weiblich „entarteten" Rudolf, Geschwister Friedrichs, erzeugen. Erwin/Erwine ist für das Unglück androgynen Begehrens nur die Chiffre. Eine, gemessen an Eichendorffs patriarchalischen Obsessionen, merkwürdig vaterlose (Friedrich hat seine Mutter kaum noch, seinen Vater gar nicht mehr erlebt), asignifikante Welt.

Romano träumt in „Viel Lärm um nichts" von einer früheren Jugendgeliebten. Verstohlen schleicht er in ihren Garten.

Abb. 6
René Magritte: *Die gigantischen Tage (Les Jours gigantesques)*, 1928. Öl auf Leinwand. 115,5 x 81 cm. Privatsammlung, Brüssel

Ein Schwan, den Kopf unter dem Flügel versteckt, beschrieb auf einem Weiher, wie im Traume, stille, einförmige Kreise; schöne, nackte Götterbilder waren auf ihren Gestellen eingeschlafen, daß die steinernen Haare über Gesicht und Arme herabhingen. – Als er sich verwundert umsah, erblickte er plötzlich ihre hohe und anmutige Gestalt, verlockend zwischen den dunklen Bäumen hervor. „Geliebteste!" rief er voll Freude, „dich meint ich doch immer nur im Herzensgrunde, dich mein ich noch heut!" Wie er sie aber verfolgte, kam es ihm vor, als wäre es sein eigener Schatten, der vor ihm über den Rasen herfloh und sich zuletzt in einem dunklen Gebüsch verlor. Endlich hatte er sie erreicht, er faßte ihre Hand, sie wandte sich. – Da blieb er erstarrt stehen – denn er war es selber, den er an der Hand festhielt. „Laß mich los!" schrie er, „du bist's nicht, es ist ja alles nur ein Traum!" – „Ich bin und war es immer", antwortet sein gräßliches Ebenbild, „du wachst nur jetzt und träumtest sonst." Nun fing das Gespenst mit einer grinsenden Zärtlichkeit ihn zu liebkosen an. Entsetzt floh er aus dem Garten, an dem toten Diener vorüber, es war, als streckten und dehnten sich hinter ihm die erwachten Marmorbilder, und ein widerliches Lachen schallte durch die Lüfte.

Der weibliche Bildschirm ist die Selbstliebe, die narzistische Verkennung, sagt Eichendorff-Lacan. Aber die symbolische Ordnung, die Rede des Anderen, steht nicht fest; der Sinn changiert; das Medium ist die Botschaft.

Diskussion

I. Das Medium

Die Eichendorffschen Helden müssen eine reflexionsfreie Bereitschaft erbringen, um in die Landschaft einzutreten (an ein Fenster treten, einen Berg erklimmen usw.). Dann steuert eben diese Landschaft ihren Blick und weist ihnen eine bestimmte Position zu. Bei Eichendorff ist das Aussagesubjekt nicht die Figur, sondern die Landschaft; das heißt, die Reflexion ist ich-los, ist schieres Medium.

II. Die Botschaft

Während der erste Teil des Vortrags die kinematographische Sicht betont, herrscht im zweiten Teil die Sicht des Buches *(Romana)* vor. Dieser Buch-Topos läßt sich unter den Voraussetzungen verstehen:
a) das Buch der Welt ist nicht die Welt, und
b) „es gibt mehr Dinge in der Welt, als in den Büchern gesagt wird" – läßt sich umkehren zu „es steht mehr in den Büchern, als in der Welt ist".
Damit stellt sich die Frage nach dem Verbleib des Mehr-Wertes. Als Möglichkeiten sind gegeben:
1. Die Doppelung „Panoramablick – schweifender Blick". Sie ist bei Eichendorff durch das Hilfsmittel „Buch der Natur" einzeln zu fassen gesucht.
2. Die Thesen „Landschaft (Buch) ist das Schema" und „Das Medium ist die Botschaft" schließen sich aus, da das Schema nicht die Botschaft, sondern ein Relationsbegriff ist. Das Schema enthält aber die Botschaft, daraus folgt

3. die Botschaft des Romans, die nur dann existiert, wenn kein Panorama da ist,
   und die Botschaft des Panoramas, die nur dann existiert, wenn kein Roman
   vorhanden ist.

III. Die Verkennung

Die Symbiose der Höllenschlund-Szene besteht aus Verführung und Geistesblick
(= Aufdeckung der imaginären Landschaft). Ist in Eichendorffs theoretischen
Schriften (wie bei Lacan) das Imaginäre die Verkennung, so bezeugen seine
Romane als romantische Bücher stets rückverweisend eine strukturelle Verblen-
dung, die sich bereits im sich öffnenden Schlund (Mund und Auge) zeigt.
Das Schlußtableau dementiert den Roman.

Alexander von Bormann

Kritik der Restauration
in Eichendorffs Versepen

„Nur das Eigentümliche ist wahrhaft frei"

Die späten Versepen Eichendorffs haben relativ wenig Beachtung in der Forschung gefunden; sie werden entweder im Zusammenhang seines früheren Werks (also unterschiedslos zu diesem) behandelt oder gar nicht weiter wahrgenommen. Daran ist nicht zuletzt eine Lesart der Eichendorffschen Biographie mitschuldig, die der Autor selbst vorbereitet hat. Zur Zeit der Befreiungskriege fand der national begeisterte Eichendorff, es gelte, die Feder mit dem Schwerte zu vertauschen und diesen Topos wendet die Forschung (vgl. die Arbeiten F. Raneggers) gern an, wenn es darum geht, das poetische Verstummen des Autors, dessen Vorliebe für kritische, journalistische, literaturwissenschaftliche Arbeiten in den späteren Jahren zu erläutern. Daß damit die Biographie handlich versimpelt wird, haben neuere Arbeiten genügend betont. So ist die Übersetzungsarbeit an Calderón, der sich Eichendorff in den späten dreißiger Jahren widmet, durchaus „in der Konsequenz des Eichendorffschen Werkes" zu interpretieren: „die Kontinuität mittelalterlich-theologischen Denkens, die sich in Calderóns Sakramentsspielen manifestiert, in Verbindung auch mit dem von der Romantik aufgenommenen barokken Topos vom Buch der Natur, rechtfertige diesen Versuch einer Wiedererweckung, in den Augen des Romantikers, als einen Dienst an der Gegenwart"[1]. In den Versepen findet diese Beschäftigung mit Calderón durchaus ihren Niederschlag.

Die Vorbehalte, die den Versepen begegnen, sind nicht von der Hand zu weisen: sie seien völlig ungleichzeitig in Bildlichkeit und Motivik und wiederholten einige romantische Grundthemen lediglich, um sie politisch einzufangen und zu entmächtigen. Nun sei hier nicht der Versuch

---

[1] Eichendorff-Kommentar zu den Dichtungen von Ansgar Hillach und Klaus-Dieter Krabiel. München (Winkler) 1971, Bd. 1, S. 18.

gemacht, die Versepen *Julian* (1853), *Robert und Guiscard* (1855), *Lucius* (1857) mit der gleichzeitigen Literatur zu vergleichen (Keller, Storm, Heyse, Ludwig, Freytag, Hebbel, Raabe usw.) Vor allem auf *Julian* sei ausführlicher eingegangen, und zu erwarten ist vielleicht eine vertiefte Einsicht in die semiotische Praxis Eichendorffs, in die auch politische Bedeutung seiner Bildformeln und seiner Formelverknüpfungen, wobei zu überlegen ist, ob und wie weit sich von einem Widerstand des poetischen Bildmaterials gegen möglicherweise außerpoetische Bedeutungssysteme noch sprechen läßt.

Daß Eichendorff am Ende seines Lebens die alten poetischen Bilder immer wieder aufruft, zeigt an, daß die ihnen zugrunde liegenden Fragen nicht gestillt sind. Eichendorffs Dichtung ist undogmatischer als seine Schriften: sie kennt keine Lehre, sondern nur den Verweis auf die Bewegung, den Strom der alle Poesie tragenden Bildformeln. Das Bild, das seine Bedeutung in sich verschließt, sie „für sich" haben möchte, „versinkt ... einsam in sich selbst zurück" (II, 283).[2] Für die Bilder gilt vielmehr: „Tot wird ihr freies Walten, / Hältst du es weltlich fest" (I, 73; II, 90). Der Entwurf einer Poesie, die ihre Aussage nicht mehr jenseits des Textes weiß, für die Wahrheit und Textur nicht zu trennen sind, ein solcher Entwurf verlangt Kraft. Ich behaupte (hier nicht zum ersten Male), daß Eichendorffs Textpraxis Einsichten der neueren Texttheorie vorwegnimmt (oder auch ermöglicht). Die Wahrheit wird zwar, kirchentreu, als „positiv", als gegeben, bezeichnet; und doch kehrt sich Eichendorff entschieden von einer Poesie und einem Denken ab, welchem Wahrheit/Bewußtsein/Subjekt/Welt „einfach so" (also ohne den Durchgang durch das Zeichenmaterial) als zugänglich (präsent) gelten. Das Übersinnliche, konstatiert Eichendorff entschieden, ist „an sich undarstellbar", und er lehnt auch die (von anderen Romantikern versuchte) Auffassung ab, die Vermittlung („des Ewigen und des Irdischen") sei einer unmittelbaren Darstellung fähig: auch diese „eigentlich romantische" Aufgabe kann „nur *symbolisch* geschehen" (IV, 513). Derridas Kritik der Wahrheit als Präsenz[3] ist nicht ganz so modern, nicht ganz so überraschend, wie gelegentlich behauptet wird: bereits die Formeltechnik Eichendorffs denkt „jedes Signifikat immer schon in der Position des Signifikanten", d. h. als „Moment eines Verweisungszusammenhangs"[4],

[2] Die Eichendorff-Zitate folgen der Neuen Gesamtausgabe der Werke und Schriften in vier Bänden, Hrsg. von G. Baumann und S. Grosse. Stuttgart (Cotta) 1957/58.

[3] Vgl. Jacques Derrida: Die Schrift und die Differenz. Übersetzt von Rodolphe Gasché. Frankfurt (Suhrkamp) 1976. (stw 177), vor allem S. 422 ff. (425).

[4] Vgl. Hans-Thies Lehmann: Das Subjekt als Schrift. Hinweise zur französischen Texttheorie. In: Merkur, 33. Jg. 1979, S. 665–677 (671).

was Rückübersetzungen in dogmatische, d. h. in mit Lehrmeinungen ausgestattet gedachte Konzepte verwehrt. Nun läßt sich zeigen, daß Eichendorffs Poesiekonzept, seine Textpraxis sozusagen weiter ist, als es ihm seine ideologischen Rahmenbedingungen erlauben. Freilich käme es auch hier auf ein genaueres Studium an. Katholizismus ist nicht gleich Katholizismus, und auch der Konservatismus ist alles andre als ein konsistentes System. Zu vermuten steht, daß der Spielraum, den Eichendorff sich u. a. durch Anlehnung an Clemens Maria Hofbauer zu schaffen wußte, im Alter schrumpfte, jedenfalls restriktiver wahrgenommen wurde. Die Versepen bilden so einen den Autor selbst bestimmenden Widerstreit ab: ihr Thema ist jedesmal der Sieg der „guten Sache", die Rückkehr aus Verirrungen; die poetische Gestaltung freilich weiß nichts von solchen Siegen, nur von Untergängen.

Eichendorffs Versepen nehmen Hillach/Eder zufolge[5] den romantischen Calderonismus „in seinem Kernpunkt" wieder auf, dem religiösen Vermittlungsgedanken. Der Eichendorff-Kommentar von Hillach-Krabiel beschreibt nun sehr einleuchtend und schlüssig, wie sich im spätromantischen Denken die „Aufhebung aller Widersprüche" als Vereinigung von subjektivem und objektivem Geist und schließlich als Ineinssetzung von romantischer Poesie und Lebenspraxis mit Katholizismus begreift. Nun ist meine These, daß Eichendorffs Dichten darum nicht zur Ruhe kam, weil diese „Aufhebung" ihm nie eingeleuchtet hat, ihm nie überzeugend gelungen war, ihm (aus guten Gründen) nie gelingen wollte. Die Versepen lassen sich so u. a. vielleicht als versuchter dichterischer Gewaltstreich interpretieren, um dies in später Stunde doch noch zu vollbringen.

Eichendorff hat seinen *Julian* auch (brieflich) einen „Zyklus von Romanzen" genannt.[6] Diese mischen, zunächst noch recht ungelenk, späterhin immer gekonnter, Verse der germanischen mit der romanischen Tradition (Nibelungenstrophe, fünffüßige Jamben, Madrigalverse); und eine kleine Semantik von Vers- und Strophenformen ließe sich durchaus hier anknüpfen. Als Vorbild hierfür ist das von Eichendorff hochgeschätzte Lustspiel *Kaiser Octavianus* (1801/02) von Ludwig Tieck zu nennen, das „die dichterische Ansicht der Poesie und Liebe" (Tieck) in einer gekonnt und überlegt eingesetzten Mischung von Vers-

---

5 Eichendorff-Kommentar (Anm. 1) II, S. 175; vgl. auch A. Hillach: Dramatische Theologie und christliche Romantik. Zur geschichtlichen Differenz von calderonischer Allegorik und Eichendorffscher Emblematik. In: GRM NF XXVII, 1977, S. 144–168.

6 Eichendorff an Theodor von Schön 20. 1. 1853; HKA[1] XII,141; vgl. Hillach-Krabiel (Anm. 1), S. 104.

und Strophenformen ausspricht. Bei Tieck gilt die Romanze als Herz der Poesie, und ihre Genealogie ist von Eichendorff wahrgenommen worden: Glaube und Liebe sind die Eltern der Romanze, und zwar entsprang die Poesie diesem Bund in jener Zeit, „als die neue Lehr' erblühte", das Heidentum vom Christentum überwunden wurde. Die Venus ist, in Tiecks munterer Allegorese, die Großmutter der Romanze: deren Mutter, Liebe, entsprang dem Bund der geflohenen heidnischen Göttin mit einem Eremiten. Diese Verbindung der Poesie mit dem Heldentum ist für Eichendorff deutlich anstößiger, wird aber nie geleugnet.

Die Hauptfigur des Versepos ist als Typus allen Eichendorff-Lesern vertraut: Julian ist das gemischte, darum verführbare Gemüt, dem sich Nacht und Tag noch nicht geschieden haben, wie seine Einführung gleich zeigt: „Blickt aus der Nacht der Locken recht wie ein Morgen frisch" (I. Rom 411). Florio oder Otto, aber auch Victor von Hohenstein waren verwandte Gemüter. Julians Protest gegen das Christentum wird in der III. Romanze mit Versen und Bildern ausgestattet, die deutlich genug anzeigen, daß Eichendorff letztlich nicht gewillt ist, diesen Protest zu entmächtigen:

Denn die verschiedenen menschlichen Kräfte, Gelüste und Widersprüche, einmal freigegeben, müssen sich erst kämpfend aneinander messen und formulieren, um sich selbst zu begreifen und, wills Gott, endlich ein Gleichgewicht und eine Versöhnung wiederherstellen zu können.[7]

Das Zitat ist auch noch zu interpretieren: es schafft zunächst einen Freiraum im ritterlichen Sinne — die gegnerischen Kräfte müssen sich im Kampf messen können, also auch Heidentum und Christentum, Antike und Moderne, Sinnlichkeit und Glaube, eine merkwürdige, immerhin reichlich verspätete Querelle! Die Klage Julians, des widerwilligen Christen, lautet (III):

Wie anders einst in Romas großen Tagen,
Die jetzt der Glaubenswahn gebunden hält!
Da hieß ihr Losungswort: lebend'ges Wagen,
Und vor den Kühnen beugte sich die Welt.

Die Heldensagen aber einsam ragen
Herein noch ins verwandelte Geschlecht,
Und auf den Riesentrümmern stehn und fragen
Die alten Götter nach dem alten Recht.

Da wacht allnächtig auf geheimes Sehnen,
Der Wald schaut träumend nach Diana aus,

---

[7] IV,176; vgl. Verf.: Natura loquitur. Naturpoesie und emblematische Formel bei Joseph von Eichendorff. Tübingen (Niemeyer) 1968, S. 273 ff.

Um Venus stehn die Blumen all' in Tränen,
Das Meer umwogt Neptuns kristallnes Haus.

O heil'ge Nacht! Zuweilen nur Sirenen
Noch tauchen aus dem mondbeglänzten Grund
Und tun, wenn alles schläft, in irren Tönen
Dem Menschenkind die tiefe Wehmut kund.

Nicht alle Bildformeln, die hier aufgerufen werden, lassen sich verfolgen: jedenfalls führen uns diese Motive ins Zentrum von Eichendorffs Dichten, in jenen rhythmischen Raum, der noch der Gestaltgebung (der Signifikantensetzung) vorausliegt und den Julia Kristeva als *chora* beschreibt.[8] Es ist ernst zu nehmen, daß Eichendorff die alten Götter „nach dem alten Recht" fragen läßt; diese Formel hat er in den *Zeitliedern* (1810 Tiroler Aufstand, 1812/13 Befreiungskriege) stets mit positiv besetzten Konnotationen eingesetzt: *An die meisten. 1810* (I, 135); *Zeichen. 1812* (I, 137): Wald, Berge, Natur, Sage, Liebe, Freiheit, Herz, Waffenklang, Germanentum treten dabei zu Formelketten zusammen, und dieser Zusammenhang bestimmt die Gestalt des Julian auch anders als die Verführbaren aus den Erzählungen. Das lebendig gewordene Marmorbild (IV) kündigt das Auferstehen der alten Götter an (V); der „traumberückte" Julian beschwört sie im Madrigal, im freien Vers (und installiert sich so als Sänger). Das Grundmotiv ist die Versöhnung mit der Erde: „Ich grüß' als Braut dich!" (III), ein Motiv, das zwar den heidnischen Rückfall, den Apostaten anzeigt, aber doch keineswegs in jener abschätzigen Manier, wie sie die christliche Geschichtsschreibung gepflegt hatte.[9] Eichendorffs Unentschiedenheit gegenüber diesem zentralen Motiv ist ausreichend nachgewiesen worden.[10] In Romanas (auf Tieck verweisender) Romanze *(Ahnung und Gegenwart,* II. Buch, Kap. 12) wird die Venus / die Schönheit / die Poesie des Lebens / die Phantasie als „die ew'ge Braut der Erde" (II, 138) berufen, und ihr Bild (so *Das Marmorbild*) „dämmert und blüht wohl in allen Jugendträumen mit herauf" (II, 338).

Die zitierte Klage Julians könnte wie der heidnischen Antike so auch der (uneingelösten) Romantik gelten, fast alle Motive lassen sich so lesen. Die Verlobung mit dem marmornen Götterbild (der mythisierten

---

[8] Julia Kristeva: Revolution der poetischen Sprache. Übersetzt von R. Werner. Frankfurt (Suhrkamp, es 949) 1978, S. 36 f.

[9] Hierfür ist vor allem Gregor von Nazianz verantwortlich, Orat. III und IV (zu Anfang).

[10] Besonders in der Diskussion zur Novelle „Das Marmorbild"; vgl. Manfred Beller: Narziß und Venus. Klassische Mythologie und romantische Allegorie in Eichendorffs Novelle „Das Marmorbild". In: Euphorion 62, 1968, S. 117 ff.; „Natura loquitur" (Anm. 7), S. 161 ff., 171 ff.

Natur) ist nicht direkt als „Abfall" wahrnehmbar, sondern ebensogut als
Erlösungstat:

Und ein leis Auferstehen
Hebt in den Gründen an:
Die die Tiefe durchranken,
Die verlorenen Bronnen
Dringen ans Licht der Sonnen,
Lebendig rührt sich der Hain
In Kron' und Zweigen,
Es bricht sein Schweigen
Der gefesselte Stein,
Und zwischen Trümmern steigen
Eratmend aus allen
Versunkenen Hallen
Die uralten Lieder,
Die heiteren Götter,
Dem Menschen als Retter
Hilfreich gesellt,
Und unser ist wieder
Die weite, schöne, herrliche Welt! (V)

Entsprechend beschreibt Görres in einer seiner „Korruskationen" die
neue Kunst der Romantik als Wiedererstehen der Naturkräfte: „Die
Bäume fingen an zu sprechen, und die Kräuter und die Blumen zu
singen, jede auf ihre Weise, und der Winde Brausen articulirte sich und
das Murmeln der Quellen, und das Todte durchdrang eine ungefühlte
Lebenswärme."[11]

Eichendorff muß sich Mühe geben, den freigesetzten Bilderstrom
einzudämmen, was mit Ironie, Banalisierungen, selbst biederem Humor
versucht wird (VI). Die schöne Braut heißt Fausta, was Hybris und
Untergang signalisieren soll. „Keiner merkt den Marmorblick" (VI), ein
solcher Vers läßt den Leser mit dem Autor das bessere Wissen teilen.
Die Gegenfigur des Severus wird (wie seinerzeit Friedrich in *Ahnung und
Gegenwart*)[12] ganz positiv ausgestattet; er rettet dem ungetreuen Kaiser
das Leben, was zu recht schaurigen Banalitäten Anlaß gibt: „Du blutest",
sagt der Kaiser. – „Mein Herz, das blutet mehr." Severus besteht auf der
einfältigen Frageform Gretchens: „Ja oder nein verlang' ich: Glaubst du
an Jesus Christus?" Die harsche Antwort Julians ist „Nein". Die Handlung wird so weitergeführt, daß Julian von des Severus' Hand stirbt; auch
Severus und sein Geschlecht (der Sohn Oktavian) gehen unter; Oktavian
wurde das Opfer der kriegerischen Fausta, die eigentlich ihren Geliebten

---

[11] Joseph v. Görres, Aurora-Beitrag 16. In: Gesammelte Schriften 3, hrsg. von
      G. Müller, Köln 1926, S. 89.
[12] Vgl. Verf.: „Die ganze Welt zum Bild". Zum Zusammenhang von Handlungs-
      führung und Bildform bei Eichendorff. In: Aurora 40, 1980, S. 24 ff.

schützen wollte und sich, ihren Irrtum erkennend, in den Abgrund stürzt:

> Aber in stillen Nächten von unsichtbarem Mund
> Hören noch Hirten und Jäger oft aus dem finstern Grund
> Trostlose Klagen tönen, und wer's vernommen, flieht,
> So wild und herzzerreißend tönt dieses irre Lied. (XV)

Die „These" des Versepos *Julian* scheint einfach und deutlich: die heidnische Natur (konnotativ gleich Sinnlichkeit, Antike, Schönheit) kann sich nicht selbst befreien, sondern muß sich unter das Höhere, den christlichen Geist, den neuen Gottesglauben beugen.

Nun bleibt die Frage, warum Eichendorff diese, so oft vorgetragene und poetisch wie publizistisch bereits reich dimensionierte Botschaft noch einmal austragen mußte. Zwei Antworten scheinen mir möglich. Die erste war bereits skizziert: Eichendorffs Dichtungen haben den „immerwährenden Streit", für den die Stichworte Heidentum-Christentum einstehen und der sich durch die Weltgeschichte wie durch die Individuen zieht, stets nur in Form einer Andeutung oder Verheißung beruhigen können; das bleibt ein Motiv, der Versöhnung immer aufs neue ästhetisch Gestalt zu geben.

Die zweite Antwort geht von Eichendorffs Zeitgenossenschaft aus und behauptet einen aktuellen Bezug. Eichendorff hat sich regelmäßig, wenn auch meistens „zu spät" (W. Frühwald)[13], zu zeitpolitischen Ereignissen geäußert. Eine 1982 erstmals veröffentlichte Streitschrift Eichendorffs gegen den Deutschkatholizismus (1846) endet mit einer scharfen Invektive gegen „jene alles Positive unterminierende Nihilisten-Brut", was im (nicht sehr wählerischen) Sprachgebrauch auf die Darstellung des „revolutionären Pöbels", der antichristlichen Banden verweist. Im *Lucius* heißen sie „hurt'ge Rotten" mit „blutdürstigem Schrei", Würger, Schwarm, Tross und Tiger; im *Julian* ebenso „tück'sche Rotte", Horde, wilder Chor; im Revolutionsepos *Robert und Guiscard* gleicht der Schrei des Volks dem „Geheul des Schakals in der Wüste", es heißt wiederum nicht besser als „trunkne Menge", wüste Menge und „räuberische Rotte". Der alte Eichendorff beruft sich auf das (romantische) Bündnis von Katholiken und Protestanten gegen Napoleon, um nun (1846) angesichts „deutsch-katholischer" Reformbestrebungen zu ponieren: „Nicht katholisch oder protestantisch daher gilt es vor der Hand, sondern Christenthum oder Heidenthum"[14].

---

[13] Wolfgang Frühwald, in: Aurora 42, 1982, S. 62 (Einführung), vgl. Anm. 14.
[14] „Jene Influenza religiöser Zerfahrenheit." Eine unbekannte Streitschrift Joseph von Eichendorffs gegen den Deutschkatholizismus und seine Folgen. (Mit einer Einführung von Wolfgang Frühwald) hrsg. von Sibylle von Steinsdorff. In: Aurora 42, 1982, S. 57–79; Zitat S. 76.

Das erschiene wie ein Verrat an der nuancierteren Darstellung in den
Dichtungen, wenn nicht auch hier jene Herdersche Unterscheidung von
Volk und Pöbel eingebracht wäre[15], auf die sich die Erzählungen wie die
Versepen stützen, wenn sie den Volkswillen in oppositionellen Einzel-
helden repräsentiert sehen. Die erwähnte Streitschrift räumt ein, „daß
seit einem Jahrtausend alle Reformen nur aus dem großen, tiefen
Bedürfniß, aus einer langverhaltenen Sehnsucht der Völker hervorgegan-
gen"[16]. Die Unterscheidung der Versepen zwischen tragisch irregeführ-
ten, groß angelegten Figuren (der Sympathien von Autor und Leser
gewiß) und tückischen Rotten gewinnt so auch eine politische Dimension: die (scheiternden) Helden haben ihr Pathos darin, daß sie sich auf
eine legitime Sehnsucht der Völker zurückbeziehen können; die sich in
ihre Gefolgschaft drängenden hurtigen Horden lassen sich mit den
Worten der Streitschrift charakterisieren als „die Halbinvaliden, Lahmen,
Marodeurs und schwadronierenden Philister (...), die mit ihrer Schein-
bruderschaft nur den Fortschritt hemmen"[17]. (Das gleicht dem Zorne von
Marx übers Lumpenproletariat fast aufs Haar, wenn dieser es als „passive
Verfaulung der untersten Schichten der alten Gesellschaft" denunziert.)[18]
Die Scheidung der revoltierenden Kräfte in die „kommunistische Rebel-
lion" der „wüsten Menge" einerseits,[19] und die heldisch-dämonischen
Rebellen andererseits gibt Eichendorff die Möglichkeit, den revolutionä-
ren Ansatz ernst zu nehmen.

Die Skizze eines allegorisch-dramatischen Spiels in Versen (I, 955 f.),
unter dem Einfluß Calderóns (nach 1846) entworfen, kennzeichnet *das
alte Regime* als herrschend, furchtsam, übermütig – junkerhaft, hoffärtig
sicher und abgöttisch irreligiös. *Der Demagog* heißt „jung, von großarti-
gem Naturell, tiefem Rechtsgefühl, tapfer, edelmütig, schön und poetisch, aber verwildert in der Not und Niedrigkeit der Arbeit" und wird als
der verstoßene Bruder des Regenten eingeführt. Er weist so alle Merkmale der Romantik auf, die Eichendorff stets ähnlich einführt, nur daß
für „verwildert durch Arbeit" der allgemeinere Ausdruck „dämonisch"
eintritt. „Er entfesselt die gebundenen Naturkräfte (Sturm, Wasser), die
ihm dafür versprechen, ihm bei Vernichtung jener unerträglichen
Tyrannei behilflich zu sein." Das gelingt, wenn auch der Rebell, aus
tiefgekränktem Ehr- und Rechtsgefühl handelnd, zugrunde geht. „Ster-

[15] J. G. Herder, Vorrede „Volkslieder": „Volk heißt nicht der Pöbel auf den
     Gassen, der singt und dichtet niemals, sondern schreyt und verstümmelt."
     Sämtliche Werke, hrsg. B. Suphan, XXV, S. 323.
[16] Anm. 14, S. 74.
[17] Ebd., S. 76.
[18] Karl Marx: Manifest der kommunistischen Partei. In: Die Frühschriften, hrsg.
     S. Landshut. Stuttgart (Kröner) 1964, S. 536 f.
[19] Eichendorff IV, 91; vgl. „Natura loquitur" (Anm. 7), S. 120 ff.

bend hat er wieder die Vision von dem prächtigen, von ihm neu zu bauenden Palast und Garten, und überläßt diesen Neubau seinen ihn umstehenden freien Söhnen." Das ist ein bemerkenswertes Ende, denn immerhin hatte der Demagog auch die Kirche in Feuer aufgehen lassen – der (zitierte) Schlußsatz des Entwurfs nimmt den revolutionären Ansatz kaum zurück. Es ist nun zu zeigen, daß im Versepos *Julian* diese Überlegungen zum Recht einer Revolution fortgeführt und aktualisiert werden. Im Jahre 1847 erschien in Mannheim die Schrift von David Friedrich Strauß: *Der Romantiker auf dem Thron der Cäsaren, oder Julian der Abtrünnige.* Dieses Pamphlet zieht eine ironische Parallele zwischen der Restauration des Heidentums durch Julian und der Restauration der protestantischen Orthodoxie durch den König Friedrich Wilhelm IV. von Preußen (1840–1858). Julian als Romantiker wahrzunehmen, wäre also durch diesen Zeitbezug eingegeben, und das Epos ließe sich so als eine Warnung verstehen, Kräfte (des Volkes) aufzurufen, die sich dann nicht mehr bändigen lassen. Die *Zeitlieder* von 1848 sprechen sich jedenfalls in diesem Sinne aus. In *Die Altliberalen. 1848* wird das Bild des Zauberlehrlings aufgerufen, der den Spruch vergessen hat und die Elemente nicht mehr bändigen kann. In *Kein Pardon. 1848* wird das Bild des Stromes beschworen, der sich „nimmer rückwärts stauen" läßt; so stehen Wasser, Feuer, Sturm für die entbundenen Elemente; in *„Wer rettet?" 1848* entwickelt das zweite Quartett das Bild des sich befreienden Volkes ohne jede Ranküne (wenn man von den rollenden Augen absieht):

O wunderschön: ein edles Roß im vollen
Kühnfreien Lauf durch grüner Wälder Mitte,
Lichtfunken sprühen hinter jedem Tritte,
Die Mähre flattert und die Augen rollen! (I, 170)

Die *Zeitlieder* von 1848 lassen uns Julian also als einen Romantiker auf dem Throne wahrnehmen, der die alten Bindungen gelockert, die elementaren Wünsche frei gelassen und dadurch die „Harmonie der Grundkräfte" aufgekündigt hat.
Das ist über die Schrift von Strauß auf Friedrich Wilhelm IV. zu beziehen, den Eichendorff über die Julian-Figur jenem Verdikt unterwirft, das er über die neuere Romantik aussprach:

Noch ist kein Menschenalter vergangen, seit diese Romantik wie eine prächtige Rakete funkelnd zum Himmel emporstieg und nach kurzer wunderbarer Beleuchtung der nächtlichen Gegend, oben in tausend bunte Sterne spurlos zerplatzte. (VI, 244)

Offensichtlich sah Eichendorff in Friedrich Wilhelm IV. eben nicht jenen erwünschten König, der „die Höhe *über* dem Streit" gewonnen hätte, um die „lebendige Kunst" zu üben, „die Rätsel der Zeit zu lösen

und den blöden Willen und die dunkele Sehnsucht der Völker zur klaren
Erscheinung zu bringen" (IV, 1295 f.): *Preußen und die Konstitutionen*
(1833). Eichendorff überträgt hier die in *Ahnung und Gegenwart* dem
Dichter zugeschriebene Aufgabe und Kraft analog auf den Souverän:

> Der Dichter ist das Herz der Welt. −
> Den blöden Willen aller Wesen,
> Im Irdischen des Herren Spur,
> Soll er durch Liebeskraft erlösen,
> Der schöne Liebling der Natur. (II, 298)

Die Unzufriedenheit von 1852 kann zudem mit dem Jubelruf zusam-
mengehalten werden, womit Eichendorff der preußischen Hochstim-
mung von 1857 und der Erwartung einer „neuen Ära" Tribut zollt. Den
als Stellvertreter des todkranken Friedrich Wilhelm IV. ernannten (und
erst 1858 in die Regentschaft eingesetzten) Prinzen Wilhelm von
Preußen feiert er in einem (recht holprigen) Sonett: *Deutschlands künfti-
ger Retter. 1857.* Die wichtigste Zeile ist wohl die zweite: „Das sündengraue Alte ist gerichtet", und der junge Prinz wird nach dem Muster des
mittelalterlichen Ritters interpretiert: „Ein junger Held, der mit dem
Schwerte schlichtet", doch zugleich die Knie vor dem Höheren beugt,
dem Kreuz, dem Zeichen der Versöhnung; dann legt er die Waffen
nieder „und weist den neuen Bau den freien Söhnen" (I, 172 f.), was
immerhin an den sterbenden Demagogen erinnert.

So sähe eine politische Interpretation Eichendorff auf der Seite der
liberalen und patriotischen Hoffnungen, die sich an den jungen Wilhelm
knüpfen. Restaurativer als das Manteuffel-Ministerium (von 1850 bis
1858 im Amte) war keine Regierung denkbar, das „sündengraue Alte"
mag sich darauf beziehen. Dann erschiene als die Schuld Julians nicht,
daß er sich mit dem Volk verbündet hat, dessen Freiheitsideen aufneh-
mend und weiterspielend, sondern daß er es unzeitig getan, daß er sich
gegen die längst wirksame historische Entwicklung gestellt hat. (Vgl. *Der
Freiheit Klage. 1849:* I, 173 f., ins Epos *Robert und Guiscard* aufgenommen: I, 461 f.)

Auch bei David Friedrich Strauß gilt dies als die Schuld und tragische
Konstellation des Apostaten (nach Neander), „daß Einzelne es versuchen, einen Zustand des Menschengeschlechts, der für dasselbe nicht
mehr geeignet ist, zurückzuführen, indem sie noch einmal recht kräftig
aussprechen, was doch seine Herrschaft über die Menschen nicht mehr
erhalten kann"[20].

---

[20] David Friedrich Strauß: Der Romantiker auf dem Throne der Cäsaren, oder
Julian der Abtrünnige. In: Kleine Schriften. 3. Aufl. Bonn (E. Strauß) 1898,
S. 107−146; Zitat S. 115. (Die weiteren Strauß-Zitate folgen dieser Quelle.)

Diese „Verquickung des Alten und Neuen" nennt D. F. Strauß *Romantik;* „ein romantischer Fürst endlich wäre derjenige, der wie unser Julian, in den Vorstellungen und Bestrebungen der Romantik aufgenährt, dieselben durch Regierungsmaßregeln in die Wirklichkeit überzusetzen den Versuch machte", und Strauß findet an Julian „alle Merkmale der Romantik" (116): „ein heidnischer Romantiker auf dem Throne also ist uns Julian" (117). Die Redeweise von D. F. Strauß läßt keinen Zweifel daran, daß er es auf Friedrich Wilhelm IV. abgesehen hat. Er beklagt ironisch das Leid des „romantischen Kronprinzen", da dieser unter seines ungläubigen Vorfahrs Regierung das Tempelgut verschleudert sah (128); „zur Regierung gelangt, betrachtete daher Julian die kirchliche Restauration als seine Grundaufgabe" (129). Das aber ist der Kern des Strauß'schen Vorwurfs: die Wiederherstellung einer kirchlichen Orthodoxie, die historisch längst ausgespielt hat. Strauß zeigt geistreich, daß Wiederherstellung im strengen Sinne stets unmöglich ist: dem Alten wird Neues hinzugefügt, so tritt „das Gemachte und Erzwungene" dieses Versuches hervor (129). Mit kesser Bosheit fühlt sich Strauß bei gewissen Vorschriften Julians „ganz an die Erlasse und Maßregeln gewisser Cultusministerien und Consistorien unserer Zeit" erinnert (132). Auf Friedrich Wilhelm IV. bezieht sich D. F. Strauß auch, wenn er Julian für die (versuchte) Wiederherstellung des jüdischen Tempels zu Jerusalem preist; „der romantische Dombau" habe dann freilich ein unzeitiges Ende gefunden. 1842 hatte Friedrich Wilhelm IV. den Grundstein zum Weiterbau des Kölner Domes gelegt; ein publizistisch gut vorbereitetes Dombaufest sollte das Verhältnis zu den Katholiken in Preußen verbessern helfen (das durch die Verhaftung der unbotmäßigen Erzbischöfe v. Droste-Vischering, Köln und v. Dunin, Posen-Gnesen gelitten hatte).[21]

Was war nun der grundlegende Einwand des polemischen, hegelisch gebildeten, durch sein *Leben Jesu* (1835) so bahnbrechenden wie umstrittenen Theologen gegen Julian = Friedrich Wilhelm IV.? Strauß entwickelt mehrere Motive zur Kritik einer politischen Romantik, wie sie auch bei Eichendorff (in vergleichbarer Ambivalenz) und später bei Carl Schmitt (in simplistischer Aneignung) vorkommen.

1. Der „gekrönte Romantiker" zeigt sich „zwar wohl eigensinnig, aber doch nicht fest" (140); entsprechend wird der romantische „Occasionalismus" von Eichendorff wie später von Carl Schmitt als abstrakte Subjektivität verurteilt; „romantische Anarchie" wird von einem katholischen Standpunkt aus kritisiert.[22]

---

[21] Vgl. Johannes Wallmann: Kirchengeschichte Deutschlands II. Von der Reformation bis zur Gegenwart. Frankfurt/Berlin/Wien (Ullstein, DG 12) 1973, S. 252 ff.

[22] Vgl. Carl Schmitt: Politische Romantik. München/Leipzig 1919, S. 72 f.

2. Julian ist nicht bloß ein romantischer Fürst überhaupt, sondern bestimmter zu fassen als „heidnischer Romantiker, als Romantiker auf dem Throne der Cäsaren" – „was er romantisch erneuern wollte, war das schöne Griechen-, das gewaltige Römerthum" (143). Die Zweideutigkeit der politischen Romantik wird bei Strauß wie bei Eichendorff auf die Unwilligkeit des Fürsten bezogen, seine Herrschaftsstellung neu zu begründen.

3. Der „Widerspruch in dem Eindrucke des Mannes und unsrer Stellung zu ihm" (145) wird von Strauß abschließend noch einmal mit dem Theorem der Ungleichzeitigkeit umrissen, mit dem Hinweis auf die allgemeine Wahrheit: „daß unfehlbar jeder Julian, d. h. jeder auch noch so begabte und mächtige Mensch, der eine ausgelebte Geistes- und Lebensgestalt wiederherzustellen oder gewaltsam festzuhalten unternimmt, (. . .) unterliegen muß" (146). Für Strauß ist Julian ein Romantiker, „dessen Ideale rückwärts liegen, der das Rad der Geschichte zurückzudrehen unternimmt". Der Widerspruch, der jede (neu-)romantische Bewegung charakterisiert, wird gleichfalls schon deutlich unter Worte gebracht: „Aber materiell ist dasjenige, was Julian aus der Vergangenheit festzuhalten suchte, mit demjenigen verwandt, was uns die Zukunft bringen soll: die freie harmonische Menschlichkeit des Griechenthums, die auf sich selbst ruhende Mannhaftigkeit des Römerthums ist es, zu welcher wir aus der langen christlichen Mittelzeit, und mit der geistigen und sittlichen Errungenschaft von dieser bereichert, uns wieder herauszuarbeiten im Begriffe sind." (146)

Eigentlich ist es nicht sehr wahrscheinlich, sich Eichendorff Hand in Hand / Seite an Seite mit dem „Ketzer" D. F. Strauß vorzustellen. Und doch ist die Verknüpfung der Julianfigur mit dem preußischen König Friedrich Wilhelm IV. sowie mit einer „abgefallenen" Romantik dermaßen parallel durchgeführt, daß ein solcher Bezug (den ich hier poniere und zur Zeit nicht philologisch belegen kann) anzunehmen ist. Interessant für die Interpretation der Versepen ist dieser Ansatz, weil so die Verknüpfung von weltanschaulichen Motiven und poetischer Formelsprache noch einmal deutlich hervortritt und weil meine Warnung, Eichendorff zu orthodox auszulegen, sich wiederum bekräftigen läßt.

Eichendorff hatte durchaus größere Hoffnungen auf den Regierungsantritt Friedrich Wilhelms IV. gesetzt; an seiner tiefreichenden Loyalität dem König(tum) gegenüber ist nicht zu zweifeln. Unermüdlich wiederholt er in seinen Verfassungsschriften die Absage ans Gemachte, aufs (von der Restauration schon okkupierte)[23] Bild des Baumes gestützt.[24]

---

[23] Carl Ludwig von Haller: Restauration der Staatswissenschaften. 1816, Bd. I, S. 86: „Das Volk ist ursprünglich nicht vor dem Fürsten, sondern im Gegenteil der Fürst vor dem Volk, gleich wie der Vater vor seinen Kindern, der Herr vor

Die „einfachste und kräftigste aller Garantien" ist ihm „das historische Ineinanderleben von König und Volk zu einem untrennbaren nationalen Ganzen (. . .): nicht der tote Begriff des abstrakten Königs mit zu regierenden arithmetischen Zahlen, sondern der lebendige individuelle König, der nicht dieser oder jener sein kann, sondern eben *unser König* ist in allem Sinn" (*Über preußische Verfassungsfragen:* IV, 1287).[25] Im gleichen Zusammenhang spricht sich Eichendorff streng gegen alle Willkür aus und preist eine Reihe von Institutionen, die vor einer solchen sichern. Doch das zentrale Motiv bleibt doch der „Geist wechselseitiger Liebe, Mäßigung und Gerechtigkeit" (IV, 1287); die Position des Königs wird so begründet, daß diese Gefühle sich nicht abstrakt realisieren können:

Es wird wohl niemand in Abrede stellen, daß Vernunft und Freiheit, wenn sie zur lebendigen Erscheinung kommen sollen, sich erst individuell gestalten müssen, daß das Wort Fleisch werden müsse, um überhaupt politische Gestaltung und Bedeutung zu haben. (IV. 1284)

Entsprechend hat Eichendorff Friedrich Wilhelm IV. durchaus unterstützt, etwa mit Aufforderungen zur Teilnahme am (Berliner Verein für den) Kölner Dombau. Im zweiten Entwurf *Für den Cölner Dombau* steht freilich unmißverständlich als Leitgedanke notiert: „das jetzige Wiedererwachen des katholischen Sinnes"; und die beigefügten poetischen Formeln gehören zum Zentrum von Eichendorffs Bilddenken:

Es war die Welt / die *Nacht* — so lange / trübe,
Jetzt blizt der Morgen draus,
Es bricht die alte Liebe   ⎫ Als ob er hübe
Wie im Frühling wieder aus.   ⎭ Das schwere Dach vom Haus.   (IV, 1065)

den Dienern, überall der Obere vor den Untergebenen, die Wurzel und der Stamm vor den Ästen, Zweigen und Blättern existiert."
[24] Eichendorff („Über preußische Verfassungsfragen"): „Mit und in der Geschichte der Nation muß daher die Verfassung, wenn sie nicht ein bloßes Luftgebilde bleiben will, organisch emporwachsen wie ein Baum, der das innerste Mark in immergrünen Kronen dem Himmel zuwendend, sich selber stützt und hält, und den mütterlichen Boden beschirmt, in welchem er wurzelt." (IV, 1286) Vgl. ebd. zur Abgrenzung gegen Haller: „Wer von den wechselnden Ansichten, ja Launen seines Vorgesetzten abhängig, mit einem Wort: der Willkür von oben preisgegeben ist, wird nach menschlicher Weise die Willkür auch wieder nach unten üben. Willkür in der Verwaltung aber ist Tyrannei, und wer möchte wohl ein Land frei nennen, wo eine Kette hierarchisch übereinandergestapelter kleiner Tyrannen das Land umschlingt und notwendig von unten herauf alle wahre Freiheit wieder vernichtet, die ja eben nur durch die Verwaltung dem Volke vermittelt und zum Leben gebracht werden kann." (IV, 1283).
[25] Wörtlich wiederholt in „Preußen und die Konstitutionen" (IV, 1323), „Über Verfassungsgarantien" (IV, 1352), „Politischer Brief" (IV, 1367).

Eichendorffs Eintreten für den konservativen Katholizismus, seine
sich auf Görres beziehende Verteidigung der Trierer Wallfahrt 1844 und
Verurteilung des Deutschkatholizismus als „Fratze der Reformation"[26] —
das alles mußte deutlich zu einer Distanzierung auch vom preußischen
König führen. Die erwartete Liberalisierung der preußischen Verwal-
tungsgrundsätze in der Zusammenarbeit mit der katholischen Kirche
hielt sich in Grenzen; und für Eichendorff kam als Problem hinzu, daß
der Wechsel an der Spitze des Kultusministeriums von Altenstein zu
Eichhorn (1840) ihm „eine erfolgreiche amtliche Wirksamkeit" unmöglich machte (Hermann von Eichendorff). Als er 1844 vorzeitig aus dem
Amt schied, geschah dies ohne jegliche Auszeichnung, was ungewöhn-
lich war und ein Zerwürfnis anzeigte.[27]

Ganz der Argumentation von Görres im „Kulturkampf" der 30er Jahre
folgend (die publizistische Polemik um die Trierer Wallfahrt aktualisiert
diese Denkformen), findet Eichendorff nun das Christentum gegen das
Heidentum aufgerufen. Die Deutung des Preußenkönigs durch Strauß
als eines „heidnischen Romantikers" trifft ins Herz der Eichendorffschen
Überzeugung: daß die (staatlich geforderten und geförderten) Reform-
versuche am Katholizismus (deren deutlichste Stimme die Forderung
Ronges nach der Loslösung vom Papst und der Bildung einer deutsch-
katholischen Kirche war) eine Neuauflage der Reformation bedeuten, die
Eichendorff als „revolutionäre Emanzipation der Subjektivität" (IV, 93)
beschreibt und als wesentlich auf der Negation beruhend (IV, 161)
verurteilt. Er bezieht sich dabei auf Friedrich Schlegel („Katholizismus ist
positive, Protestantismus aber negative Religion": IV, 270) und rückt den
Protestantismus, als „Abfall" des Subjekts, in die Nähe des Heidentums.

„Abfall" nun ist eine Formel, welche in den literaturhistorischen
Schriften fast bis zum Überdruß eingesetzt wird: Eichendorff zielt damit
auf die „Seligsprechung des Subjekts", die „Vergötterung des Dämoni-
schen im Menschen" (IV, 714), auf die Absage an die positive (gegebene)
Wahrheit und eine haltende, traditionelle Kultur. Die Kritik z. B. an
Wilhelm Heinses *Ardinghello* schließt so:

Man sieht also, die ganze projektierte Erlösung, auf ihrem Rückgange zu dem
nackten Leben und Naturdienst der Alten, um die Schönheit herzustellen, läuft
auf den grassesten Egoismus des Sinnengenusses, auf eine Ästhetik der Wollust
hinaus. Es ist keine Vermittelung zwischen Natur und Zivilisation, die eben
versöhnt werden sollen ... (IV, 711)

---

[26] Vgl. W. Frühwald (Anm. 13), S. 59, 62.
[27] Vgl. Paul Stöcklein: Joseph von Eichendorff (in Selbstzeugnissen und Bilddo-
kumenten). Reinbek (Rowohlt) 1963, S. 150; ders.: Katalog Bayerische Akade-
mie der Schönen Künste „Joseph Freiherr von Eichendorff". München 1957,
S. 48.

Julians Abfall läßt sich also gewiß mit Eichendorffschen Begriffen und Denkbildern kritisieren. Freilich ist nun auch jene Ambivalenz zur Geltung zu bringen, die auch Strauß seinem Julian zugab. Bei Eichendorff tritt sie in der Unentschiedenheit der poetischen Bildformeln hervor, die mehr Verständnis fürs Heidentum bezeugen, als es seine Kampfschriften erwarten lassen. „Mahnend" erscheint die unerlöste Natur dem jungen Helden (III); und wenn auch die VI. Romanze das Bild eines Bacchanals entwirft (Darstellung eines solchen war Grundlage der Heinse-Kritik), so ist die Liebesbeziehung zu Fausta doch sehr viel vorsichtiger dargestellt. Fausta, die auferstandene Venus, die unerlöste Natur, steht für die gebundene Sehnsucht, die eines bedachten Erweckers bedarf: Julian (wie Friedrich Wilhelm IV.) versagt vor dieser Aufgabe, die u. a. schon Friedrich (in *Ahnung und Gegenwart*) und Victor (in *Dichter und ihre Gesellen*) nicht zu lösen vermochten: Romana erschießt sich, Juanna wirft sich in den Fluß, Fausta springt in den Abgrund. Alle diese Gestalten heißen dämonisch, elementar, „weder Mann noch Weib" (IX), und sind zugleich höchst anrührend gestaltet; sie warnen vor sich: „du weißt nicht, wer ich bin!" (IX; vgl. *Waldgespräch* I, 342), versuchen den Geliebten zu retten; unerlöst (die Liebe wird ihnen verweigert, statt dessen Sexus geboten) „verwildern" sie, versinken in Wahnsinn oder Schwermut, nehmen wieder eine mythische Form an und „tun in irren Tönen / Die tiefe Wehmut kund" (*Götterdämmerung:* I, 272).

Der Regierung hatte Eichendorff (in: *Preußen und die Konstitutionen*) Gerechtigkeit, Maß und Liebe anbefohlen:

Sie walte endlich mit *Liebe,* indem sie die erwachten Kräfte, wo sie auch jugendlich wild und ungefüg sich gebärden, nicht unterdrückt, sondern sie zu veredeln, und somit zu einer höheren Versöhnung zu befähigen trachtet. (IV, 1296)

Diese Denkfigur liegt auch der Verkettung der Motive (Formeln) in den Versepen zugrunde, die den aktuellen Anlaß (das in Aussicht stehende Ende der Herrschaft Friedrich Wilhelms IV.) deutlich übersteigen und eine „Summe" versuchen: der Aufstand (Abfall) ist einer sich selbst mißverstehenden Naturkraft geschuldet, doch für dies Mißverständnis gibt es gute Gründe. Julian widerspricht (wie Lucius, VI) der Botschaft der Askese („Entsagen / War stets die Antwort, die mir Christus bot", III), und seine Biographie (Flavius Claudius Julianus, 331 bis 363), weist das als berechtigt aus: Von seinem 13. Lebensjahre an mußte er mit seinem Bruder sechs Jahre auf dem einsamen Schloß Macellum in Kappadokien in strenger Zucht zubringen. Robert (in *Robert und Guiscard*) wird vom Vater vernachlässigt, die Eifersucht auf den Bruder ist berechtigt, erfahrenes Unrecht wird zur Grundlage des (bald verwildernden) Freiheitsdranges. Das Epos endet mit dem Bild der versöhnenden Liebe, wobei Eichendorff seine Erzählung *Das Schloß Dürande* sozusagen korrigiert: die sozial getrennten Liebenden (der Graf und des Gärtners Töchterlein) werden nicht zurückhaltend im Tode, sondern noch im Leben vereinigt; daß die Geliebte Marie heißt, ist nicht ohne Bedeutung. Das Versepos *Lucius,* das wiederum den Kampf Heidentum gegen Christentum aufnimmt, spielt die Motive des *Julian* noch einmal durch. Fausta heißt hier Julia, die wiederum der erwachten Venus gleicht.

> So stand sie schweigend in den Frühlingsscheinen,
> Sie sehnt' nach Liebe sich, und liebte keinen. (I)

Das Epos bildet den Sieg der christlichen Liebe fast allegorisch deutlich aus. Die heidnische Julia stürzt zum geliebten Lucius, der sich zu den Christen bekannt und todesmutig für die Bedrohten geopfert hat. Sie wird wie Faustina, also dämonisch, gezeichnet: „ein wunderschönes Weib, / Die Locken flatterten wie Adlerschwingen / ums Haupt ihr . . ." (XI) So gewinnt sein „empor" die Bedeutung einer Erlösungstat: „O göttliches Erbarmen – Ich heb' dich mit empor in meinen Armen!"

Eichendorff hat in seinen Schriften und Dichtungen für diese Denkfigur die Formel *Rittertum* entwickelt. Das Rittertum gilt ihm als „das durch das Christentum verklärte Heldentum", und er hebt noch genauer die Ambivalenz des Rittertums hervor: „die gewaltige Naturkraft und die freiwillige Demütigung vor einem Höheren" (IV, 43). Diese Ambivalenz wird in den Formelreihen und der Art ihrer Verkettung erhalten: weder wird die „dämonische" Reihe benachteiligt, noch wird die „christliche" Reihe bevorzugt. (Die Qualität von Eichendorffs Dichtungen ist dem Aushalten dieser Spannung geschuldet.) Der Aussicht auf eine „endliche" (d. i. schließliche) Versöhnung war ja ein gelassenes „wills Gott" hinzugefügt (IV, 176). Eichendorff faßt die Ambivalenz des Rittertums, beides zu repräsentieren, als dessen „wesentlich tragischen Doppelgeist" auf (IV, 43). Diese Formulierung ist nicht unanstößig: sie wendet sich gegen die These, daß die Erlösungstat Christi das Ende aller wesentlichen Tragik bedeute. (Es bleiben sozusagen andere als bloß nichtantagonistische Widersprüche erhalten.) Das Rittertum ist ein Konzept, es ist nicht unbedingt eine (verbreitete) Tatsache. Immerhin ist es geschichtlich schon längst in Erscheinung getreten. So ist es ein *Abfall,* hinter diese Position zurückzufallen, den – auch – politischen Liebesauftrag, die Veredelung der ungefügen Kräfte, zu verraten.

Der Hinweis auf David Friedrich Strauß zeigt immerhin, wie wenig orthodox Eichendorffs Katholizismus aufzufassen ist: die Entmythologisierung, die Strauß vortrug, verträgt sich durchaus mit der Tendenz Eichendorffs, gegen die Orthodoxie ein *Testament Johannis* zu setzen.[28]

---

[28] Gotthold Ephraim Lessing: Das Testament Johannis. In: Gesammelte Werke, hrsg. Paul Rilla, Bd. 8, Berlin (Aufbau) 1956, S. 18 ff.

Lessings „Kinderchen, liebt euch" erscheint auch bei ihm, freilich in einer spezifischen Form, auf die noch weiterhin eingegangen sei.

Eichendorff hält daran fest (und betont es immer wieder), daß Liebe nicht ein abstraktes Versöhnungskonzept sei. Venus und Maria gegeneinander auszuspielen, ist kurzschlüssig. Das Romanfragment *Marien Sehnsucht* verknüpft die Figuren über das Sehnsuchtsmotiv: „Und aus der Ferne ruft es immerfort, wie eine Geliebte." Der Schluß des Fragments trägt eine Metonymisierung der Liebe vor: sie gilt wirklich *und* zeichenhaft, doch keine dieser Geltungen wird durch die andere entmächtigt:

Die Kunst läßt sich nicht abtrotzen oder als Vehikel eines großen Gemüts von selbst fordern. Was kann man ihr anders geben als sich selber ganz? Sie wird wirklich zur Geliebten, deren blaue Augen, roter Mund ewig keine Ruhe lassen. Im Frühling langt sie aus den duftigen Tälern mit weißen, ganz zarten Armen, um dich nur recht an ihr liebendes Herz zu drücken, das Waldhorn sagt dir, wie sie sich hinter den Bergen nach dir sehnt, die Vöglein und blaue Lüfte läßt sich die Treue viel tausendmal grüßen. In Mondnacht ists, als weinte sie sehr und wollte dir gern ein tröstendes Liebeswort vertrauen. Aber sie kann nicht herüber aus der Ferne zu dir langen. Ja, glaube nur, sie weint auch um dich, sehnt sich auch recht sehr nach dir, deine Lieder bringen ihr auch süßen Schmerz. Liebe nur immer treu und aus allen Kräften deines Lebens, der Himmel bleibt nicht immer verschlossen. (II, 989)

Auch auf das Schleiermacher-Zitat Eichendorffs wäre hinzuweisen: „Nun aber die wahre himmlische Venus entdeckt ist, sollen nicht die neuen Götter die alten verfolgen, sonst möchten wir verderben auf eine andere Art."[29] Das entspricht auch Eichendorffs Poesiekonzept, wonach „das Ewige, das Unvergängliche und absolut Schöne" in irdischer Verhüllung „und durch diese gleichsam hindurchschimmernd" zur Erscheinung gebracht werden soll. Die poetischen Gestalten sollen „nicht bloß *bedeuten*, sondern wirkliche, individuelle, leibhaftige Personen" sein (IV, 531). So war auch der König gedacht, ohne dies wahrmachen zu können. Eichendorffs romantischer Realismus und die Denkfigur vom „tragischen Doppelgeist des Rittertums" hängen eng miteinander zusammen.

Die späten Versepen erproben noch einmal den kritischen, den vielleicht auch utopischen Gehalt, der in der Weigerung gelegen ist, die Gegensätze *nicht* zum Austrag kommen zu lassen. Das Lied *Der Freiheit Klage,* in der Gedichtsammlung mit dem Jahre 1849 bezeichnet (I, 173), hat eine Schlüsselstellung im Revolutionsepos *Robert und Guiscard* inne. Die politische Bedeutung gilt schließlich auch noch für das *Lucius*-Epos. Zwar hat Eichendorff den Gegensatz Heidentum-Christentum weitgehend anthropologisch umgedeutet; doch die Zeitbezüge vermochten

---

[29] Eichendorff IV, 398; F. Schleiermacher: Vertraute Briefe über Schlegels Lucinde. Jena und Leipzig 1907, S. 106 f.

anzudeuten, daß dieser Denkfigur damit keineswegs jeder politisch-
historische Gehalt entzogen worden ist.

Das Nibelungenlied wird so „modern" (psychologisch) aufgefaßt: „die
Drachen, Lindwürmer und alle Schrecken der alten Naturgewalten
verwandeln sich hier in das Dämonische der Menschenbrust" (IV,46);
und Eichendorff erläutert den Untergang des Heldengeschlechts, den
„Zusammensturz der alten Heidenwelt", mit seiner Denkfigur: der
ungebändigten Naturkraft, die sich (hier) nicht vor einem Höheren (dem
Christentum) beugt. Die Formel, mit der ein scheiterndes Dasein (z. B.
Kleist) vergegenwärtigt wird, ist denn auch auf diese Bestimmung des
Dämonischen bezogen: „Hüte jeder das wilde Tier in seiner Brust, daß es
nicht plötzlich ausbricht und ihn selbst zerreißt!" (IV, 367) Ebenso
schließen die Erzählung *Das Schloß Dürande* (II, 849) und auch *Julian*
(XVII); daß der Schluß wie der Eingang dieses Epos in der Nibelungen-
strophe gedichtet sind, ist als Hinweis auf dieses „wahrhafte Weltdrama"
(IV, 46) aufzunehmen.

Die Versepen lassen sich als Versuch lesen, die Entmächtigung dieser
Denkfigur (von Zacharias Werner als „Weihe der Kraft" vorgetragen)
zurückzunehmen, die möglicherweise in ihrer Individualisierung gelegen
war. So werden historisch-politische Situationen entworfen, in denen sie
eine Schlüsselbedeutung haben konnte: der Abfall des selbstherrlichen
Subjekts von geschichtlich schon mächtig gewordener überlegener
Wahrheit *(Julian)*, der Gewaltprotest, die Revolution gegen offenbares
Unrecht *(Robert und Guiscard)*, die Versöhnung von Heidentum und
Christentum *(Lucius)*. Günter Oesterle hat mit Bezug auf Heines
Deutschland-Studien auf die politische Dimension dieses Ansatzes
hingewiesen.[30] In seinen „Blättern" *Zur Geschichte der Religion und
Philosophie in Deutschland* (1834) unterscheidet Heine den (unfruchtba-
ren) Idealismus und die neuere Naturphilosophie als die wichtigsten
Tendenzen der Epoche. Unbestreitbar gehört seine Vorliebe der letzteren. Gegen Nicolai bemerkt er: „In dem heutigen Deutschland haben
sich die Umstände geändert, und die Partei der Blumen und der Nach-
tigallen ist eng verbunden mit der Revolution. Uns gehört die Zukunft,
und es dämmert schon herauf die Morgenröte des Sieges."[31] Gewiß läßt
sich das *so* nicht auf Eichendorff beziehen. Aber deutlich ist doch, daß
Eichendorffs Konzept der „Veredelung" der Naturkraft mit Heines
Ansatz einige Voraussetzungen (und so vielleicht auch einige Konse-

---

[30] Günter Oesterle: Integration und Konflikt. Die Prosa Heinrich Heines im
Kontext oppositioneller Literatur der Restaurationsepoche. Stuttgart (Metzler)
1972.

[31] Heinrich Heine: Zur Geschichte der Religion und Philosophie in Deutschland.
In: H. H., Sämtliche Schriften. Hrsg. von Klaus Briegleb. 3. Bd. hrsg. von Karl
Pörnbacher. S. 582.

quenzen) teilt. Es war schon bemerkt, daß Eichendorffs Konzept vom „tragischen Doppelgeist" des Rittertums nicht mit einer orthodox-christlichen Auffassung übereinstimmt. Auch seine zentrale Konzeption von einer erlösungsbedürftigen Natur ist im strengen Sinne nicht christlich. Eichendorff:

Die arme, gebundene Natur träumt von Erlösung und spricht im Traume in abgebrochenen, wundersamen Lauten, rührend, kindisch, erschütternd, es ist das alte, wundersame Lied, das in allen Dingen schläft. (IV, 337)

Diese Naturteleologie ist eine alte Vorstellung und geht – wie Eichendorffs Bildformeln andeuten – auf mythische Traditionen zurück. Dagegen ist die moderne mechanistische Naturdeutung zu halten, für die Natur auf nichts aus ist. Robert Spaemann hat betont, daß diese Konstruktion einer *natura pura* theologischen Ursprungs ist. Es ist die Gratuität der Gnade, um derentwillen die katholische Theologie seit dem späten Mittelalter die Autonomie der Natur zu einem Postulat gemacht hat: „der Gedanke eines *desiderium naturale*, das in der Natur über diese hinausweist, würde, so folgern die Theologen des 16. Jahrhunderts, aus dem Heil einen Rechtsanspruch machen, die ‚Gnade' würde aufhören, Geschenk zu sein"[32]. Eichendorffs Naturauffassung weist so eher auf die pantheistische Tradition zurück. – Nun kann Heine deutlich machen, daß die Formel „freiwillige Demütigung vor einem Höheren" auch noch für das romantische Naturkonzept gilt. Er zeigt es an Goethe, dessen Pantheismus er vom heidnischen „sehr unterschieden" findet: „Das Heidentum des Goethe ist wunderbar modernisiert. (...) Trotz seines sträubenden Widerwillens hat das Christentum ihn eingeweiht in die Geheimnisse der Geisterwelt, er hat vom Blute Christi genossen, und dadurch verstand er die verborgensten Stimmen der Natur, gleich Siegfried, dem Nibelungenheld, der plötzlich die Sprache der Vögel verstand, als ein Tropfen des erschlagenen Drachen seine Lippen benetzte. Es ist merkwürdig, wie bei Goethe jene Heidennatur von unserer heutigsten Sentimentalität durchdrungen war ..."[33].

Die „Weihe der Kraft", die Veredelung der heidnischen Naturkraft wird hier ganz nach dem Muster gedacht, dem auch Eichendorff folgt, wenn er vom Nibelungenlied ausgeht. (Immerhin ist der Hinweis auf die „heutigste Sentimentalität" mit dem Vorhalt von David Friedrich Strauß zu vergleichen, daß jede „restaurirende Thätigkeit" den Riß, der uns von dem Vergangenen trennt, größer mache statt ihn zu überbrücken.) Heines Erläuterung legt immerhin den versteckt politischen Kern dieser Denkform bloß: die Vorliebe der Romantiker für die Überlieferungen

---

[32] Robert Spaemann: Natur. In: Handwörterbuch philosophischer Grundbegriffe. Hrsg. von Hermann Krings u. a. Bd. II. München (Kösel) 1973, S. 961.
[33] Heinrich Heine (Anm. 31), S. 618.

des Mittelalters erläutert er *nicht* als Heimweh nach der Kirche: „dieses
Gefühl war tieferen Ursprungs als sie selbst ahnten" – eine „unbegriffene
Zurückneigung nach dem Pantheismus der alten Germanen", nach den
„Herrlichkeiten ihrer frühesten Nationalität"[34].

Wenn Eichendorff die Versöhnung von Heidentum und Christentum
immer wieder zum Thema macht und Versöhnung dabei ausdrücklich
als Nicht-Unterdrückung beschreibt, ist dies implizit auch ein anti-
restauratives Programm. Die Enttäuschungen von 1815 haben diese
Zuwendung zum germanischen Heidentum durchsetzen helfen.[35] Germanische und römisch-griechische Sagenwelt werden dabei nicht streng
geschieden: das begünstigt die Zeit des spätrömischen Reiches, welche in
den Versepen dominiert.

Eichendorff scheint sich direkt auf Heine zu beziehen, wenn er in
seiner Schrift *Über die Folgen von der Aufhebung der Landeshoheit der
Bischöfe und der Klöster in Deutschland* schreibt:

Aber eben jenem deutschen Naturtriebe nach eigentümlicher Freiheit, an die man
Blut und Leben setzte, lag die dunkel tiefe Sehnsucht nach einem vielleicht auf
Erden nie ganz erreichbaren vollkommenen Dasein, und mithin nach einer
höheren Versöhnung zum Grunde. Denn nur das Eigentümliche ist wahrhaft
lebendig und frei, und nur unter Freien ist eine Vereinigung denkbar.
Eine solche Erlösung aber, welche der dem Tode geweihte Kampf der wilden
Naturkräfte niemals gewähren konnte, brachte das Christentum, diese große
Versöhnung, welche, indem sie die Gottheit selbst persönlich und zum Men-
schensohn macht, die Menschen zu Gotteskindern aufnimmt. (IV, 1139)

Man hat sich bei den Deutungen zu sehr an die (geglättete) These des
zweiten Absatzes gehalten und Eichendorff so einigermaßen umstands-
los der katholischen Restauration zugeordnet. Dabei ist das in der
Formel „Erlösung" versteckte, eigentümliche Versöhnungskonzept
Eichendorffs zu wenig bedacht. An den Versepen ließ sich zeigen, wie
die Problematik einer politischen Romantik Eichendorffs poetologischen
Ansatz mitbestimmt. Eine Briefstelle von Karl Marx aus den Deutsch-
Französischen Jahrbüchern (1843) sei dazugestellt, um Eichendorff so
sorgsam lesen zu helfen, wie er's verdient (und um den Spaß an Rubri-
zierungen ein wenig zu verderben). Diese von vielen (u. a. W. Benjamin,
H. Marcuse, O. Negt, A. Kluge, D. Kamper) zitierte Stelle lautet: „Unser
Wahlspruch muß also sein: Reform des Bewußtseins nicht durch Dog-
men, sondern durch Analysierung des mystischen, sich selbst unklaren
Bewußtseins, trete es nun religiös oder politisch auf. Es wird sich dann

---

[34] Ebd., S. 619.
[35] Vgl. Werner Weiland: Politische Romantikinterpretation. In: Zur Modernität
der Romantik. (Literaturwissenschaft und Sozialwissenschaften Bd. 8). Hrsg.
von Dieter Bänsch. Stuttgart (Metzler) 1977, S. 1–59 (bes. S. 39 ff.).

zeigen, daß die Welt längst den Traum von einer Sache besitzt, von der sie nur das Bewußtsein besitzen muß, um sie wirklich zu besitzen. Es wird sich zeigen, daß es sich nicht um einen großen Gedankenstrich zwischen Vergangenheit und Zukunft handelt, sondern um die *Vollziehung* der Gedanken der Vergangenheit. Es wird sich endlich zeigen, daß die Menschheit keine *neue* Arbeit beginnt, sondern mit Bewußtsein ihre alte Arbeit zustande bringt."[36] Als „Erlösung" denkt Eichendorff diese „Vollziehung" des alten Traumes, die nicht naturwüchsig „geschieht": das Bewußtsein muß „keck"/rettend hinzutreten. Das „schlafende Lied" bleibt für sich ein Rauschen, ein „verworr'nes" Tönen, eine „irre Klage"; das „Zauberwort" des Dichters muß auf es auftreffen, es „besprechen", damit es sich löst: „Die Kunst, die ohne Stolz und Frevel, bespricht und bändigt die wilden Erdengeister, die aus der Tiefe nach uns langen" (II,344); die Ohnmacht der Naturpoesie hebt sich in der romantischen Kunst auf. Gleiches gilt für den Volkswillen im Verhältnis zum politischen Führer: zum König (der zu den „berufenen Einzelnen" gehört).[37]

Als „Abfall" hingegen denkt Eichendorff den Rückfall auf die Naturstufe, in den Mythos, die Weigerung der Berufung, die mit „be-sprechen" angedeutet wird, den illusionären Sprung aus der Geschichte, die Verleugnung des Unterschieds von Traum und Bewußtsein (dem Marx-Zitat zufolge). Damit ist die politische Romantik kritisiert, wie sie sich ihm als wirklicher Schein darstellt. Zugleich wird erahnbar (und erst auf einer ganz anderen Ebene kritisierbar), daß sie ja auch eine ganz andere Signatur haben könnte als den fruchtlosen Versuch, eine ausgelebte Geistes- und Lebensgestalt wiederherzustellen. Doch hierfür gibt es nur einige Hinweise (unter der Formel „lebendige Romantik"). Die Versepen halten konsequent die kritische Position fest und entwickeln deren Voraussetzungen reicher, komplexer und zugleich konkreter als man weithin zu lesen sich bequemt hat.

Diskussion

Die These „Schönheit des Unerlösten", die von Bormann für Eichendorffs gesamtes Werk für gültig erklärt, widerspricht dem versöhnenden Moment im Vortrag von Herbert Anton; dieser Widerspruch resultiert notwendigerweise aus den verschiedenen Interpretationsebenen.

---

[36] Karl Marx: Briefe aus den Deutsch-Französischen Jahrbüchern (Arnold Ruge / Karl Marx, Paris 1844). MEW 1, S. 346.
[37] Vgl. Eichendorff: IV, 33; IV,91.

Das Problem des Unerlösten ist seine Schönheit. Der Theoretiker Eichendorff bedient sich einer anderen Sprache, einer anderen Begrifflichkeit, als der Dichter. Wenn Eichendorff also einerseits theoretisch rigoros zusammengefaßt werden kann: „Alles, was nicht katholische Literatur ist, ist auch keine gute Literatur" — und andererseits eben die „andere" Religiosität im poetischen Werk sich so verführerisch darstellt, so ist zu berücksichtigen, daß sinnliche Bilder religiöse Dinge auszudrücken vermögen, und daß die Schönheit der verdeckte, durch das Irdische hindurchschimmernde Erlösungsanspruch der gefallenen Kreatur ist. Derart stimmen das weltanschauliche und das poetologische Konzept überein.

Es bleibt ungeklärt, ob die vorhandene Sinnlichkeit in seinem Werk der Aufgabe der Dichtung als Versöhnung von Sinnlichkeit und Geist entspricht oder aus der Dichtung hinausweist in das Jenseitige.

II. KALEIDOSKOP

Klaus Lindemann

„Deutsch Panier, das rauschend wallt"

Der Wald in Eichendorffs patriotischen Gedichten im Kontext der Lyrik der Befreiungskriege

Für Valeska

Lange Zeit hat sich die deutsche Poesie nicht so recht in und an den Wald getraut, bzw. war — wie wir später noch hören — darin eingeschlafen. Walther von der Vogelweide beschwört seinen Gönner, Herzog Leopold von Österreich: „lâ mich bî den liuten, / wünsche mîn ze selde , niht ze walde: ichn kan niht riuten . . ."[1]; und der Wald — Gegenwelt des höfischen Lebens im „Parzival" wie „Tristan" — wurde auch noch lange Zeit danach eher als der Feind des kultivierten Menschen betrachtet. Andreas Gryphius noch rechnet „de(n) rauhe(n) Wald" zum emblematischen Ort „der mehr denn öden Wüsten"[2], und erst die Aufklärer, unter ihnen Brockes, erkennen in dem inzwischen längst zum Forst domestizierten Areal positive, nämlich nützliche und auf den Schöpfer verweisende Züge:

> Zier der Erde, kühler Wald,
> **Wohn-Platz dunckler Lieblichkeiten,**
> Schaudrigter Zufriedenheiten
> Schatten-reicher Aufenthalt,
> Deiner Dämm'rung grünlich Licht
> Stärckt das leibliche Gesicht;
> Möchte doch den Seelen-Augen
> Auch dein Grün zur Stärckung taugen!
> Möchten sie, da du so schön,
> Doch, in dir, den Schöpfer sehn![3]

---

[1] Die Gedichte Walthers von der Vogelweide, hrsg. v. Carl v. Kraus, Berlin 1959[12], S. 47; 35, 17—18.

[2] Andreas Gryphius, Dichtungen, hrsg. v. Karl Otto Conrady, Schleswig 1968, S. 41.

[3] Barthold Heinrich Brockes, Auszug der vornehmsten Gedichte aus dem irdischen Vergnügen in Gott. (Faksimiledruck der Ausgabe von 1738, hrsg. v. D. Bode, Stuttgart 1965, S. 218.

Die Klassiker dagegen halten den Wald schon wieder eher jenseits der kulturellen Grenze und versuchen, ihn mittels Park- und Gartenarchitektur zu bändigen, wovon Goethes *Wahlverwandtschaften* erzählen. Diese dementieren jene wilden Wälder des Sturm und Drang, aus denen noch „Götz" und die „Räuber" gegen eine als Verstümmelung der Natur des Menschen empfundene Kultur hervorgebrochen waren.

Ein solcher notwendig stark verkürzender Abriß mag andeuten, daß das Repertoire deutscher Waldgedichte bis etwa 1800 recht schmal ist, ehe es mit Beginn des 19. Jahrhunderts schlagartig und in kaum zu überblickender Weise erweitert wurde.[4] Einem der Gründe dafür wollen wir im folgenden nachgehen.

Wolfgang Baumgarts 1936 erschienenes Buch *Der Wald in der Dichtung*[5], noch heute eine Fundgrube für einschlägige Texte aller drei Gattungen, hat die außergewöhnliche Ausbreitung des Waldmotivs in der deutschen Literatur nach 1800 auf Ludwig Tieck zurückgeführt. Dessen Vorliebe für das Motiv erklärt Baumgart zum einen aus den Erlebnissen auf seinen Wanderungen 1793 im waldreichen fränkischen Raum, wozu allerdings zu sagen wäre, daß sie erst durch den Tieck-Biographen Ludwig Köpke ihre nachträgliche romantische Poetisierung erfuhren[6], während Tieck selbst − ähnlich wie später Eichendorff − in seinen Briefen und Reiseberichten aus dieser Lebensepoche mit Hinweisen auf Wald-Erlebnisse äußerst zurückhaltend ist. Baumgarts Hinweis auf die Lektüre des jungen Tieck wiegt da schon schwerer; weniger, was den Verweis auf die Poesie der Empfindsamkeit und des Rokoko betrifft, in der sich das Waldmotiv nicht gerade aufdrängt, als vielmehr auf Grund der Tatsache, daß der junge Tieck sich bei seiner Poetisierung des Waldes in der Trivial- und Schauerliteratur außerordentlich gut ausgekannt hat, wovon im übrigen sein Frühwerk ja auch reichlich Kunde gibt. Schließlich haben auch noch die von Tieck geschätzten *Volksbücher* und *Volksmärchen*, auf die Baumgart ebenfalls verweist, eine gewisse Bedeutung für den poetischen Wald des Romantikers gehabt; auch wenn entschieden darauf hingewiesen werden muß, daß Tieck gerade die Stereotypen dieser Lesefrüchte hinter sich ließ, als er zum Erfinder der für die deutsche Literatur − und nicht nur für sie − so folgereichen „Waldeinsamkeit" wurde. Insofern ist Baumgart zuzustimmen, wenn er zusammenfaßt: „Tieck ist der Schöpfer des romanti-

---

[4] Vgl. dazu: Klaus Lindemann, Deutscher Dichter Wald. Waldgedichte, Paderborn 1985.

[5] Wolfgang Baumgart, Der Wald in der Dichtung, Berlin und Leipzig 1936, bes. S. 47−65 (Tieck).

[6] Rudolf Köpke, Ludwig Tieck. Erinnerungen aus dem Leben des Dichters nach dessen mündlichen und schriftlichen Mitteilungen, Leipzig 1855, (Nachdruck Darmstadt 1970), vor allem S. 161 ff.

schen Waldes. Er schuf in ihm ein dichterisches Medium des romantischen Geistes."[7]

Daneben verweist Baumgart noch auf einen weiteren wichtigen Text
Tiecks, der für die Waldpoesie der Romantik und des ganzen 19. Jahr-
hunderts eine nicht zu unterschätzende Bedeutung hat: den „Aufzug der
Romanze", der als „Prolog" dem 1804 entstandenen *Lustspiel in zwei
Theilen — Kaiser Octavianus* vorangestellt ist. Von ihm hat Tieck 1828 im
„Vorbericht" zum ersten Band der Ausgabe seiner *Schriften* gesagt: „Ich
stelle dieses Gedicht darum an die Spitze der ganzen Sammlung, weil es
meine Absicht in der Poesie am deutlichsten ausspricht."[8] Bei genauerer
Betrachtung der „Romanze" erweist sich über Baumgarts pauschale
Zuordnung hinaus, daß in ihr nahezu alle Motive angesprochen sind, die
später auch die berühmten Waldgedichte Eichendorffs prägen. Das
Ensemble allegorischer Figuren, wie Glaube, Liebe, Tapferkeit, Schmerz
und die Romanze selbst, wie auch poetischer Typen vom Pilgrim über
die Liebenden, Ritter, Schäfer, Reisenden, Krieger bis zum Dichter
bevölkert einen „frischen grünen Wald", der als „der Liebe Tempel"[9], das
Ziel der „sehnsuchtvoll(en) . . . Herzen"[10] ist, und poetische Empfindungen hervorruft:

> Es lebt der Wald von wunderbaren Zungen . . .
> Da regt die Poesie sich im Gemüthe,
> Es greift der Dichter nach der goldnen Leier . . .[11]

Als Hort der „alten Zeit"[12] wird er zur Zuflucht für den an der Gesellschaft Leidenden:

> Zum Wald muß ich fliehen . . .
> Drum darf ich es wagen
> Mein Leiden zu klagen . . .[13]

Er erweist sich als Märchenort:

> Es klingt ein altes Lied mir in mein Ohr . . .
> Ein Kinderpaar, das sich im Wald verlor . . .;[14]

aber auch schon als der Wald, der jene gefährlich lockende Einsamkeit
evoziert, in der die verführerische Frau Venus die Zeiten überdauert:

---

[7] Baumgart, l.c., S. 89.
[8] Ludwig Tieck's Schriften, Bd. I, Berlin 1828, (Nachdruck Berlin 1966),
    S. XL–XLI.
[9] Tieck, l.c., S. 7.
[10] Ebd.
[11] Ebd., S. 8.
[12] Ebd.
[13] Ebd., S. 12.
[14] Ebd., S. 16.

> Und die Heidengötter sanken,
> Flohe Venus, die betrübte,
> Nach dem einsam dunkeln Walde ...[15],

in dem aber der heidnischen Göttin auch die erlösende christliche Maria entgegentritt:

> Die zur Erde steigt hernieder,
> Alle Herzen an sich lockend.[16]

Letztere Konstellation gestaltet Eichendorff bekanntlich besonders eindringlich in seiner Erzählung „Das Marmorbild"[17], aber auch alle anderen Wald-Elemente der Tieckschen „Romanze" lassen sich unschwer vor allem in Eichendorffs Lyrik wiederfinden, werden dort in dem ihr eigentümlichen Volksliedton und mit scheinbar sehr viel bescheideneren sprachlichen Mitteln erst zu einzigartiger poetischer Entfaltung gebracht.

Neben Eichendorff sind viele andere Dichter des 19. Jahrhunderts durch Ludwig Tieck angeregt worden, den Wald zu einem zentralen Motiv ihrer Poesie zu machen, ja über den Wald zur Poesie zu finden. Baumgart hat für das Bewußtsein dieser poetischen Entdeckung zahlreiche Beispiele gesammelt, von denen vielleicht die Allegorie in der ersten Strophe von Ludwig Uhlands 1813 entstandenem „Märchen" das aussagekräftigste ist:

> Ihr habt gehört die Kunde
> Vom Fräulein, welches tief
> In eines Waldes Grunde
> Manch hundert Jahre schlief.
> Den Namen der Wunderbaren
> Vernahmt ihr aber nie;
> Ich hab' ihn jüngst erfahren:
> Die deutsche Poesie.[18]

Dafür, daß diese „deutsche Poesie" nicht nur „in eines Waldes Grunde" erwachte, sondern ihn inzwischen auch zu ihrem bevorzugten Sujet gemacht hatte, mußte es aber noch andere Ursachen geben, als die von Baumgart in bezug auf Tieck und später Eichendorff konstatierten biographischen und bibliographischen Quellen. Vielleicht mußte zur Popularisierung des Waldmotivs so etwas hinzukommen wie Blüchers

---

[15] Ebd., S. 19.

[16] Ebd., S. 23.

[17] Vgl. dazu: Klaus Lindemann, Von der Naturphilosophie zur christlichen Kunst. Zur Funktion des Venusmotivs in Tiecks „Runenberg" und Eichendorffs „Marmorbild", in: Literaturwissenschaftliches Jahrbuch, NF., Bd. 15, 1974 (1976), S. 101–121.

[18] Uhlands Werke, hrsg. v. Ludwig Fränkel, Leipzig 1893, S. 277.

Bild 1

Rheinübergang zur endgültigen Durchsetzung des Rheinmotivs in der deutschen Lyrik des 19. Jahrhunderts, zumal auch die romantische Malerei der Epoche den Wald ins Zentrum ihrer bildnerischen Gestaltungen rückte.

Vier zwischen 1813 und 1815 entstandene Bilder zweier eng befreundeter Maler können uns helfen, die Vorliebe auch der Poesie der Epoche für das Waldmotiv zu begründen. Da sind zunächst zwei Bilder, die Caspar David Friedrich 1813 und 1814 gemalt hat: einmal das im II. Weltkrieg stark beschädigte, inzwischen restaurierte Gemälde: „Felsental (Das Grab des Arminius)" (Bild 1), dem vom Motiv her das um die gleiche Zeit entstandene Bild „Gräber gefallener Freiheitskrieger" entspricht, das allerdings weitgehend auf das Waldkolorit verzichtet. Das Bild zeigt einen Bergwald, der, durch Felsenmassen hermetisch abgeriegelt, eine Schlucht bewächst, auf deren Grund ein Sarkophag steht. Die Tatsache, daß dessen Deckplatte verschoben ist und − bis zur Beschädigung des Bildes − die Aufschrift trug: „Deine Treue und Unüberwindlichkeit als Krieger sey uns immer ein Vorbild", verbindet die Assoziation von Christi Auferstehung mit der Hermanns des Cheruskers oder auch eines zeitgenössischen Kämpfers der Befreiungskriege, wobei seit Kleists „Hermannsschlacht", zu deren ersten Hörern der Maler 1808 im

Bild 2

Dresdner Kreis des Dichters zählte[19], der Germanenfürst für jeden
deutschen Freiheitskämpfer gegen Napoleon stand. Ein Detail des Bildes
ist dabei für unseren Zusammenhang von noch größerer Bedeutung: in
der ausweglosen „Waldeinsamkeit" der höhlenartig gestalteten Landschaft blickt ein einsamer Soldat aus der Grande Armée Napoleons im
blauen Übermantel des Regiments, das 1813 in der Schlacht bei Dresden
mitkämpfte[20], halb ehrfürchtig, halb erschreckt auf das geöffnete Grab,
das ihm den Aufbruch des deutschen Widerstandes signalisiert, dem
auch er in den an des Varus Schicksal erinnernden Waldestiefen nicht
entkommen wird.

Noch eindringlicher gestaltet Caspar David Friedrich diese Konstellation, bzw. Botschaft in einem zweiten Bild. Dazu gibt es eine als Entwurf
gedachte Bleistiftskizze vom 20. Juli 1813 (Bild 2), die einen Tannen- und
Fichtenwald festhält und ihn mit der aktuellen politischen Aufschrift
versieht: „Rüstet Euch heute zum neuen Kampf Teutsche Männer Heil
Euren Waffen!"[21] Das daraus hervorgegangene Ölgemälde: „Der Chasseur im Walde" (Bild 3) thematisiert in dieser Linie die Befreiungskriege,

---

[19] Wieland Schmied, Caspar David Friedrich, Zürich 1977, S. 72.
[20] Zur Uniformierung und Geschichte dieser Einheiten vgl. Emir Bukhari,
Napoleon's Cuirassiers and Carabiniers, London 1977; freundlicher Hinweis
von Herrn Dr. Walter Jahnke, Essen.
[21] Das Bild aus dem Dresdener Kupferstichkabinett im Ausstellungskatalog:
Caspar David Friedrich 1774–1840, Hamburger Kunsthalle 14. Sept. – 3. Nov.
1974; S. 197.

Bild 3

deren Zielen, Soldaten und Publizisten sich Friedrich bekanntlich eng verbunden fühlte.[22] Wieder steht ein französischer „Chasseur" im blauen Übermantel — sein Pferd hat er längst verloren — ratlos vor dem undurchdringlichen, lediglich dunkle Tiefen — wie schon jene Höhle im „Grab des Arminius" — verratenden deutschen Tannen-Wald. Der düstere Wald-Hintergrund, in Entsprechung zu einem weiteren Eintrag

---

[22] Schmied, l.c.; Jens Christian Jensen, Caspar David Friedrich. Leben und Werk, Köln 1980⁵, S. 133 ff.; bildlich gestaltet er das 1823/24 in „Huttens Grab", wo die Namen der Arndt, Görres, Jahn, Scharnhorst und Stein verewigt sind.

Bild 4

auf der Skizze „von unten" perspektiviert, der zudem im Unterschied zu
allen anderen Wald-Bildern Friedrichs blutig rot leuchtet, dazu die
ratlose Geste des in so viel „Waldeinsamkeit" verlorenen Chasseurs, der
die Flucht nach hinten — aus dem Bild heraus — „versperrende", jung
aufschießende Wald, der die Spuren des sich in den Baumstümpfen
manifestierenden gewaltsamen Eindringens des und der Franzosen in
Deutschland und dessen Wald bald vergessen lassen wird, wie auch der
ironisch die Szene betrachtende germanische Wodansvogel unterstreichen die Ausweglosigkeit der gemalten Situation. Die politische Symbolik dieses Waldbildes wurde, als es im März 1814 nach der Befreiung
Dresdens zusammen mit dem „Grab des Arminius" auf der dortigen
Patriotischen Kunstausstellung und im Oktober des gleichen Jahres auf
der Berliner Akademieausstellung gezeigt wurde, durchaus verstanden.
Der Kommentar der *Vossischen Zeitung* anläßlich der Berliner Ausstellung vom 8. 12. 1814 — wenige Tage später trifft Eichendorff in Berlin ein
— macht das deutlich: „Einem französischen Chasseur, der einsam durch
den beschneiten Tannenwald geht, singt ein auf einem Stamm sitzender

Rabe sein Sterbelied. Des Herrn Friedrichs Bilder sind düster und originell."[23] Wie politisch die gemalte Botschaft gemeint war, geht auch daraus hervor, daß Friedrich das gleiche Motiv in seinem Bild „Frühschnee" (Bild 4) 1828 noch einmal gestaltet hat. Jetzt ist der gleiche Wald zur gleichen Winterzeit grün, der Himmel aufgerissen, Chasseur und Rabe sind verschwunden, und trotz des Schnees ist deutlich ein gebahnter Pfad, der durch den Wald führt, zu erkennen: „die reine, von aller Staffage und allen politischen Bezügen befreite Landschaft ist wie eine Wiedergeburt"[24].

Der deutsche Wald wird bei Friedrich somit zum Symbol des Widerstandes und des Sieges gegen und über die französischen Eindringlinge. Dabei hat sicherlich die Erinnerung an Caesars übertriebene Schilderung des undurchdringlichen Hercynischen Waldes Germaniens im *Bellum Gallicum* genauso eine Rolle gespielt wie die an die Hermannsschlacht im Teutoburger Wald, die Heinrich von Kleist schon 1808 als eine Art Projektion des Sieges über Napoleon dramatisch und mit viel Waldkolorit in Szene gesetzt hatte. Dort kommentiert zum Schluß der den Germanen-Deutschen unterliegende Varus-Napoleon seinen Untergang in einer Wald- und Jagdmetapher:

Ward solche Schmach im Weltkreis schon erlebt?
Als wär' ich ein gefleckter Hirsch,
Der mit zwölf Enden durch die Forsten bricht! — [25]

---

[23] Zit. nach Schmied, l.c.; der Rezensent der Vossischen Zeitung, der anläßlich der Berliner Akademieausstellung im Oktober 1814 dem Bild den Titel „Der Chasseur im Walde" gab, oder ihn auch von der Ausstellung übernahm, hat sich dabei offensichtlich durch den grünen Umhang des dargestellten Reiters zu dieser Bezeichnung verleiten lassen, denn Schleppsäbel und geknöpfte beige Überhosen waren innerhalb der französischen Kavallerie des I. Kaiserreichs in den mannigfaltigsten Variationen im Gebrauch und sind daher als Identifikationsmerkmale kaum zu benutzen. Dazu ist aber um so mehr die Kopfbedeckung des dargestellten Reiters geeignet, und sie macht deutlich, daß es sich nicht um einen Chasseur handeln kann. Diese ist nämlich eindeutig ein neoklassizistischer Helm „à la Minerve", der geradezu als Kennzeichen der schweren Kavallerieregimenter des Napoleonischen Heeres galt (vor allem der Kürassiere und Dragoner), die als Elite der Reiterei der Grande Armée in allen Schlachten der Napoleonischen Feldzüge als Durchbruchswaffe gegen die feindlichen Infantrielinien und -carées eingesetzt wurden. Gerade zu dieser — oft schlachtentscheidenden — Aufgabe aber war die leichte Kavallerie, zu der auch die Chasseurregimenter zählten, aufgrund ihrer Ausbildung, Bewaffnung und Ausrüstung, zu der zu keiner Zeit der Napoleonischen Herrschaft der abgebildete Metallhelm gehörte, nicht in der Lage. Freundlicher Hinweis von Herrn Dr. Walter Jahnke, Essen.

[24] Schmied, l.c.; ähnlich auch: Ingeborg Becker, Caspar David Friedrich. Leben und Werk, Stuttgart 1983, S. 53 f.

[25] H. von Kleists sämtliche Werke, Stuttgart, o. J., Bd. III, S. 104.

Bild 5

Da Friedrich die *Hermannsschlacht* von des Dichters Vorlesung in
Dresden her kannte, mag er eben diese Verse im Ohr gehabt haben, als
er seinen verlorenen Chasseur gemalt hat.

Gestaltet Caspar David Friedrich in seinen beiden Bildern den deutschen Wald also sozusagen aus der Perspektive der Gegner, der Franzosen, so hat sein Malerfreund Georg Friedrich Kersting, der von 1812 bis
1813 bei den Lützower Jägern Dienst tat, 1815 in einem Doppelbild
diesen Wald gleichsam in Ergänzung der Friedrichschen Perspektive aus
der Sicht des deutschen Widerstandes gemalt.[26]

---

[26] Das im folgenden beschriebene Doppelbild befindet sich im Besitz der Staatli-
chen Museen Preußischer Kulturbesitz, Nationalgalerie Berlin (-West).

Bild 6

Das linke Bild innerhalb des gemeinsamen Rahmens, im Gedenken an die in den Freiheitskriegen gefallenen Lützower Jäger-Kameraden: „Körner, Friesen und Hartmann auf Vorposten" betitelt (Bild 5), zeigt diese in der schwarzen Uniform des Korps innerhalb eines mächtigen Eichenwaldes, dessen Stämme den auf ihren Einsatz Wartenden wie Brüder zur Seite stehen, um sie zugleich vor den Augen der Feinde zu decken.

Noch sprechender ist das korrespondierende rechte Bild: „Die Kranz-winderin" (Bild 6). Es zeigt ein feierlich biedermeierlich gewandetes blondes Mädchen mit dem Nähkorb sozusagen am gleichen Ort damit

beschäftigt, den drei inzwischen gefallenen Freiheitshelden Eichenkränze zu flechten, während diese Helden inzwischen mit ihrem deutschen Wald längst eins geworden sind: ihre Namen leuchten in goldenen
Lettern aus den Eichbäumen. Eichbäume und Lützower Jäger – deutscher Wald und deutscher Freiheits- oder Befreiungs-Krieg[27], aber auch
Uhlands „Fräulein, welches tief / In eines Waldes Grunde / Manch
hundert Jahre schlief", scheinen in diesem Bild zu einer patriotischen
Apotheose vereinigt.

Von diesem Bild her gibt es aber noch eine weitere Brücke zur Waldpoesie der Epoche, denn Körners Geist wurde nach seinem frühen Tod
bei einem Gefecht am 26. 8. 1813 auch poetisch am Leben erhalten.
Dabei hat Friedrich Rückert 1814 „Körners Geist"[28] nicht nur im Eichen-
grab „bei Wöbblin, dem Dorfe, / In Mecklenburger Mark ... Draus steigt
im Mondenscheine / Ein Geist um Mitternacht" beschworen, sondern –
so scheint es jedenfalls – auch die literarische Vorlage für Kerstings Bild
von 1815 geliefert, wenn dieser „Geist" das, was der Maler später malt,
den Versen des Dichters als sein Vermächtnis anvertraut:

> Ich seh' auch meinen Namen,
> Daß er unsterblich sei,
> Geschnitten in den Rahmen
> Der Eiche schön und frei.
>
> Es sind die schönsten Kränze
> Gegeben meiner Gruft,
> Die sich in jedem Lenze
> Erneu'n mit frischem Duft.

Auch Friedrich Förster hört am 28. August 1813 „Unter Theodor
Körners Eiche"[29] aus „uralte(m) Stamm der deutschen Eichen" des
gefallenen Sängers Stimme „rauschen": „Euch übergab ich Schwert und
Lieder" – schöner wäre natürlich „Leier und Schwert" gewesen, aber das
wollte sich Reim und Metrum nicht fügen, wohl aber die entscheidende
Botschaft, die aus dem Eichenwald rauscht: „Auf! singt und schlagt und
denket mein!" Schließlich wünscht Friedrich August von Stägemann
1813 in seinem Gedicht: „Dem Andenken Theodor Körner's"[30] den

---

[27] Die Bezeichnung „Befreiungskriege" setzte sich erst nach 1815 gegen die auch
    den Kampf um die innere Freiheit einbeziehende Bezeichnung „Freiheits-
    krieg" unter dem Einfluß der Restauration durch.
[28] Rückerts Werke, hrsg. v. Georg Ellinger, Leipzig 1897, S. 35–37.
[29] Deutsche Literatur in Entwicklungsreihen. Reihe Politische Dichtung, Bd. II,
    Fremdherrschaft und Befreiung (= DLE), Hrsg. R. Arnold, Leipzig 1932,
    S. 163–165.
[30] Friedrich August von Stägemann, Historische Erinnerungen in lyrischen
    Gedichten, Berlin 1828, S. 127.

„Schlaf in freiem Boden teutscher Eichen!", so daß dem verklärten Helden alsbald ein ganzer gemalter und gereimter Eichenwald gepflanzt ist. Damit wird zugleich eine Forderung realisiert, die Ernst Moritz Arndt schon 1803 in seinem „Lied der Freien"[31] erhoben hatte, nämlich das Grab im Eichenwald als einzige angemessene Auszeichnung für einen im damals erst erhofften Befreiungskrieg Gefallenen zu reservieren:

Und Heldenbrüder senken ihn
Mit seiner Wehr hinab
Und pflanzen Eichen stolz und grün
Als Denkmal auf sein Grab . . .[32]

wozu sich dann auch noch gesellen:

a) Die Barden . . . mit Gesang
Und melden seinen Preis
Und machen durch der Saiten Klang
Der Enkel Busen heiß . . .

b) . . . zu der Sterne Glanz . . . solche(r) Ehrenkranz

und:

c) . . . die schönste Jungfrau fein,

wenn nur von ihm, wie später von Körner, gesagt werden kann:

Drum selig, wer fürs Vaterland
Des frommen Todes stirbt!
Und solchen Kranz mit tapfrer Hand
Und solches Grab erwirbt . . .

Unter diesen Umständen ergibt sich für den so Ausgezeichneten dann auch noch folgende günstige Konstellation:

. . . wer in Heldenreihn
Als erster Kämpfer geht,
Der soll die schönste Jungfrau frein
Und nehmen in sein Bett.

Das alles hat Theodor Körner 10 Jahre nach der Entstehung dieser Verse tatsächlich erreicht: die Barden haben die Eichen für ihn rauschen lassen, und Friedrich Kersting hat es uns mit dem Pinsel minutiös festgehalten: den „des frommen Todes" gestorbenen Helden, das mit den Eichen, dem Kranz und schließlich der „schönsten Jungfrau fein" —

---

[31] Ernst Moritz Arndts Werke, Leipzig o. J., Bd. I, S. 26–28.
[32] Darauf verpflichtet Arndt später auch die Enkel in den 1816 „Meinen Helden" gewidmeten Versen auf „Scharnhorsts Namen": „Wo er gefallen,/Da werden Enkel Freiheitseichen pflanzen."; ebd., Bd. II, S. 107.

wenn auch nicht im Bett. Daß Theodor Körner, mit dem Caspar David
Friedrich befreundet war, in den vielen Versen, die auf seinen Tod
gedichtet wurden, stets auch den Eichenwald über sich rauschen hört
und als Toter aus diesen poetischen Eichenwäldern den Überlebenden
noch etwas zurauschen kann, liegt zunächst einmal daran, daß er selber,
wie vielleicht außer Arndt kein anderer Dichter, Eiche, Eichenlaub und
Eichenwald in seiner patriotischen Lyrik als dominierendes Symbol
deutscher Befreiung und Freiheit gewählt hat, nachdem schon der Sturm
und Drang die germanische und Hölderlin die revolutionäre Dimension
dieser Baumart lyrisch angemessen hatten.[33] Programmatisch geschieht
das in Körners 1811 verfaßtem Gedicht: „Die Eichen"[34]. Hier hat er zur
Zeit der tiefsten militärischen und politischen Erniedrigung der Deutschen jene Bäume „als der Vorwelt kräftige Gestalten" (1. Strophe), als
Garanten von Beständigkeit, die „... vergebens ... die Zeit bedroht"
(2. Strophe), als Vorbild des Freiheitskämpfers: „frisch und kühn mit
starkem Mut" (3. Strophe) und als „schönes Bild von alter deutscher
Treue" (4. Strophe) ins Bewußtsein seiner Zeitgenossen gehoben, um
angesichts der trostlosen Lage der Nation vor Ausbruch der Befreiungskriege mit den vielzitierten Versen zu enden:

> Deutsches Volk, du herrlichstes vor allen,
> *Deine Eichen stehn — du bist gefallen!*[35]

— ein Gedanke, der zu Beginn des Jahres 1813 noch einmal aufgegriffen
wird, wenn Körner den Zustand Deutschlands in „Mein Vaterland"[36]
besingt und dabei in der zweiten Strophe in Analogie zu Arndts bekannten Versen: „Was ist des Deutschen Vaterland?" reimt:

> Wie heißt des Sängers Vaterland? —
> Jetzt über seiner Söhne Leichen,
> Jetzt weint es unter fremden Streichen;
> Sonst hieß es nur das Land der Eichen,
> Das freie Land, das deutsche Land.
> So hieß mein Vaterland!

---

[33] Vgl. dazu: Klaus Lindemann, Eichbaum und Garten, Zur Wiederkehr eines
Motivs in der deutschen Lyrik nach den Revolutionen von 1789/95, 1830 und
1848/49; in: AURORA 40, 1980, S. 152–171.

[34] Körners sämtliche Werke, Hrsg. Hermann Fischer, Stuttgart o. J., Bd. I,
S. 42–43.

[35] Gustav Schwab sah es ein Jahr zuvor in seinem Gedicht: „Deutschland" eher
umgekehrt. Dort „schallet über die gefällten Eichen / Und über des gestirnten
Haines Trümmer" neben resignierendem „Grabgesang" auch schon „Wiegen-
gesang den neu aufblühenden Zweigen". Gedichte von Gustav Schwab,
Stuttgart 1851⁴, S. 166.

[36] Körner, l.c., S. 51.

Wenig später im „Bundeslied vor der Schlacht" (1813)[37], wo angesichts erster Erfolge gegen Napoleons Armeen sich eine optimistische Stimmung durchsetzt, muß der Sänger Körner feststellen, daß in der Vergangenheit wohl doch nicht alle Eichen stehen geblieben waren:

> Hinter uns, im Graun der Nächte,
> Liegt die Schande, liegt die Schmach,
> Liegt der Frevel fremder Knechte,
> Der die deutsche Eiche brach.

Trotz dieser etwas verwirrenden Zustandsbeschreibung der deutschen Eichenwälder hält sich in „Leier und Schwert" – unter diesem Titel war die patriotische Lyrik Körners erschienen – konsequent der Gedanke einer engen Verbindung zwischen deutschen Eichenwäldern und deutscher Freiheit, wie sie in den zuvor zitierten Versen schon immer wieder thematisiert worden war. So auch in einer recht kühnen Metapher, die den intendierten Vergleich in einen schwer nachvollziehbaren Genetiv umbiegt, in der vierten Strophe des eben genannten Gedichts:

> Wachse, du Freiheit der deutschen Eichen,
> Wachse empor über unsere Leichen! –
> Vaterland, höre den heiligen Eid! –

In dem blutrünstigen „Aufruf"[38] (1813) verquickt Körner diese Eichen-Freiheit-Gedanken in der letzten Strophe mit einer semantischen Variante des später so oft beschworenen „Gott mit uns!":

> Der Himmel hilft, die Hölle muß uns weichen!
> Drauf, wackres Volk! Drauf! ruft die Freiheit, drauf!
> Hoch schlägt dein Herz, hoch wachsen deine Eichen,
> Was kümmern dich die Hügel deiner Leichen?
> Hoch pflanze da die Freiheitsfahne auf! . . .

Im „Reiterlied"[39] (1813) ergänzen sich Eichen-, Freiheits- und Frühlingsgefühle:

> Und wenn der Eiche grünes Holz
> Die neuen Blätter schwellt,
> So weckt sie dich mit freud'gem Stolz
> Zur ew'gen Freiheitswelt.

Daß dahinter zugleich eine Vorstellung von der Nation im Sinne Arndts – „so weit die deutsche Zunge klingt"[40] – steht, wird deutlich, wenn Körner seinen poetischen Eichenwald als Hort der Freiheit auch

---

[37] Ebd., S. 65–66.
[38] Ebd., S. 58–59.
[39] Ebd., S. 69–70.
[40] Arndt, l.c., Bd. II, S. 25–26: „Des Deutschen Vaterland".

auf „Oesterreichs Doppeladler"[41] (1813) ausdehnt: „Ja, hier beginnst du, freies Land der Eichen!", eine Auszeichnung, die − ausgewogen − allerdings auch „An den (preußischen) König"[42] adressiert wird, „als das Gerücht ihn in der Bautzener Schlacht gefallen nannte", auch wenn im das Sonett abschließenden Terzett eine poetische Umforstung vorgenommen wird:

> Du aber, sanft entschlummert unter Leichen,
> Erwache sanft in deinen goldnen Reichen;
> Die Palmen blühn dir dort für deine Eichen!

Für den wackeren Deutschen also Palmen im Jenseits, aber unter allen Umständen Eichen im Diesseits; Körner allerdings erbittet für sich − und andere − für den Fall des Todes im Befreiungskrieg den „Eichenkranz", den ihm Kersting so schön gemalt hat:

> Vergiß die treuen Toten nicht und schmücke
> Auch unsre Urne mit dem Eichenkranz!

So endet der schon einmal zitierte „Aufruf"[43] (1813), und so sieht es auch August Zeune 1814 in seinem Nachruf „An Friedrich Friesen"[44], jenen von Kersting in seinem Doppelbild verewigten Waldgenossen Körners,

> der ... für des Vaterlands Befreiung
> Kämpfend gegen tückische Entzweiung ...
> In Ardennerwaldes finsterm Schlunde ...,

also fern der anheimelnden deutschen Waldeinsamkeit, gefallen, vom Dichter

> Um die Schläfe mit dem Eichenkranze ...,

mithin aus deutschem (Eichen-)Waldbestand, entschädigt wird.

Theodor Körner konnte schließlich angesichts der Erfolge der Befreiungskriege froh sein, daß er 1811 in seinem Gedicht „Die Eichen" diese Bäume stehen gelassen hatte, so mußte er später nur den zweiten Teil der einprägsamen Abschlußverse leicht korrigieren, als er 1813 in seinem Resümee „Was uns bleibt."[45], dem letzten Gedicht von „Leier und Schwert", zwar den „Fall" des deutschen Volkes nicht zurücknahm, aber immerhin positiv von etwas Schlimmerem abhob:

> Deutsches Volk, du konntest fallen,
> *Aber sinken kannst du nicht!*

---

[41] Körner, l.c., S. 74.
[42] Ebd., S. 69.
[43] Ebd., S. 58−59.
[44] Zit. nach DLE, l.c., S. 234−235.
[45] Körner, l.c., S. 75−76.

Der Wald, der beim „Fall" des deutschen Volkes also stehengeblieben war, ist in Körners Gedichten zum getreuesten Verbündeten der deutschen Befreiungskrieger geworden, so wie es Kersting — Körner und dessen Genossen zu Ehren — ja auch gemalt hat. Es ist der Wald, in dem sich auch die Lützower Jäger am wohlsten gefühlt haben, wie Körner es in seinem bekannten Gedicht an die Kampfgenossen: „Lützows wilde Jagd"[46] am 24. 4. 1813 — wieder einmal — in Reime gefaßt hat:

> Was zieht dort rasch durch den finstern Wald
> Und streift von Bergen zu Bergen?
> Es legt sich in nächtlichen Hinterhalt;
> Das Hurra jauchzt, und die Büchse knallt,
> Es fallen die fränkischen Schergen.
> Und wenn ihr die schwarzen Jäger fragt:
> Das ist *Lützows* wilde verwegene Jagd.

— in der Lyrik der Befreiungskriege immer wieder begegnende Wald-Freiheit und zugleich „Hinterhalt" — Partisanen-Wald — der als solcher den Deutschen seit des Arminius Zeiten vertraut war.

Friedrich Rückert — um die Reihe repräsentativer Beispiele mit ihm zu eröffnen — beginnt das 19. seiner in den ersten Monaten des Jahres 1813 entstandenen „Geharnischten Sonette" mit einem Anruf an die „deutschen Wälder", in denen der Kampf gegen den „Geier" Napoleon sich einem siegreichen Ende nähert. Man assoziiert unwillkürlich Friedrichs bildnerische Gestaltung dieses Tatbestandes, wenn man Rückerts kühne Metapher liest:

> Ihr deutschen Wälder rauscht in euren Frischen,
> Und schüttelt eure Locken unverwirret;
> Die Taub' ist's, die in euren Schatten girret;
> Der Geier, der sie scheucht, hat ausgekrischen.[47]

Auch der Eichendorff-Freund Otto Heinrich Graf Loeben nimmt in seinem strophenreichen „Deutschen Bundeslied"[48] vom Dezember 1813 „den grauen Hut der Freiheit" bei „Hörnerklang (und) . . . Glockenklang, / Wozu die Wälder sausen", um allerdings schon ein Jahr später in seinem Brief vom 20. Oktober 1814 an Eichendorff festzustellen: „Ich gehöre nun einmal nicht unter die, welche eine Rückkehr zum Waldleben für das Höchste der Freiheit halten würden."[49] Ohne solche Skrupel

---

[46] Ebd., S. 72—73.
[47] Rückert, l.c., S. 23.
[48] Zit. nach DLE, l.c., S. 193.
[49] Sämtliche Werke des Freiherrn Joseph von Eichendorff (HKA), Hrsg. v. W. Kosch u. A. Sauer, Bd. XIII, Briefe an Freiherrn von Eichendorff, Regensburg 1910, S. 61.

läßt Justinus Kerner in seiner „Herbstfeier im Jahre 1813"[50]: „durchs Gezweige deutscher Eichen . . . Natur ein(en) Schlachtgesang" anstimmen, der „Heldengeister" erweckt, die die Freiheit erkämpfen, was alles nicht anders als in dem Schlußbild: „Grünet! wogt! ihr alten Wälder!" zusammengefaßt werden kann. Auch Leonhard Wächter, genannt Veit Weber d. J., preist „Unser Vaterland"[51] (1814) als „das Land, so wunderschön in seiner Eichen grünem Kranz" und als „das *heil'ge* Land, wo unentweiht der Glaube an Vergeltung thront" und in dessen waldigem „. . . Schooß der edlern Freiheit schöner Bund . . . gedeiht". Deutscher Wald und deutsche Freiheit werden zu Synonymen. Da ist die „frische", „fröhliche" oder „freie" Jagd durch den deutschen Wald gerade recht, die Metapher für die lyrische Bewältigung des Befreiungskrieges gegen die Franzosen und ihren Kaiser abzugeben. Ernst Schulze etwa beginnt sein „Jägerlied"[52] vom 8. April 1814:

> Was blitzt in den Büschen so hell, was schallt
> In dem grünen Gehege so munter?
> Was zieht hervor aus dem dunkeln Wald . . .,

um den Feind im Bilde des Wildes zu bekriegen:

> Wo das Wild uns in Scharen entgegenprellt,
> Da wird was Rechtes erbeutet . . .

Bleibt die Jagdmetaphorik hier noch relativ verhalten, so dröhnt deren platte Übersetzung aus Ferdinand Augusts seinerzeit außerordentlich populärem Kampflied: „Mit Mann und Roß und Wagen"[53] von 1812:

> Mit Mann und Roß und Wagen
> So hat sie Gott geschlagen!
> Es irrt durch Schnee und Wald umher
> Das große mächt'ge Franzenheer . . .

Auch das könnte Caspar David Friedrich als Vorlage für seinen „Chasseur" gedient haben. Karl August Varnhagen von Ense prophezeit schon 1810 dem von Napoleons Bruder Jérôme regierten „(Im) Königreiche Westfalen"[54] und dessen französischem Protektor mit seinem „sieggekrönte(n) Heldenheer": „. . . und du wirst das Wild des Waldes, / Jedes Pfeils erwünschtes Ziel!", nachdem er das Hauptvergehen der Franzosen als Waldfrevel markiert hat:

---

50 Zit. nach DLE, l.c., S. 167–168.
51 Zit. nach dem Liederbuch Turgida Vela, Detmold 1912, S. 68–69; freundlicher Hinweis von Herrn Norbert Loevenich, Essen.
52 Zit. nach DLE, l.c., S. 214–216.
53 Ebd., S. 122–123.
54 Ebd., S. 98–99.

Darf, wo deutsche Wälder rauschen,
Unsre stolzen Fluten gehn,
Unsres Fleißes Ähren wogen,
Fremdes Herrscherwort ergehn?

und den gallischen Hahn zum Raubvogel mit Gifteiern im „heiligen"
deutschen Wald aufplustert:

... Flog, ein wildes Raubgevögel,
In das unbewachte Land,
Schlug mit scharfen Adlerklauen,
Mit den gier'gen Schnäbeln fest
In die heil'gen Waldeswipfel
Gift'ger Brut ein üppig Nest!

Es sei noch einmal daran erinnert, Heinrich von Kleist hatte die
poetische Jagd 1808 in seinem Drama „Die Hermannsschlacht" auf
Napoleon eröffnet.

Den dichtesten poetischen Freiheits-Wald im Rahmen der Befreiungskriege, bzw. zu deren Vorbereitung haben neben Theodor Körner die
ebenso radikalen wie als Lyriker unterschiedlich begabten Patrioten
Ernst Moritz Arndt und Max von Schenkendorf gepflanzt. Eichen waren
auch bei ihnen das bevorzugte Holz. „Eichen stolz und grün" hatte
Arndt, wie wir wissen, bereits 1803 im „Lied der Freien" als Anpflanzung
für potentielle „Heldenbrüder" vorgesehen, und folgerichtig kommen sie
1809 in seinem „Aufruf an die Deutschen bei Schills Tode"[55] als:

De(r) Schmuck, der Freie schmücket,
Das Laub der deutschen Eichen ...

wieder in Erinnerung. Mit dem tatsächlichen Ausbruch der Befreiungskriege werden von Arndt die Eichen dann gleich wälderweise lyrisch
verheizt. Sei es — um hier wieder nur Beispiele zu zitieren — daß er sie
mit einzelnen Schlachtorten verbindet, wie z. B. in seinen Versen „Auf
die Schlacht bei Groß-Görschen oder Lützen, den 2. Mai 1813"[56]:

Auf! Und pflanzet grüner Eichen
Ernste Haine rings umher!
Betet, daß in deutschen Reichen
Buben freveln nimmermehr!

oder mit Schlachtenlenkern, wie „Scharnhorst de(m) Ehrenbote(n)"[57]
(1813):

---

[55] Arndt, l.c., Bd. I, S. 94—95.
[56] Ebd., Bd. II, S. 27—30.
[57] Ebd., S. 34—35.

> Und er steht uns wie ein heil'ges Zeichen,
> Wie ein hohes, festes Götterpfand,
> Daß die Schande wird entweichen
> Aus dem Vaterlande grüner Eichen,
> Aus dem heil'gen deutschen Land.

Arndt verliert aber auch in seinem inmitten des Krieges geträumten „Lebenstraum, der Künftigen gemalt zu Reichenbach im Sommer 1813"[58], also im Privatesten, das hohe Ideal nicht aus den Augen, wenn er seine künftige Heimat lyrisch ausmißt und gerade angesichts des nahen Eichenwaldes Nestwärme und Freiheit in enger Verbindung ahnt:

> Und wir bauen das Häuschen uns hin, das Nestchen der Liebe,
> Reinlich und dicht und bequem, sicher wie niedriges Glück,
> Hart am Haine der Eichen, der heiligen Bäume der Freiheit . . .,

ein Vorhaben, das schon deswegen Aussicht auf Erfolg verspricht, weil, wie er es zur „Feier des 18. des Weinmonds 1814 bei den Freudenfeuern auf dem Taunus"[59], also anläßlich der Erinnerung an die Völkerschlacht bei Leipzig, ausspricht:

> . . . stets in Deutschlands Grenzen
> Des Sieges Feuer glänzen,
> Nie deutsche Eichen kränzen
> Den Wütrich und den Knecht.

Warum Arndt nun immer wieder versichert: „Wir pflanzen die Eiche, / Den heiligen Baum"[60], das wird vielleicht am deutlichsten in der Abschlußstrophe des „Gesang(s) zu singen bei Pflanzung einer deutschen Freiheitseiche im Jahr 1814, zum Gedächtnis der Leipziger Schlacht"[61], wo Deutschland, Freiheit und Eichen(wald) mit „Männer(n) der Macht" und „unschuldiger Jugend" die wohl innigste lyrische Vermählung feiern:

> Er grüne und glänze
> In freudiger Pracht,
> Beschatte, bekränze
> Nur Männer der Macht,
> Nur Tapfre und Freie,
> Nur Deutsche von Tugend!
> Doch freundlich auch weihe
> Unschuldiger Jugend
> Er festliches Laub.

---

[58] Ebd., S. 60–65.
[59] Ebd., S. 93–96.
[60] Ebd., S. 96.
[61] Ebd., S. 96–97.

Ganz ähnliche Töne schlägt auch der dritte als Dichter der Befreiungskriege gefeierte Poet, Max von Schenkendorf, in seinen Gedichten der
Jahre 1813–1815 an. Auch ihm stellen sich Wald und Freiheit an einem
und als ein Ort dar, so etwa schon in der dritten Strophe seines wohl 1812
entstandenen Gedichtes „Freiheit (,die ich meine)"[62]:

> Auch bei grünen Bäumen
> In dem lust'gen Wald,
> Unter Blütenträumen
> Ist dein Aufenthalt.

– eine Verbindung, die von Schenkendorf nach Ausbruch der Befreiungskriege im Juli 1813 in seinem „Jägerlied"[63] in drei von sieben
Strophen im Rahmen eines uns von zeitgenössischen Dichtern schon
bekannten Motivs noch breiter ausführt, wenn er u. a. die Lützower
Jäger mit dem (deutschen) Tannenwald identifiziert, indem er die Struktur dieses Waldes in der Freiheitsarmee wiedererkennt:

> Es ist ein junger Tannenwald,
> Ein grüner Wald aus Norden,
> So schlank und adlig von Gestalt,
> Ein ritterlicher Orden . . .,

wobei es dann naheliegt, den Gegner Napoleon im Rahmen der bewähr-
ten Jagdmetapher zu erledigen:

> Es ist die schmucke Jägerschar
> Der jungen tapfern Preußen . . .
> Ihr bestes Wild ist ein Tyrann,
> Drauf zielen alle Mann für Mann . . .

Diese Art der Identifikation des Waldes mit den Soldaten, wie sie Elias
Canetti als so typisch deutsch charakterisiert hat[64], begegnet ein zweites
Mal in Schenkendorfs am 29. September 1813 verfaßtem Gedicht: „Auf
dem Marsch nach Franken"[65], wo der metaphorische Lanzenwald als
Metonymie zugleich wieder die Freiheitskrieger bezeichnet:

---

[62] Max von Schenkendorf, Gedichte, Hrsg. Edgar Groß, Berlin o. J., S. 3–4; in
diesem bekannten Gedicht macht Schenkendorf ganz offensichtlich Anleihen
bei Friedrich Schlegels Gedicht „Freiheit" von 1807, auf das wir später noch
eingehen.

[63] Schenkendorf, l.c., S. 36–37.

[64] „So ist er (der Wald) zum Symbol des *Heeres* geworden: ein Heer in Aufstel-
lung, ein Heer, das unter keinen Umständen flieht; das sich bis zum letzten
Mann in Stücke hauen läßt, bevor es einen Fußbreit Boden aufgibt . . . Heer
und Wald waren für den Deutschen, ohne daß er sich darüber im klaren war,
auf jede Weise zusammengeflossen." Elias Canetti, Masse und Macht (1960)
Frankfurt 1983[5], S. 93 und 190.

[65] Schenkendorf, l.c., S. 55–56.

> Da wollen wir es pflanzen,
> Der Freiheit edles Reis,
> Ein Wald von jungen Lanzen
> Umblüht es grün und weiß.

„Der Freiheit edles Reis" wächst in der nächsten Strophe rasch zum realen „Wald", der die Freiheitskämpfer erwartet:

> Verwebet euch, ihr Äste
> In Thürings dunkelm Wald,
> Ihr gebet Schmuck und Feste,
> Wir kommen, kommen bald.

Im „Frühlingsgruß an das Vaterland"[66] (1814) werden dann − wieder einmal − die Eichen mit dem deutschen Vaterland in Verbindung gebracht, denn: „wo die hohen Eichen sausen, / himmelan das Haupt gewandt, / ... alles das ist deutsches Land". In solchem Land blüht natürlich auch: „Manneslust in grünen Wäldern / ... ew'ger Freiheit Unterpfand / ... nirgends wie im deutschen Land." Da liegt es auf der gleichen Linie, wenn der Dichter in seinem „Erneuten Schwur"[67], dem Turnvater Jahn gewidmet, im Juni 1814 deutsche Treue am deutschen Baum mißt:

> Wollt nimmer von mir weichen,
> Mir immer nahe sein,
> Treu wie die deutschen Eichen ...

und nochmals am „Eichenwald" den entscheidenden Unterschied zwischen dem „Vaterland"[68] der Deutschen und Franzosen festmacht:

> Zum Eichenwald, zum Eichenwald,
> Wo Gott in hohen Wipfeln wallt,
> Möcht' ich wohl täglich wandern.
> Du frommes, kühnes, deutsches Wort,
> Du bist der rechte Schild und Hort
> Zur Scheidung von den andern.

Fast unmerklich rückt hier das „fromme, kühne, deutsche Wort ... Eichenwald" − die Chiffre − an die Stelle der Sache. Die enge, immer wieder besungene Verquickung deutschen Waldes und deutscher Freiheit gegenüber welschen − wie noch zu zeigen, wälderlosen − Untugenden spricht Schenkendorf schließlich noch einmal in den letzten beiden Strophen seines 1814 entstandenen Gedichts „Der Schwarzwald"[69] an, wo er reimt:

---

[66] Ebd., S. 58−60.
[67] Ebd., S. 63.
[68] Ebd., S. 82−84.
[69] Ebd., S. 88−90.

O Freiheit, Freiheit, komm heraus,
So kräftig und so fromm,
Aus deinem grünen dunkeln Haus,
Du schöne Freiheit, komm.

Dort unten laß dich wieder schaun,
Im freien deutschen Land,
Bewahre du die treuen Gaun
Vor welschem Sklavenstand.

Der lyrisch so zugestutzte deutsche Wald, Hort der Freiheit und des deutschen „Gott mit uns", ist von dem schon einmal zitierten Ludwig Uhland 1813 innerhalb seines Gedichts „Freie Kunst"[70] vielleicht am prägnantesten beschrieben worden. Nachdem die erste der acht Strophen mit den beziehungsreichen Versen: „Singe, wem Gesang gegeben, / In dem deutschen Dichterwald!", eröffnet wurde, heißt deren letzte:

Nicht in kalten Marmorsteinen,
Nicht in Tempeln dumpf und tot:
In den frischen Eichenhainen
Webt und rauscht der deutsche Gott.

Dieses so sehr strapazierte Partisanen-Waldensemble von Freiheit, Deutschtum und Gott ist nun allerdings keineswegs von den Barden der Befreiungskriege, den Körner, Arndt und Schenkendorf, in die Lyrik der Epoche eingeführt worden, ganz im Gegenteil: gerade ihre bekanntesten und markantesten patriotischen Waldverse erweisen sich bei näherem Zusehen als ausgesprochen epigonal. Wenn nämlich auch Ludwig Tieck in seinem lyrischen Beitrag zu den Befreiungskriegen: „An einen Liebenden im Frühling 1814"[71] die uns hinlänglich bekannten Bilder innerhalb einer Strophe konzentriert:

Sieg und Freiheit blühn die Bäume,
Heil dir Vaterland! erschallt
Jubelnd durch die grünen Räume,
Freiheit! braust der Eichenwald . . .,

so greift er damit auf eine Passage seines programmatischen „Aufzugs der Romanze" aus dem Jahre 1804 zurück. Dort wird der Zusammenhang von Wald und Freiheit von einer „Schaar von Kriegern" und einem „Ritter" repräsentiert, die die Romanze eröffnen und aus eben diesem Wald heraus — sozusagen im Vorgriff auf 1813 — den hier noch abstrakt bleibenden Feind schlagen:

---

[70] Uhland, l.c., S. 37.
[71] Gedichte von Ludwig Tieck. Erster Theil, Dresden 1821, S. 51–52.

Die Feinde sind entflohn, die muthgen Krieger
Gehn ohne Blut, mit unzerschlagnem Helm
Zurück in's Vaterland. — Schon wird es Abend,
Die laue Luft zieht durch die Blätter labend . . .[72]

Diese frühe, noch eher poetisch als politisch akzentuierte Thematisie-
rung des Waldes als Ort des Freiheitskampfes überrascht nicht mehr so
sehr, wenn man weiß, daß auch ein anderer mit Tieck eng befreundeter
Wortführer der frühromantischen Generation, Friedrich Schlegel, schon
recht früh die Freiheitsidee mit dem Waldmotiv verbunden und auch
lyrisch gestaltet hat. Das geschieht, nachdem er „im Verlauf seines
Parisaufenthaltes (1802–1804) zunehmend kritischer gegenüber Frankreich wurde"[73] und seit seiner Übersiedelung nach Wien (1808) zu einem
der führenden Publizisten im Kampf gegen die französische Herrschaft
in Europa wird. In diesem Zusammenhang wird Friedrich Schlegel mit
seinen patriotischen Gedichten zum Vorläufer und Anreger für die
Sänger der Befreiungskriege, sind doch in dieser Lyrik bereits alle die
Motive gestaltet, die uns bei der Durchforstung der Waldgedichte der
Jahre 1813–1815 schon begegnet waren.

Schon in seinen 1802 verfaßten Versen: „Im Walde"[74], die wie die
meisten der hier von ihm zitierten Gedichte 1807 in Rostorfs *Dichter-
Garten* erscheinen, präsentiert er die Bilder von Gottes Spur in „Windes
Rauschen", von „Blitze(n), schwanger oft von Tod", von „Trauer" und
„lockenden Wogen", „Liebesfülle" und vor allem auch „Freiheit" — hier
noch allein des „Gedankens" — wie sie wenig später auch Eichendorffs
Waldgedichte prägen. In dem gleichfalls 1802 entstandenen, aber schon
1803 in seiner Zeitschrift *Europa* veröffentlichten Gedicht „Am Rheine"[75]
macht er den Wald zum Ort, an dem der Deutsche in den Wirren des
sich unter dem Druck Napoleons auflösenden Heiligen Römischen
Reiches seine spezifische, aus der Tradition erwachsende Bestimmung
erkennt, ein Bild, das 10 Jahre später in den Gedichten der Befreiungskriege zum festen Repertoire gehören sollte:

. . . Da der Mann dem Mann noch traute,
Deutsche Lust im Walde blühte,
Glaub' in Demut liebend glühte,
Ach da keiner noch alleine,
In des Herzens tiefem Schreine,
Um sein Vaterland mußt' klagen . . .

---

[72] Tieck's Schriften I, l.c., S. 11.
[73] Ernst Behler, Friedrich Schlegel, Reinbek 1966, S. 95.
[74] Friedrich Schlegel, Dichtungen, Hrsg. Hans Eichner, (= Kritische Friedrich-
Schlegel-Ausgabe, Hrsg. E. Behler u. a., Bd. V, Paderborn 1962, S. 331–332.
[75] Ebd., S. 352–353.

Endgültig und eindeutig artikulieren sich bei Schlegel die politischen Waldestöne aber nach der militärischen Katastrophe Preußens im Jahre 1806 in Gedichten, die ab 1807 veröffentlicht wurden. So bringen etwa die Schlußstrophen des 1806 verfaßten: „Im Spesshart"[76] die dann seit 1813 immer wieder beschworene Identifizierung des Waldes mit der — in der Gegenwart als verloren betrauerten — Freiheit:

Dann denk' ich, wie vor alter Zeit,
Du dunkle Waldesnacht!
Der Freiheit Sohn sich dein gefreut,
Und was er hier gedacht.

Du warst der Alten Haus und Burg;
Zu diesem grünen Zelt
Drang keines Feindes Ruf hindurch,
Frei war da noch die Welt.

Auch in dem ebenfalls 1806 gedichteten und 1807 in Rostorfs *Dichter-Garten* veröffentlichten: „Auf dem Feldberge"[77] kehrt dieses Waldmotiv, auf die zum Kampf entschlossenen und in Treue verbundenen Vorfahren zurückprojiziert, wieder:

Sich wehrend der Gewalten,
Lebten da frei im Walde
Sie treu nach altem Brauch . . .,

wobei das Gedicht angesichts der militärischen und politischen Katastrophe Preußens und Deutschlands in seinem Entstehungsjahr allerdings die aktuelle Freiheitssehnsucht mit der skeptischen Schlußfrage begleitet: „Wer bringt sie uns zurück?"
Die aus gleichem politischem Anlaß und im selben Jahr entstandene „Huldigung"[78] bereitet Kleists zwei Jahre später dramatisierte „Hermannsschlacht" vor, wenn es mit Blick auf Napoleon von den Vorfahren heißt:

Schmählich, zu der Römer Tagen,
Sank die schöne Freiheit hin;
Deutschland mußte Fesseln tragen,
Doch es blieb der mut'ge Sinn.
Aus des Vaterlandes Wäldern
Drang der Helden Schar hervor,
Wo wir wandeln, auf den Feldern.
War des Ruhmes höchster Flor.

---

[76] Ebd., S. 364.
[77] Ebd., S. 377–378.
[78] Ebd., S. 379–380.

Auch für die Gegenwart sieht Schlegel hier die Hoffnung in einem
Wald, der als metaphorischer Fürsten-Wald 1813 die Erwartungen dann
doch nicht so recht erfüllt hat, zumindest was die Kampfbereitschaft und
die nationale Einheit betraf:

> Auch noch andre Stämme grünen
> Von des alten Ruhmes Wald;
> Fürsten sind die Frei' und Kühnen
> Edel ist des Muts Gewalt.
> Wer uns rettet von dem Feinde,
> Wann die Schulden all' gebüßt,
> Wer die lang Getrennten einte,
> Sei als König uns begrüßt.

Das „zu Anfang des Jahres 1809", mithin vor der militärischen und
politischen Niederlage Oesterreichs gegen Napoleon verfaßte „Ge-
lübde"[79] macht den deutschen Wald noch einmal zum Garanten besserer
Zeiten und von Freiheitshoffnungen:

> Wer hält, wem frei das Herz noch schlägt,
> Nicht fest an deinem Bilde?
> Wie kraftvoll die Natur sich regt,
> Durch deine Waldgefilde . . .,

wobei eine weitere metaphorische Übertragung auf typisch deutsche
Tugenden:

> Der deutsche Stamm ist alt und stark,
> Voll Hochgefühl und Glauben;
> Die Treue ist der Ehre Mark,
> Wankt nicht, wenn Stürme schnauben . . .,

allzu forsch wirkt. Hurra-Patrioten späterer Epochen haben jedenfalls
gerne auf diese Formel zurückgegriffen.

Den engsten poetischen Bezug zwischen deutschem Wald und deutschem Freiheitssehnen stellt aber Schlegels 1807 geschriebenes und
veröffentlichtes Gedicht mit dem programmatischen Titel: „Freiheit"[80]
her, an das sich Max von Schenkendorf 1812 mit seinem gleich betitelten
Gedicht anlehnte.[81] Dort entfaltet Schlegel den Titel-Begriff in drei
Varianten, so wie es wenig später auch bei Eichendorff und den Dichtern
der Befreiungskriege begegnet. Dabei wird der „Freiheit" zunächst
nahegelegt, sich in der Sprache des Waldes zu artikulieren und dazu
entsprechend Waldluft zu „atmen":

---

[79] Ebd., S. 397–398.
[80] Ebd., S. 398–400.
[81] Ebd., s. o. Anm. 62.

Rausch' in deutschem Klange,
Atme Waldes Duft! . . .,

denn es zeigt sich – wieder einmal – daß der Wald den „hohen Geist"
der Freiheit beherbergt:

Frei sich regt und froher
Ahndung in der Brust,
Und des Waldes hoher
Geist wird uns bewußt . . .

Da er dazu auch noch Garant der „alte(n) Rechte" und Ort der „höch-
ste(n) Liebe" ist, kann die Wald-Freiheit schließlich in einem ganz
besonderen „Glanz" ihrer Apotheose entgegensehen:

Eins sind diese dreie,
Eine Freiheit ganz;
Einer Sehnsucht Weihe
Flicht zu einem Kranz
Frühlings Waldesblühen,
Heldenherzens Glühen,
Und des Himmels Glanz.

Am Rande haben wir bisher schon auf die Wiederkehr einzelner
Waldmotive der Lyrik Tiecks und Schlegels in den Gedichten Joseph
von Eichendorffs hingewiesen. Bekanntlich fühlte sich der schlesische
Dichter den beiden Wortführern der frühromantischen Dichtergenera-
tion eng verbunden. Wie genau der im Kreise Friedrich Schlegels in
Wien verkehrende und studierende Eichendorff gerade dessen eben
zitierte Gedichte mit ihrer politischen Waldmetaphorik gekannt hat, geht
aus einer Bemerkung Brentanos hervor. Dieser äußert sich 1810 in einem
Brief an Görres über die Wirkung, die der die meisten der Schlegelschen
Gedichte enthaltende *Dichter-Garten* auf Loeben und die Brüder Eichen-
dorff gehabt hat: „Seit einiger Zeit ist Isidorus Orientalis und die beiden
Eichendorffs hier. Die drei haben . . . keine andere Lektüre als Rostorfs
Dichtergarten und die Schriftproben auf ihrer Stube."[82] Das Waldmotiv
in der Lyrik des jungen Eichendorff steht bis zum Zeitpunkt seines
Bekanntwerdens mit den Schlegelschen Gedichten teilweise noch in der
Tradition trivialer Schauerliteratur, auch wenn die typischen Chiffren der
großen romantischen Gedichte sich schon ankündigen, so etwa in der
letzten Strophe des 1809 entstandenen „Auf dem Schwedenberge"[83], wo
es heißt:

---

[82] Zit. nach Schlegel, Dichtungen, l.c., S. XCI.
[83] Joseph Freiherr von Eichendorff, Neue Gesamtausgabe der Werke und Schriften in vier Bänden, Hrsg. G. Baumann und S. Grosse, Stuttgart 1978³, Bd. I,
S. 122.

Du Wald, so dunkelschaurig,
Waldhorn, du Jägerlust!
Wie lustig und wie traurig
Rührst du mir an die Brust!

In diesen Zeilen wird allerdings zugleich der Einfluß der „Sternbald-
schen" Wald-Horn-Romantik greifbar, wie ja auch — an anderer Stelle
wurde schon darauf hingewiesen — Tiecks programmatische „Romanze"
von 1804 von nachhaltiger Wirkung auf Eichendorffs Lyrik gewesen ist.
Seine im Jahr 1808 gedichtete Romanze „Die Zauberin im Walde" ist im
übrigen ein waldreicher Beleg für diese These. Die patriotische Nuance
der Schlegelschen Waldlyrik zeigt sich bei Eichendorff demgegenüber
erstmals in seiner „Klage"[84] aus dem Jahr 1809:

O könnt' ich mich niederlegen
Weit in den tiefsten Wald,
Zu Häupten den guten Degen,
Der noch von den Vätern alt . . .,

wobei die Anspielungen der folgenden Strophen auf: „diese dumme
Zeit" (2. Strophe) und das „unechte Regiment" der „Falschen"
(4. Strophe) neben anderen Details durchaus — wenn auch noch nicht so
eindeutig wie teilweise in Schlegels Gedichten — auf Napoleons und
seiner Verbündeten Wirken in Deutschland zielen. Vor diesem zeit-
geschichtlichen Hintergrund evozieren die oben zitierte erste und die
letzte Strophe der „Klage":

Da wird Aurora tagen
Hoch über den Wald hinauf,
Da gibt's was zu singen und schlagen,
Da wacht, ihr Getreuen, auf,

in der Projektion einer besseren Zukunft aus dem Geist der „alten Zeit"
genau die Stimmung vom Wald als dem sicheren Hort auf der einen und
dem Verbündeten und Erwecker der Kampfbereitschaft auf der anderen
Seite, die fünf Jahre später die Bilder Friedrichs und Kerstings und die
zahlreichen Waldverse der Poeten der Befreiungskriege ebenfalls zum
Ausdruck bringen.
    Diese utopische politische Waldperspektive setzt sich 1810 in Eichen-
dorffs Gedicht „Nachtfeier"[85] fort, wo wiederum die „Freiheit" u. a. auch
„über Wälder" den Kampf gegen „alle Bande" der Unterdrückung
aufnimmt:

---

[84] Ebd., S. 125—126.
[85] Ebd., S. 127—128.

... Spür' ich Freiheit, uralt Sehnen,
Fromm zerbrechend alle Bande,
Über Wälder, Strom und Lande
Keck die großen Flügel dehnen ...;

wohingegen in der zweiten Strophe diese Freiheit im „Waldesbrausen"
weniger aktuell politisch als vielmehr unter eschatologischer Perspektive
mit der Wiederherstellung eines verlorenen goldenen Zeitalters assoziiert wird:

... Und es wollen die Gedanken
Mit den guten Alten hausen,
Sich in ihr Gespräch vermischen
Das da kommt in Waldesbrausen.
Manchem füllt's die Brust mit Grausen,
Mich soll's laben und erfrischen!

Eichendorffs patriotische Lyrik, die den Wald auf so eindringliche
Weise zum „Sprechen" bringt, hat sich auch später, anders als bei den
Dichtern der Befreiungskriege und z. T. auch bei Friedrich Schlegel, nie
ganz in der Aktualität der Tagespolitik erschöpft.

Die ebenfalls 1810 entstandene „Mahnung"[86] zielt u. a. auf die von den
Patrioten als unwürdig empfundene Rheinbundordnung Napoleons, auf
die aus dessen Familie und deren enger Umgebung stammenden, bzw.
mit diesen „verheirateten" Fürstenhäuser in Deutschland wie deren
Parteigänger: jenes „erbärmlich Volk um falscher Götzen Thronen", wie
es im ersten Quartett des I. Sonetts heißt; denengegenüber die treu
deutsch gesinnten Fürsten in der Minderzahl sind:

Wen'ger Gedanken, deutscher Landes Kronen,
Wie Felsen, aus dem Jammer einsam ragen.

Angesichts dieser wenig verheißungsvollen Situation schöpft der
Dichter zum einen wieder Hoffnung aus der Rückbesinnung auf die
Vergangenheit: „bei den alten Sagen", zum andern aber auch aus dem
Wald, der ihn einerseits unter seine Fittiche nimmt, sich erneut als Hort
bewährt: „Der Wald empfing, wie rauschend! den Entflohnen ...", der
andererseits in den beiden Terzetten neben dem Rhein zugleich aber als
mahnender Verkünder eines gegen den „Jammer" der Verhältnisse
gerichteten, Gott wohlgefälligen Widerstandes in Erscheinung tritt und
schließlich auch den Dichter selbst aus seinen in die eigene Poesie
versponnenen Träumen zum Kampfe weckt:

Da hört' ich Strom und Wald dort so mich tadeln:
„Was willst, Lebend'ger du, hier überm Leben,
Einsam verwildernd in den eignen Tönen?

---

86 Ebd., S. 132.

Es soll im Kampf der rechte Schmerz sich adeln,
Den deutschen Ruhm aus der Verwüstung heben,
Das will der alte Gott von seinen Söhnen!"

Ein solcher Wald ist selbstverständlich wieder präsent in den Gedichten, die den im Kampf gegen die Napoleonische Neuordnung im Süden
gefallenen Tirolern und ihrem am 20. 2. 1810 auf ausdrücklichen Befehl
des Kaisers hingerichteten Hauptmann Andreas Hofer gewidmet
waren.[87] In: „Der Tiroler Nachtwache"[88] gibt der Wald ihnen, wie natürlich auch der noch fiktiven Armee des deutschen Widerstandes gegen
den Tyrannen, das Vorbild für den rechten „Zusammenhalt", für „Trutz
der Gewalt", für „alte Treue", die allein gegen die „Nacht und die mit ihr
kamen", Rettung verheißen:

Gleichwie die Stämme in dem Wald
Woll'n wir zusammenhalten,
Ein feste Burg, Trutz der Gewalt,
Verbleiben treu die alten . . .;

während im zweiten Gedicht: „An die Tiroler"[89], gleichfalls von 1810, der
Wald als der Nährboden jeglicher Freiheit die Verse eröffnet, so wie es
bei Tieck und Schlegel vorgezeichnet und in der Lyrik seit 1813 ständig
wiederholt worden war.

Bei Waldesrauschen, kühnem Sturz der Wogen,
Wo Herden einsam läuten an den Klüften,
Habt ihr in eurer Berge heitern Lüften
Der Freiheit Lebensatem eingesogen.

Eine der markantesten Formulierungen der für Eichendorffs lyrisches
wie episches Werk so charakteristischen Projektion der Zukunft aus dem
Geist der Vergangenheit findet sich in der letzten Strophe der ebenfalls
1810 − angesichts der österreichischen Niederlage − entstandenen
Zeitkritik: „An die Meisten"[90]. Nachdem über vier Strophen der scheinbar hoffnungslose Zustand der Nation unter der Fremdherrschaft ausgebreitet wurde, geht es in der abschließenden Strophe um eine neue
Perspektive. Dreifach erweist sich der Wald dabei als Vermittler spezifisch „deutscher Werke" an ein „neu(es) Geschlecht" auf der Basis des
„alten Rechts": indem er zum ersten „rauscht", d. h. seine Botschaft
jenseits wortfixierter Semantik, in die erst der Dichter sie zurücküber-

---

[87] Zur Datierung der Gedichte auf 1810 vgl. Wolfgang Frühwald, Eichendorff
     Chronik, München 1977, S. 51 f.
[88] Eichendorff, l.c., S. 133−134; zuerst im 18. Kap. von „Ahnung und Gegen-
     wart".
[89] Ebd., S. 134.
[90] Ebd., S. 134−135.

setzt, nur dem Eingeweihten vernehmbar vermittelt: „manche auf sein Rauschen merken"; indem er zweitens selber die für den Freiheitskampf notwendige Einigkeit, d. h. hier „Brüderlichkeit", repräsentiert[91]; und indem er drittens in der uns schon bekannten Funktion des Verbündeten das „neue Geschlecht" zu „deutschen Werken . . . stärkt":

> Einen Wald doch kenn' ich droben,
> Rauschend mit den grünen Kronen,
> Stämme brüderlich verwoben,
> Wo das alte Recht mag wohnen.
> Manche auf sein Rauschen merken,
> Und ein neu Geschlecht wird stärken
> Dieser Wald zu deutschen Werken.

Jetzt wissen wir: genau diesem Verbündeten, dessen „rauschende" Botschaft er nicht versteht, durch dessen „brüderliche Verwobenheit" er nicht dringen kann und dessen „Stärke" er schließlich zum Opfer fällt während er sie im Moment noch staunend betrachtet, steht vier Jahre später der „Chasseur im Walde" gegenüber, als Caspar David Friedrich den Wald als *die* deutsche Antwort auf die französische Herausforderung malt.

Als nationale Aussage noch populärer wurde allerdings Eichendorffs vermutlich ebenfalls 1810 verfaßtes[92], inzwischen von unzähligen Männerchören angestimmtes Gedicht: „Der Jäger Abschied"[93] mit der bekannten Eingangsfrage:

> Wer hat dich, du schöner Wald,
> Aufgebaut so hoch da droben?

Die Antwort darauf formuliert ganz offen den politischen Zusammenhang von Wald und Befreiungskampf, wenn in den letzten beiden Strophen der Wald gleich zweimal als deutsches Feldzeichen gepriesen wird: „Banner, der so kühle wallt!" und: „Deutsch Panier, das rauschend wallt . . ." Wenn dieser Wald zugleich als „frommer Sagen Aufenthalt", als Garant alter Treue: „. . . Hast du treu uns auferzogen . . . ewig bleiben treu die Alten", mithin wiederum als Wahrer der Werte der idealen „alten Zeit" figuriert und unter „Gottes Schirm" steht, so ist er als „Banner" und „Panier" auch das würdigste Zeichen der Deutschen für den Kampf gegen den äußeren Feind: „Wollen's draußen ehrlich halten." In der letzten Strophe dieses Gedichts finden wir somit die wohl komplexeste in den Eichendorffschen Chiffren verschlüsselte Botschaft im Hinblick auf den Freiheitskrieg:

---

[91] Dabei nimmt der Dichter das oben zitierte Bild aus: „Der Tiroler Nachtwache" ohne die dort noch explizit vorhandene Gleichsetzung wieder auf.

[92] Zur Datierung vgl. Frühwald, l.c., S. 52.

[93] Eichendorff, l.c., S. 135–136.

Was wir still gelobt im Wald,
Wollen's draußen ehrlich halten,
Ewig bleiben treu die Alten:
Deutsch Panier, das rauschend wallt,
Lebe wohl,
Schirm dich Gott, du schöner Wald!

Von hier ergibt sich ein Blick auf ein anderes sehr bekanntes Wald-Gedicht Eichendorffs, das zur gleichen Zeit wie „Der Jäger Abschied" im Oktober 1810 entstand: „Abschied"[94]. Es wurde offensichtlich beeinflußt von Friedrich Schlegels 1807 in Rostorfs *Dichter-Garten* veröffentlichtem Gedicht: „Im Spesshart"[95] und seit der ersten thematisch gegliederten Ausgabe der „Gedichte" im Jahre 1837 unter die „Wanderlieder" eingeordnet. Bei näherem Zusehen zeigen sich in drei wesentlichen Punkten Korrespondenzen zwischen beiden Gedichten: zunächst die Abgrenzung von der Welt draußen: „Tief die Welt verworren schallt . . ." („Der Jäger Abschied") − „Da draußen, stets betrogen, / Saust die geschäft'ge Welt" („Abschied"); sodann der Preis des Waldes als bergenden Hortes, beide Male mit Assoziationen an Militärisches, nämlich „Banner" bzw. „Zelt": „Banner, der so kühle wallt! / Unter deinen grünen Wogen / Hast du treu uns auferzogen" („Der Jäger Abschied") − „Schlag noch einmal die Bogen / Um mich, du grünes Zelt!" („Abschied"); und schließlich die verschlüsselte Botschaft im Wald, bzw. des Waldes: „Was wir still gelobt im Wald" („Der Jäger Abschied") − „Da steht im Wald geschrieben, / Ein stilles, ernstes Wort / Vom rechten Tun und Lieben, / Und was des Menschen Hort" („Abschied"). So werden die beiden zur gleichen Zeit entstandenen Gedichte zum Beleg dafür, daß die politischen Wald-Verse auch immer in den darüberhinausweisenden, existentielle Aussagen vermittelnden Chiffren der Eichendorffschen Lyrik aufgehoben bleiben, wie umgekehrt diese sich der epochenbezogenen aktuellen Aussage öffnen konnten. Das ist wohl der entscheidende Grund dafür, daß Eichendorffs Wald-Gedichte lesbar und singbar blieben, als die der patriotischen Dichter der Befreiungskriege mit dem von ihnen besungenen Ereignis in der Erinnerung längst verblaßt waren.

Auch nach dem tatsächlichen Ausbruch der Befreiungskriege, während derer Eichendorff „in völlig schwarzer Uniform"[96] vom April bis Juli 1813 im Lützower Freicorps Dienst tat, dort, wie später beim 2. Schlesischen und 1815 beim 2. Rheinischen Landwehr-Infanterie-Regiment, zu seinem Bedauern aber nicht bei den Kampfhandlungen zum Einsatz

---

[94] Darauf verweist Josef Nadler, Eichendorffs Lyrik, ihre Technik und ihre Geschichte, in: Prager deutsche Studien, X. Heft, 1908.
[95] Eichendorff, l.c., S. 35−36.
[96] Zit. nach Frühwald, l.c., S. 64.

kam[97], begegnet das Waldmotiv in seiner Lyrik wieder im politischen Kontext[98]. In der „Abschiedstafel"[99], wohl anläßlich der Abreise vom Wiener Studienort zum erhofften Kampf gegen die „Lüge des andern Volks" den zurückbleibenden Freunden gewidmet, wird in der dritten Strophe der „heitre(n) Schöne(n)" versichert, daß Deutschland und damit „mein und dein ... so weit Poeten wohnen, / So weit der Wälder Kronen" reiche, womit die Heimat wieder einmal als Land der Wälder vom Feindesland Frankreich abgegrenzt wird. Politischer Kontext ist gegenüber den früheren „Zeitgedichten" nur noch marginal zu vermerken, wenn in dem ebenfalls 1813 gedichteten „Aufbruch"[100] die „Reiter" des Freiheitskrieges „... in des Waldes grünen Hallen, / Tiefe Schauer in der Brust / ... die Hörner schallen" lassen. Als militärischer Verbündeter im Sinne Friedrichs und Kerstings findet sich der Wald ebenfalls im „Soldatenlied"[101] (1813), wo er den „jungen Jäger(n)" im Partisanenkrieg als „Hinterhalt" dient. Auch in dem Gedicht „An die Lützower Jäger"[102] von 1814 wirkt ein tatsächliches Erlebnis des Dichters im Kriege, nämlich das untätige Kampieren „in des Spreewalds Hallen", als auf die Lebenszukunft projizierte Erinnerung an den „Waldeshort" nicht gerade überzeugend:

Wo wir ruhen, wo wir wohnen:
Jener Waldeshort
Rauscht mit seinen grünen Kronen
Durch mein Leben fort.

---

[97] Ebd., S. 63–77.
[98] Kurz hingewiesen sei in diesem Zusammenhang noch auf die 1812 entstandene Romanze „Der verirrte Jäger", die 1815 im 23. Kapitel von „Ahnung und Gegenwart" zuerst erschien. Sie thematisiert zeitlich parallel, aber unpolitisch das, was C. D. Friedrich bei seinem „Chasseur im Walde" ins Politische wendet; es genügt in diesem Zusammenhang, die beiden letzten Strophen zu zitieren:
„Wie rauscht schon abendlich der Wald,
Die Brust mir schaurig schwellt!
Die Freunde fern, der Wind so kalt,
So tief und weit die Welt!"

Es lockt so tief, es lockt so fein
Durchs dunkelgrüne Haus,
Der Jäger irrt und irrt allein,
Find't nimmermehr heraus. –
Eichendorff, l.c., S. 361.
[99] Ebd., S. 139–141.
[100] Ebd., S. 142–143.
[101] Ebd., S. 144–145.
[102] Ebd., S. 162–163.

Im „Waffenstillstand der Nacht"[103] (1814) schließlich, wo „Freund und
Feind mit leisem Friedenskuß . . . / rings der Wälder feierliche(r) Gruß"
umfängt, der Wald mithin fast im Kontrast zu seiner Bedeutung als
„Deutsch Panier" wieder begegnet, findet das patriotische Waldmotiv bei
Eichendorff in dem Moment einen versöhnlichen Ausklang, als es von
Arndt und von Schenkendorf auf geradezu chauvinistische Weise popu-
larisiert wird. Daraus wird deutlich, daß Eichendorff neben Ludwig Tieck
und Friedrich Schlegel zwar die entscheidenden Impulse zu jenem
patriotischen lyrischen Wäldersausen der Jahre 1813–1815 gegeben hat,
daß er aber, wie seine beiden romantischen Lehrer und Freunde, diese
Motive schon hinter sich gelassen hatte, als weniger begabte Poeten sich
ihrer lautstark zu bedienen begannen. Eichendorffs poetischer Wald
lebte eher in den Dimensionen weiter, die er in seinem schon zitierten
„Abschied"[104] von 1810 entfaltet hatte, wo der alte, aber scheinbar nie
alternde Wald zum Botschafter allgemein menschlicher Wahrheiten
wird. Sie weisen über die unruhigen Zeiten hinaus und werden zumindest von einer kleinen Schar von Eingeweihten als „stilles, ernstes Wort"
„gelesen", als „Worte, schlicht und wahr . . . unaussprechlich klar" auf
paradoxe Weise – wie es Jochen Hörisch in seinem Beitrag zeigt –
verstanden und schließlich poetisch weitervermittelt:

> Da steht im Wald geschrieben,
> Ein stilles, ernstes Wort
> Vom rechten Tun und Lieben,
> Und was des Menschen Hort.
> Ich habe treu gelesen
> Die Worte, schlicht und wahr,
> Und durch mein ganzes Wesen
> Ward's unaussprechlich klar.

Nur noch einmal, im April 1814 anläßlich der Einnahme von Paris
durch die Verbündeten, hat Eichendorff in seinen Versen: „An die
Freunde"[105] in der ersten Strophe das Waldmotiv auf charakteristische
Weise im Geiste der Gedichte von 1807–1810 patriotisch-politisch
verwendet. Dort feiert er neben der Befreiung der Berge und des Rheins
auch die der Wälder als mit Gottes Hilfe gelungene Freiheitstat. Das
bislang nur den Eingeweihten deutbare „Brausen" der Wälder und der
Ströme ist in seiner Botschaft jetzt jedermann verständlich geworden:

> Es löste Gott das langverhaltne Brausen
> Der Ströme rings – und unser ist der Rhein!
> Auf freien Bergen darf der Deutsche hausen,

---

[103] Ebd., S. 148.
[104] Ebd., S. 35–36.
[105] Ebd., S. 150–151.

Und seine Wälder nennt er wieder sein.
So brach gewaltig und mit kühnem Grausen
Ein mächt'ger Frühling in die Welt herein,
Und alle sah man ringen, fechten, streben —
O Heldenlust, in solchem Lenz zu leben![106]

Wenn auch in diesen Versen neben den Bergen und dem Rhein wieder die Wälder als das für die Eigenart der Deutschen Charakteristische angesprochen werden, wie wir es in den Gedichten so vieler Poeten dieser Epoche auf je verschiedene Weise immer wieder artikuliert fanden, so stellt sich zum Schluß die Frage, wieso der deutsche Wald seit der Napoleonischen Herrschaft in Europa eine so wichtige Rolle für die Umschreibung nationaler deutscher Identität spielen konnte: „zur Scheidung von den andern", wie es von Schenkendorf so deutlich in seinem Gedicht „Vaterland"[107] formuliert hatte.

Der Antwort kommt man ein Stück näher, wenn man eine Passage aus dem letzten Kapitel von Eichendorffs in der Zeit zwischen 1810 und den Befreiungskriegen entstandenem wälderreichen Roman „Ahnung und Gegenwart" heranzieht. Diesen Roman hat Eichendorff noch vor dessen Erscheinen in einem Brief an Friedrich de la Motte Fouqué vom 1. Oktober 1814 als „volles Bild . . . jener seltsamen schwülen Zeit der Erwartung, Sehnsucht und Schmerzen" charakterisiert.[108] An der besagten Stelle begegnet der Freiheitsgedanke im Kontext der uns schon bekannten zukunftsorientierten Rückwendung in die Vergangenheit, die sich hier mit einer geradezu erotischen Beziehung zum Wald verbindet, wenn Leontin schwärmt:

Ich meine jene uralte, lebendige Freiheit, die uns in großen Wäldern wie mit wehmütigen Erinnerungen anweht . . . jene frische, ewig junge Waldesbraut, nach welcher der Jäger frühmorgens aus den Dörfern und Städten hinauszieht, und sie mit seinem Horne lockt und ruft, jener reine kühle Lebensatem, den die Gebirgsvölker auf ihren Alpen einsaugen, daß sie nicht anders leben können, als wie es der Ehre geziehmt. —[109]

Wenn der nächste Satz fortfährt: „Aber damit ist es nun aus."[110], so spielt diese Konfrontation des Ideals mit der Wirklichkeit auf den Zustand Deutschlands vor dem Ausbruch der Befreiungskriege an, wo die

[106] Vgl. zur Entstehung und Publikationsgeschichte des Gedichts: Wolfgang Kron, Eichendorffs Gedicht „An die Freunde". Zum Faksimile der Handschrift., in: AURORA 24, 1964, S. 7—13.
[107] Schenkendorf, l.c., S. 82—84.
[108] Sämtliche Werke des Freiherrn Joseph von Eichendorff, l.c. (HKA) Bd. XII, Briefe von Eichendorff, Hrsg. W. Kosch, l.c., S. 9.
[109] Eichendorff, l.c., Bd. II, S. 292.
[110] Ebd., S. 293.

waldige Freiheitshoffnung und die politische Realität noch weit auseinander lagen; ja, der desolate Zustand Deutschlands vor 1813 wird wenig später zum Wäldermord in Beziehung gesetzt, der seinerseits den Zweck hat, kämpferische Bereitschaft zur Befreiung vergessen zu lassen. Wiederum Leontin:

> Die Wälder haben sie ausgehauen, denn sie fürchten sich vor ihnen, weil sie von der alten Zeit zu ihnen sprechen und am Ende den Ort noch verraten könnten, wo das Schwert vergraben liegt.[111]

Wenn Eichendorff an dieser Stelle seines Romans, „darin (ich) Anspielungen auf die neuesten Begebenheiten nicht vermeiden konnte und wollte"[112], die „ausgehauenen Wälder" nennt, mit denen die Erinnerung an die „alte Zeit" beseitigt werden soll, so meint er mit den Übeltätern ganz offensichtlich diejenigen, die in dem im Roman gleich folgenden – von uns schon erörterten – Gedicht „Klage"[113] als die „Falschen (mit) ihr(em) unechte(n) Regiment" bezeichnet werden. Das sind, wie wir schon wissen, jene „falschen", im Bündnis mit Napoleon stehenden Monarchen in Deutschland, die die „alte Zeit" in Gestalt des Heiligen Römischen Reiches Deutscher Nation seit 1803 beerbt hatten und natürlich der Kaiser Napoleon selber, der sein Kaiserreich Frankreich inzwischen bis Lübeck und zur Enklave Erfurt erweitert hatte. Denn sie genau waren es – und das wußte Eichendorff nicht nur von seiner eigenen Reise nach Frankreich im Frühjahr 1808 – die ihre Wälder zunächst im Verlauf der Revolution, als deren „Vollender" Napoleon sich feiern ließ, in weiten Teilen – zwischen 1789 und 1793 ca. 4 Millionen Hektar – abgeholzt hatten, wovon auch Goethe in seiner „Kampagne in Frankreich 1792" immerhin ein „abgeschlagene(s) Birkenhölzchen" und eine über Nacht „niedergehauen(e), weggeschleppt(e) und wohl schon verbrannt(e) . . . sehr schön gewachsen(e) und wohlunterhalten(e) . . . Pappelallee" mitbekommt[114]; und die das Gleiche auch im Zusammenhang mit dem rohstoffverschlingenden Ausbau der napoleonischen Militärmacht gerade in den in Abhängigkeit stehenden Gebieten am Rhein wiederholten.[115] Im übrigen mag das auch erklären, weshalb

---

[111] Ebd.

[112] Briefe von Eichendorff, HKA XII, l.c., S. 8.

[113] Eichendorff, l.c., S. 293–294.

[114] Goethes Werke, hrsg. v. K. Heinemann, Leipzig (Bibliographisches Institut) 1900, Bd. 15, S. 288, 300, 309; auch in seinem Brief vom 28. Aug. 1792 an Christiane Vulpius berichtet Goethe von den wäldermordenden Revolutionskriegen: „. . . ich . . . schreibe dir . . . mitten unter dem Geräusch der Menschen die an einer Seite Holz fällen und es an der andern verbrennen." Goethes Briefe, Hrsg. Karl Robert Mandelkow, Hamburger Ausgabe, Bd. II, S. 151–152.

[115] Vgl. dazu: Heinrich Rubner, Forstgeschichte im Zeitalter der industriellen

Eichendorff 1815 in einem Brief an Philipp Veit sich nach dem „letzten Feldzug . . . in der Picardie", an dem er von April bis Mai 1815 in Blüchers Armee aus „ein(em) Anfall von Patriotismus" teilnahm, überlegt: „ob ich noch einmal auf eine Anstellung Sturm laufen oder mich für immer in die frischen Wälder von Oberschlesien flüchten werde"[116], — bezeichnenderweise eine der ganz seltenen Erwähnungen des Waldes in einem nicht-poetischen Dokument des Dichters.

Über den Tatbestand der Waldvernichtung in Frankreich und den angrenzenden Gebieten war man für das Zeitalter der Herrschaft Napoleons mithin durch eigene Erfahrung, für die Epoche der Revolution und der Revolutionskriege inzwischen zusätzlich durch ein Buch informiert, das in seiner deutschen Übersetzung, Hamburg 1800, dem preußischen Minister Hardenberg gewidmet, einer französischen und englischen Fassung folgte: des Ritters Franz d'Ivernois *Historische und politische Schilderung der Verluste, welche die Revolution und der Krieg dem Französischen Volke an seiner Bevölkerung, seinem Ackerbau, seinen Colonien, seinen Manufakturen und seinem Handel zugezogen haben.*[117] In diesem Buch hatte d'Ivernois recht eindringliche Berichte von den erheblichen Eingriffen der Franzosen auch in den Waldbestand der von den Revolutionsheeren heimgesuchten Länder am Rhein, insbesondere Hollands, gegeben, wozu es an einer Stelle etwa heißt: „Denn bereits seit dem Ende des Jahres 1796 rühmte man sich, schon fünfzehnmalhunderttausend Bäume umgehauen zu haben."[118]

Auch aus dem bei den Romantikern verbreiteten Buch der Mme. de Staël, *De l'Allemagne,* von 1810[119] war den Deutschen leicht ersichtlich, daß die exilierte Französin den entscheidenden Unterschied zwischen ihrer Heimat und Deutschland u. a. darin sah, daß die Deutschen ihren Wald, ganz anders als die eigenen Landsleute, weitgehend erhalten hatten. Nur so erklärt sich, daß sie ihr Buch mit dem Hinweis auf Deutschlands „große häufige Waldstrecken" eröffnet.[120]

Revolution, Berlin 1967, S. 93 ff.; ebenfalls: Arlette Brosselin, Pour une histoire de la forêt française au XIXe siècle, in: Rhés 55, 1977, S. 92—111.

[116] Briefe von Eichendorff, HKA XII, l.c., S. 14—15.

[117] Freundlicher Hinweis von Herrn Priv. Doz. Dr. Christof Dipper, Düsseldorf.

[118] D'Ivernois, Historische und politische Schilderung . . ., l.c., Erster Theil, S. 148.

[119] Eichendorffs Freund Loeben hat sich in einer eigenen Schrift 1814 damit auseinandergesetzt und in Briefen an Eichendorff mehrfach davon berichtet, wobei er dessen Kenntnis des Werks der Mme. de Staël offensichtlich voraussetzt: Briefe an Eichendorff, HKA XIII, l.c., S. 22; 54 f.; 58; 60.

[120] Mme. de Staël, Über Deutschland. Vollständige Ausgabe. Nach der deutschen Erstübertragung von 1814, Hrsg. v. Monika Bosse, Frankfurt 1985, S. 23; vgl. dazu auch Christian Schütze, Zuflucht für die deutsche Seele. Was ist so Besonderes an unserem Wald? in: Süddeutsche Zeitung, 21. 5. 1983.

Heinrich Rubners forstgeschichtliche Arbeiten haben im übrigen
inzwischen genauer gezeigt, wie gewaltig die Waldzerstörung in Frankreich und den von diesem abhängigen Staaten in der genannten Epoche
gewesen ist[121] — das, was Theodor Körner „de(n) Frevel fremder
Knechte, der die deutsche Eiche brach", genannt hatte. Das Bewußtsein
für diesen Tatbestand zu wecken und dem deutschen Wald für die
Zukunft ein ähnliches Schicksal zu ersparen, war auch der produktivste
Liebhaber poetischer Eichenwälder, Ernst Moritz Arndt, angetreten, als
er sich 1815, unmittelbar nach den Befreiungskriegen, dem Waldproblem
in seiner Zeitschrift *Der Wächter* zuwandte: „Ein Wort über die Pflegung
und Erhaltung der Forsten und der Bauern im Sinne einer höheren, d. h.
menschlichen Gesetzgebung."[122] Besonders auffällig ist dabei die Anspielung, mit der der deutsche Patriot die Vernichtung der Wälder mit der
Axt und das Wirken der in diesem Zusammenhang angedeuteten —
französischen — Guillotine geradezu in einen kausalen Zusammenhang
rückt: „Denn jetzt wird in vielen Ländern Europa's die Axt, die an den
Baum gelegt wird, häufig zu einer Axt, die an das ganze Volk gelegt
wird."[123] Das macht verständlich, warum er die Franzosen in seinen
Gedichten so verachtete, während gleichzeitig die Eichwälder, Eichbäume und Eichenkränze den Deutschen ihre Identität garantierten.
Hatte er doch mit Blick über den Rhein weiter festgestellt: „. . . daß man
wohl sagen mag: Wer den Ländern die Wälder auszieht und besonders
wer die Berge und Höhen entwaldet, der beraubt den Menschen an
seinem köstlichsten Theile."[124] — Im übrigen eine Schreckensvision, die
als — eben wieder französische — „teuflische Freiheit und Lust" auch den
Landsleuten als Horrorbild zur rechtzeitigen Besinnung in einer Art
Probedurchgang vor Augen geführt wird: „Und man gebe mir die teuflische Freiheit und Lust, daß ich auf dem Riesengebirge und im Harz und
im Thüringerwalde und Schwarzwalde und wie viele der Hochberge und
Hochwälder im Vaterlande sind, die mörderische Axt an alle Bäume und
Büsche legen, und alles, was zur ganzen Baumfamilie gehört, vertilgen
könnte, und ich machte plötzlich ein anderes Klima und bald auch ein
anderes schlechteres und schwächeres und ungöttlicheres Volk, als die
Teutschen jetzt noch sind."[125] Jenes „ungöttlichere Volk" waren für
Arndt selbstverständlich die Franzosen, denn ihnen hatte er das
„Schlechtere" und „Schwächere" beispielsweise in seinem populären

---

[121] Rubner, l.c.
[122] Der Wächter, eine Zeitschrift von Ernst Moritz Arndt, Bd. 2, Köln 1815,
     S. 346 ff.
[123] Ebd., S. 375.
[124] Ebd., S. 387.
[125] Ebd., S. 381–382.

Gedicht „Deutscher Trost"[126] so attestiert: „Laß den Welschen Meuchelei
... laß den Welschen Sklavenzier", um dagegen in der folgenden Strophe
jene, nicht zuletzt durch die Wälder gesicherten Tugenden des „göttli-
cheren", nämlich mit einem eigenen „deutschen Gott" ausgestatteten,
Volkes zu stellen:

> Deutsche Freiheit, deutscher Gott,
> Deutscher Glaube ohne Spott,
> Deutsches Herz und deutscher Stahl
> Sind vier Helden allzumal.

Gegen die Gefährdung des deutschen Waldes, der Basis der von Arndt
assoziierten Tugenden des „göttlichen Volkes", half konsequent nur die
Formulierung einer „Waldordnung", die diesen Wald als *den* idealen
Mittler zum „deutschen Gott" und zugleich als „lieben irdischen Gesellen" bewahren half, als der er sich in den Bildern und Gedichten der
Patrioten der Befreiungskriege stets bewährt hatte: „Und ich möchte, daß
recht viele in Liebe und Ehrfurcht still ständen vor dem Walde, daß
unseren Jetztlebenden solche Ehrfurcht vor den Bäumen eingeflößt
werden könnte, ... mit welcher unsre Ahnherren, die alten Germanen,
ihre heiligen und von keinem Beile verletzlichen Haine uralter Eichen
und Buchen betraten. Denn jetzt wird in vielen Ländern Europa's die
Axt, die an den Baum gelegt wird, häufig zu einer Axt, die an das ganze
Volk gelegt wird. Nächst den Sternen, die oft zu hoch über unsern
Häuptern glänzen und uns oft auch zu hehr sind, als daß wir uns mit
ihnen besprechen könnten, haben wir Menschen keine freundlichere
Boten, die gleichsam zwischen Himmel und Erde hin und her wanken,
als die Bäume. Wer hat je unter ihnen gewandelt mit stillem Muthe, dem
sie nicht oft alle Sorgen und Eitelkeiten des Lebens hinweggerauscht,
den sie nicht mit Liebe und Sehnsucht des Himmels angeweht, dem sie
nicht so manche namenlose Gefühle und wundersame Geheimnisse
zugeflüstert, so manche unvergeßliche Gestalten gezeigt haben. So sind
die Bäume die geistigen Gesellen des Menschen auf Erden; aber sie sind
auch seine recht lieben irdischen Gesellen, die ihm Nahrung, Stärkung
und Segen des Himmels bringen; und auch deswegen soll er sie lieben
und ehren."[127]

---

[126] Arndt, Werke, l.c., Bd. II, S. 32–33.

[127] Der Wächter, l.c., S. 375–376; wenig Sinn für solchen Wald-Patriotismus
scheint dagegen der wohl noch ganz dem klassischen Geist Weimars verbun-
dene, 1818 geborene, spätere Großherzog Karl Alexander von Sachsen-
Weimar gehabt zu haben. Von ihm wird berichtet, er habe Forstleuten
gegenüber, die das Ländchen wieder stärker bewalden wollten, geäußert: „Da
können Sie auch der Venus von Milo Kleider anziehen." Dazu: Gerhard Hard,

All das macht vielleicht verständlich, warum gerade der Wald in der
deutschen Poesie der Epoche zu einem der aussagekräftigsten Symbole
sowohl der Abgrenzung wie des Widerstandes gegenüber der französischen Vorherrschaft in Deutschland werden konnte; war er doch angesichts der totalen politischen und militärischen Demütigung ein letztes
Gut, das nach dem Verlust des Rheines den Deutschen geblieben war,
während die scheinbar übermächtigen Beherrscher es im eigenen Land
in Revolutions- und Kriegseuphorie zu großen Teilen vernichtet hatten.
Das erklärt zum einen die ungeheure poetische Wirkung jener Innerlichkeit versprachlichenden Tieckschen Chiffre: „Waldeinsamkeit" in einer
Epoche, da von den „Vollendern der Revolution" meist gegen den
Willen der Betroffenen in Deutschland allerorten „Öffentlichkeit" hergestellt wurde, wie sie im nach der Revolution offen daliegenden, da
wälderlosen Frankreich weitgehend bestand; zum andern aber auch die
Popularität jener ergänzenden poetischen Wald-Metapher der Befreiungskriege, die sich in deren Vorfeld am eindrucksvollsten in Eichendorffs „deutsch Panier, das rauschend wallt", artikulierte.

In drei Dimensionen hatte die patriotische Lyrik nach 1800 dieses
„deutsch Panier" entfaltet: in Eiche, Eichwald und Eichenkranz stilisierte
sie das seit dem Sturm und Drang vertraute Bild endgültig zum National-
symbol; als „Hort" der Freiheit besang sie das für den als Partisanen-
kampf geführten Befreiungskrieg besonders geeignete spezifisch deutsche Operationsfeld Wald; und schließlich wurde die Waldnatur in ihrem
„Rauschen" als eine Sprache verstanden, die Joseph von Eichendorff in
seiner Lyrik in dem Moment als Botschaft der erlösten Natur übersetzt,
als der Deutsche durch seinen kämpferischen Einsatz auch „seine Wälder ... wieder sein ... nennt".

Im Rahmen dieser Wald-Dimensionen und den Innerlichkeit bzw.
Patriotismus evozierenden Wald-Perspektiven sollte sich im 19. Jahrhundert in Malerei und Poesie eine ungeheure künstlerische Produktivität
entfalten — Waldbilder und Waldgedichte in Deutschland bis 1900 und
darüber hinaus, wer vermag sie zu zählen? — zu zählen bis in unsere,
dem Wald so feindliche technisierte Epoche, von der der Schriftsteller
Jürgen Becker jüngst allerdings „sicher (war), daß es die Metapher ‚Wald'
auch dann noch geben wird, wenn es den Wald nicht mehr gibt, vielleicht
als Metapher für ‚Verlust' "[128].

Arkadien in Deutschland, Bemerkungen zu einem landschaftlichen Reiz, in:
Die Erde, 96. Jg., 1965, S. 26.
[128] Der Baum (Was der Wald für unsere Kultur bedeutet). Gespräch, in: DIE
ZEIT Nr. 39 — 21. September 1984, S. 56.

Diskussion

Die Hinwendung zum Germanentum als Umkodierung der romantischen Idee bedeutet nicht gleichzeitig auch eine Abwendung von der mittelalterlichen Reichsidee; es ist ein fließendes Ineinanderübergehen historisch nachzuweisen. Der Bedeutungswandel des Symbols innerhalb der Romantik betrifft den Wald als

1. *Identitätssymbol:* Der Wald als Symbol der stillen Treue gegen die französische „Waldlosigkeit" gesetzt.

2. *Widerstandssymbol:* der Partisanenwald, entweder als Idee durch Gneisenau aus Amerika mitgebracht, oder von von Stein dem spanischen Guerillakrieg abgeschaut.

3. *Ursprungsmythos:* für ein deutsches Einheitsgefühl und moralische Werthaftigkeit.

Wolfgang Wittkowski

„Von der alten schönen Zeit"

Eichendorffs „Cupido" und Mörikes „Mozart"
oder
Mörikes Mozart-Novelle, gemessen an Kategorien Eichendorffs

Weniger in seiner Lyrik, wohl aber in seinen übrigen poetischen und
historischen Schriften, übt Eichendorff, teils deutlich, teils andeutend,
Kritik an seiner Zeit: an der modernen Emanzipation des Subjekts, an
der Diesseitsreligion eines selbstherrlichen Rationalismus, des Egoismus
und der irdischen Selbsterlösung. Das Übel begann seiner Meinung nach
mit der Reformation, gelangte in der Geister- und der politischen Revolution des 18. Jahrhunderts zum Ausbruch und wurde weiter ins 19.
hineingetragen, weitergetragen von den Geheimbünden und den Univer-
sitätsleuten, die den Leidenschaften dieses Protestantismus im weitesten
Sinn das akademische Mäntelchen philosophischer Theorien umhäng-
ten.

Schon in jener „alten schönen Zeit" der vorrevolutionären Aufklärung
„brütete" nur „äußerlich noch ein unheimlicher Frieden über Deutschland, aber die prophetischen Gedanken, die den Krieg bedeuten, arbeite-
ten gebunden", d. h. noch un-entfesselt, in Kopf und Brust der Intellektuellen. Diese Diagnose, hauptsächlich in dem Aufsatz *Halle und Heidelberg* (1857), wird heute bestätigt von Eichendorffs Landsmann Reinhart
Koselleck in dem vielzitierten Buch *Kritik und Krise. Eine Studie zur
Pathogenese der bürgerlichen Welt.*[1] Doch anders als der Historiker,
bemühte der Dichter sich energisch um Abhilfe. Er suchte sie in der
Kräftigung des alten Glaubens und in der Erneuerung des Adels und
seiner alten Führungsrolle. Bewährung und Versagen dieser alten Kräfte
und das schädliche Wirken der neuen gefährlichen Gedanken schildert
Eichendorff in Zeitsatiren wie *Auch ich war in Arkadien,* weit überwie-
gend jedoch in dichterischen Bildern von der alten schönen Zeit vor der
Revolution und vor der Reformation. Für sich selbst zog er die Kraft

---

[1] Freiburg/München 1959. Suhrkamp Taschenbuch Wissenschaft 36 (1973).

dazu, meint Helmut Koopmann[2], aus der Erinnerung an „unverwechselbare, persönlich erlebte Augenblicke" seiner Kindheit im schlesischen
Lubowitz. Beleg sind der Aufsatz *Der Adel und die Revolution* (1857) und
daraus eine idyllische Passage vom geselligen Treiben des Landadels in
Schloß und Garten. In der Mitte des Zitats trägt die Gartenlaube einen
hölzernen Cupido, der „bereits Pfeil und Bogen eingebüßt hatte."

Die kleineren Gutsbesitzer des Landadels, bei denen es so etwa
aussah, waren die „zahlreichste, gesündeste und bei weitem ergötzlichste
Gruppe des Adels im 18. Jahrhundert". Aber, heißt es gleich am Anfang
jenes Aufsatzes, die Verhältnisse „der sogenannten guten alten Zeit"
waren „weder gut noch alt, sondern nur noch eine Karikatur des alten
Guten." Eichendorff demonstriert es mit scharfer Polemik an der dekadenten Rokoko-Kultur der beiden anderen Adelsgruppen: der „Exklusi-
ven" oder „Prätentiösen" und vor allem der dritten; diese „bei weitem
brillanteste Gruppe" waren „die ganz gedankenlosen Verschwender, jene
‚im Irrgarten der Liebe herumtaumelnden Kavaliere' und frivolen
Libertins."

Eichendorff kennzeichnet beide Gruppen durch den französischen
Ziergarten mit seinen Fontänen, goldenen Bällen und besonders mit der
affektierten Konversation, die man darin führte. Ein eingeschobenes
Gedicht verspottet Cupido, nicht bloß weil er wie die anderen antiken
Götter aus Holz, sondern weil er *un*verstümmelt ist, gut zielt und trifft —
je besser, desto schlimmer und desto lächerlicher zugleich. Cupido als
Karikatur echter, natürlicher Liebe also, die Eichendorff symbolisiert
durch Maria im guten Sinn, durch Venus im Sinn heidnischer Verderb-
nis.

Rokoko als Karikatur einer besseren Zeit: in den Dichtungen tritt das
nicht auffällig hervor. Oskar Seidlin mußte erst auf den Doppelsinn der
Rokoko-Gärten und ihrer Kunde von der alten schönen Zeit verweisen;
sie bedeuten Paradies und Niedergang zugleich.[3]

Ausdrücklich symbolisiert dagegen in Eduard Mörikes *Mozart auf der
Reise nach Prag* (1855) nicht der kränkelnde und mühsam gerettete,
sondern der gesunde Orangenbaum das Rokoko als Erbe einer kraftvolle-
ren Epoche: nämlich als „lebendes Symbol der feingeistigen Reize" des —
im Rokoko! — „beinahe vergötterten Zeitalters" Ludwigs XIV.,

worin wir heutzutage freilich des wahrhaft Preisenswerten wenig finden können,
und das schon eine unheilvolle Zukunft in sich trug, deren welterschütternder
Eintritt dem Zeitpunkt unserer harmlosen Erzählung — Herbst 1787 — bereits
nicht ferne mehr lag.

---

[2] H. Koopmann: Eichendorff, Das Schloß Dürande und die Revolution. In:
Zs.f.d.Ph. 89 (1970), S. 180—207, hier 204—206.

[3] Oskar Seidlin: Versuche über Eichendorff. Göttingen 1963, S. 77.

Das Werk seinerseits im ganzen und in dem Symbolkreis um den Orangenbaum und Mozart setzt wiederum und dennoch dem Rokoko ein Denkmal. Erschienen doch dessen Lebenskultur und Kunst, zusammengefaßt in Mozart und seinem Werk, dem Biedermeier verehrungswürdig, ja, als verlorenes Paradies.

Ähnlich spielt Gottfried Kellers *Landvogt vom Greifensee* (1878) im Jahre 1783 und reicht am Ende ganz kurz in den Untergang der Feudalherrlichkeit samt der alten Eidgenossenschaft, als 1798 die Armee des revolutionären Frankreichs einrückt. Die Novelle gipfelt in einer rokokohaft spielerischen Erinnerungsfeier zerbrochener Liebschaften und des alten, dahinschwindenden Rokokos selbst. Dessen Rosen sind nurmehr Rosen der Schönheit *und* der Vergänglichkeit wie des Entsagens.[4]

Bei Mörike und Keller bleibt die Revolution im Hintergrund. Bei Eichendorff kündigt sie sich ebenfalls meist nur von ferne an, jedoch nicht immer. Im Aufsatz *Der Adel und die Revolution* (vgl. mein erstes Zitat) „brütet eine unheimliche Gewitterluft über dem ganzen Lande", eine Ahnung dessen, was sich als die Katastrophe der Revolution entladen wird. Dazu kommt es wirklich im *Schloß Dürande* (1837). Der Adel zeigt sich dabei weniger schlimm, als man ihm schuld gibt, jedoch zu großen Teilen reif zum Untergang.

In verwandtem Geist übt Annette von Droste-Hülshoff in der *Judenbuche* (1842) Adelskritik — so verhüllt freilich, daß man es meist übersehen und sogar umgekehrt gesehen hat. Das gnadenlose Urteil des Barons über den Mörder und Selbstmörder stimmt zwar mit der Kirchenordnung überein und könnte deshalb Eichendorffs Beifall gefunden haben. Im Sinne der Dichterin und ihres von Eichendorff gepriesenen Gedichtzyklus *Geistliches Jahr* sticht das Verhalten des Barons indessen überaus ungünstig ab von dem des Großvaters der Dichterin in der zugrundeliegenden wirklichen Situation von 1806. Die Novelle verlegt sie ausdrücklich ins Jahr 1788 und will damit meines Erachtens den Adel warnen, daß er damals, um 1840, sein eigenes 1789 heraufbeschwört, wenn er sich nicht umgehend auf die Werte der vorrevolutionären Zeit samt ihrer religiösen Grundlage besinnt.[5]

Den beiden Adligen an die Seite tritt Georg Büchner, der politische Revolutionär, hier zwar weniger mit *Dantons Tod* — immerhin teilt die Tragödie die zeitgenössische Vorstellung der Revolution als eines göttlichen Gerichts über die verdorbene Gesellschaft —, als mit dem Lustspiel *Leonce und Lena* (1836). Das künstlich zusammenphantasierte

[4] Vgl. W. Wittkowski: Erfüllung im Entsagen. Keller, „Der Landvogt vom Greifensee." In: Zur Literatur der deutschen Schweiz. Amsterdamer Beiträge zur Neueren Germanistik 9 (1979), S. 45—72.

[5] Vgl. Wittkowski: Muß Literatur verstanden werden? Das Rätsel der „Judenbuche" und seine Lösung. In: Droste-Jahrbuch 1 (1985).

Paradies des Endes kündigt das Ende des dekadenten Feudalismus an. Nur vorübergehend und unbestimmt befällt die Figuren die warnende Ahnung, daß der Gekreuzigte ihr Bruder ist.[6]

Im *armen Spielmann,* begonnen 1830, beendet 1847, spricht der Österreicher Franz Grillparzer von Revolution im Gleichnis. Die Donau, anfangs ebenso geordnet wie das Volk, überschwemmt am Schluß die Armenviertel und bringt Hunderte an das Lebensziel, das sie am Anfang vergebens im illusionären Eldorado der Brigittenkirchweih suchten — es ist der Tod. Der tote Spielmann wird heiliggehalten fast wie der Gekreuzigte, neben den seine zersprungene Geige als Reliquie zu hängen kommt; zwischen beiden erinnert der Spiegel an die Eitelkeit der Welt.[7] Die Tränen der Frau, die nicht die Frau des Toten war, und die Verständnislosigkeit des wohlhabenden, gebildeten Erzählers dürften Vorbild für Mörikes Schluß gewesen sein: für Eugenies einsam-unverstandene Tränen um den nahen Tod des Meisters.

Auch hier also eine menschlich schöne, ergreifende Huldigung an die alte schöne Zeit vor der Revolution. Es ist die von Büchner und Keller erstrebte, von den andern, Eichendorff, Grillparzer, der Droste dagegen befürchtete Revolution von 1848, die dem Wiener Barock des alten Österreich den Todesstoß versetzte. Die Zuletztgeborenen, Mörike und Keller, meinen am bestimmtesten noch oder schon die alte schöne Zeit des Rokoko vor 1789. Bei allen verbindet sich das Wissen um die Vergänglichkeit der Epoche mit dem Bewußtsein der Vergänglichkeit des Menschen überhaupt. Und wiederum tritt bei Mörike und Keller, die schon im Poetischen Realismus stehen, das metaphysisch-religiöse Element zurück (es verschwindet keineswegs!), während es bei den Autoren der vorangehenden Restaurationsepoche eine zentrale Rolle spielt.

Allzulange hat man das verkannt bei Büchner, dessen Figuren immerhin an Christus etwas mehr denken als etwa der Baron der *Judenbuche.* Leonce und Lena leiden an der Vergänglichkeit, ja Nichtigkeit des Lebens so intensiv, daß sie sich nach dem Tod nicht weniger sehnen als nach Liebe und irdischem Genuß. Sie teilen ihre Schwermut, ihre erschreckte Faszination durch das Vergehen mit Grillparzer, Mörike und

---

[6] Vgl. Wittkowski: Georg Büchner. Heidelberg 1978.
[7] Vgl. Wittkowski: Grenze als Stufe. Josephinischer Gradualismus und barockes Welttheater in Grillparzers Novelle „Der arme Spielmann". In: Aurora 41 (1981), S. 135–160. Eine versteckte Huldigung Mörikes an den „Spielmann" hat man in der Erwähnung der Brigittenkirchweih gesehen. Dazu gehört indessen auch der Gehstock, der dem über Land gehenden Metzger zugeschrieben wird: den rohen Leuten, denen der Spielmann seine potentielle Braut Barbara ausliefert. Darin läge eine Verschärfung der Philister-Kritik weniger Mozarts als vielmehr Mörikes.

Keller, weniger dagegen mit deren Figuren und mit ihrem eigenen Autor Büchner, mit Eichendorff und der Droste: die Späteren suchen die Vergänglichkeit im Werk zu meistern; fast kann man sagen: zu verdrängen. Die Älteren einschließlich Büchners dagegen weisen warnend auf sie hin vom mehr oder weniger gesicherten Ufer des Glaubens an die Transzendenz her.

Bezeichnend und richtungweisend in dieser geistesgeschichtlichen Konstellation ist das Motiv der Reise, die in Mörikes Titel erscheint und sogleich an Eichendorff erinnern mag. Vom langen Weg philosophiert man auch bei Büchner. „Für müde Füße ist jeder Weg zu lang" ‚sagt Leonce, und das Mädchen Rosetta: „Meine Füße gingen lieber aus der Zeit". Auch in *Dantons Tod* treten die Menschen die unbekannte Reise ins Jenseits an. Friedrich Mergel wird auf seiner Flucht ein Menschenalter lang festgehalten. Er kehrt von seiner Reise heim, wird aber abgewiesen vor dem Ziel, dem Friedhof. Grillparzers Erzähler macht sich in mehreren Anläufen auf den Weg zum Heim des armen Spielmanns und pilgert am Ende zu dem Toten. Dennoch erreicht er das ersehnte Ziel sowenig wie die Massen auf der Brigittenkirchweih (an die Mörike in der Mozart-Novelle erinnert). Der arme Alte mit dem Namen eines der verspotteten Apostel (Jakob) ist dagegen vom Anfang der Geschichte an zu Hause. Die letzte Reise zur wahren Heimat im Sinne Eichendorffs bedeutet für ihn nur einen kurzen, freudevollen Schritt.

So sind diese älteren Geschichten ganz wie sämtliche Geschichten Eichendorffs geprägt vom rastlosen Reisen durch das Labyrinth des Lebens in Richtung auf die ersehnte oder unerkannte Heimat in der Transzendenz. Dieses Ziel relativiert Wert und Gewicht der diesseitigen Stationen. Daher deren vergleichsweise Kürze und rasche, oft verwirrende Abfolge, ganz besonders bei Eichendorff selber, dem Romantiker, doch auch bei den anderen Erzählern der Restaurationsepoche.

Bei Mörike und Keller — wie auch bei Stifter, Raabe und Fontane[8] — bewegt die Reise sich dagegen vor allem dem Tode zu, dem Ende des Daseins auf der Erde; sie dehnt sich deshalb in den einzelnen Etappen aus, als klammerten sich die Menschen an das Hier und Jetzt und stemmten sich gegen die Weiterreise ins Nichts. Da das jedoch unmöglich ist und die Zeit unaufhaltsam weiterflieht, wird der Augenblick möglichst angereichert, so daß er den Tod vergessen läßt und als ein unverlierbarer Besitz aus der Vergangenheit in jede künftige Gegenwart

---

[8] Vgl. Wittkowski: „. . . daß er als Kleinod gehütet werde." Stifters „Nachsommer." Eine Revision. Lit. wiss. Jb. d. Görresges. 17 (1975), S. 73—132. Handeln, Reden und Erkennen im Zusammenhang der Dinge: Raabes „Horn von Wanza" und Fontanes „Irrungen Wirrungen" — ethisch betrachtet. In: Wege der Worte. Festschrift Wolfgang Fleischhauer, hrsg. Donald Riechel. Köln 1978, S. 347—376.

begleitet. Der Abschwächung des transzendenten Anspruchs entspricht
eine Aufwertung des Lebens. Und letztere fällt um so intensiver und
angestrengter aus, je weniger der Tod und auch die Transzendenz dahinter sich wegleugnen lassen und etwa aufhören, den Wert des Diesseits zu
relativieren.

Programmatisch führt das Kellers Landvogt vor. Er vereinigt seine fünf
einstigen Flammen zu einem Fest, um diesen An- und Augenblick zu
verewigen; um „einen fünffachen Spiegel der Erinnerung" zu besitzen,
„von keinem Hauche der rauhen Wirklichkeit getrübt", wo alles mit
Entsagung endete, und um fortan „in einem Turme der Freundschaft zu
wohnen, dessen Quadern von Liebesgöttern aufeinander gefügt sind!"
Aber sie halten nicht. Keller und sein Landvogt geben es zwar nicht
ausdrücklich zu. Fortan ist indessen nie die Rede von dem, was scheinbar Zweck und Ziel der erzählten Geschichte war. Statt dessen wechselt
der Held nachher, „malend, jagend und reitend, häufig seinen Aufenthalt", mit seinen künstlerisch geschulten Augen „über jeden Wechsel der
tausenderlei Gestalten" wachend, „die sich wie in einem Fiebertraum
ablösten" — wobei er fortwährend auch dem letzten Augenblick in
Gestalt einer kleinen Todesfigur aus Elfenbein gefaßt ins Auge sieht:
„Augen, meine lieben Fensterlein . . ."

So tapfer und folgerecht-gelungen sich das ausnimmt, die Hauptunter-
nehmung ist gescheitert; und sie war von vornherein eine künstlich-
gewaltsame Donquichotterie. Das Eichendorffsche Prinzip eines ewigen
Wechsels der irdischen Erscheinungen setzt sich am Ende durch gegen
den großangelegten Versuch, ihnen in einem auserlesenen Augenblick
ewige Dauer zu verleihen.

Mörikes Novelle gibt das gleichfalls zu: „Denk es o Seele!" Das
Memento mori wirft am Ende einen schweren Schatten auf den beglänz-
ten Augenblick aus der alten schönen Zeit. Ja, es meldet sich schon am
Anfang in Mozarts Todesahnung und seinem Gefühl, einen wesentlichen Teil des natürlich-normalen Lebens unwiederbringlich versäumt
zu haben. Die Reise tritt dann gleichsam aus dem Dunkel des Waldes
und der düsteren Ahnungen heraus, hält sich einen halben Tag im
natürlichen und im geselligen Licht aristokratischer Heiterkeit, mündet
abends in das ernst-gefaßte Zwischenreich der Don Juan-Thematik und
drängt am andern Morgen vollends unaufhaltsam weiter, über das
Erdenleben hinaus, das sich für ein paar Stunden zum Paradies emanzi-
pieren wollte. So könnte Eichendorff es ausdrücken. Und wie er, nur mit
epischer Breite und einer Fülle realistischen Details, vor allem mit einer
enormen Streckung des erfüllten Augenblicks, erhöht Mörike diesen an
sich so kurzen Ausschnitt aus der Lebensreise, indem er mehrere
vergangene Episoden und einige meist träumend vorweggenommene
erzählend mit in die Sternstunde hineinnimmt.

Bei Eichendorff gibt es Entsprechendes. Es hat aber eine andere Funktion, nämlich die, mit Seidlin zu reden, „daß alles Vergangene und Durchlebte noch einmal vorüberwandeln muß, um sein wahres, sein höheres Gesicht zu offenbaren"[9], unter Umständen auch sein verderbliches. Mörike und Keller suchen dem Augenblick wie Goethe, nur angestrengter, aufwendiger, Ewigkeit zu leihen. „Das Jetzt jeder Eichendorffschen Szene hängt" dagegen „in der Schwebe zwischen Erfüllung und Erwartung," „zwischen dem Pol des Hier-Seins und dem jenes anderen, Kommenden, auf den jedes Hier-Sein" final gerichtet ist „und in dem es seine Er-lösung findet"[10].

Arbeiten Mörike und Keller gegen das Vorübergehen, gegen das Provisorische des Augenblicks, so liegt für Eichendorff in solchem Streben — auch seine Menschen teilen es, sie sind ja Menschen — die letztlich frevelhafte Zerstörung der wahren Funktion des Augenblicks; Seidlin nennt es „das ruchlose Spiel einer ‚ewigen Gegenwart‘ ", „unaufgeschlossen für das zweite Kommen," „transzendenzlos"; und er findet daher eine „tiefe Ambiguität in Eichendorffs stehender Formel von der *schönen, alten Zeit*" (!). Verstanden als selbstgenügsame Erfüllung, gleichsam „selig in sich selbst", fehlt ihr die Öffnung in die Zukunft und die Transzendenz, ist sie „Zerstörung des Augenblicks, der nur in der Überlagerung durch Ahnung und Erinnerung wahre Gegenwart werden kann", ist sie „Verfallenheit an das Unprovisorische" und also „Sünde". Sie wird zum heidnischen Paradies, das nichts weiß von Adams Sündenfall und von der Sehnsucht nach Erlösung. Die verhängnisvolle Lockung der Schlange „Ihr werdet sein wie Gott" verkehrt sich in frevelhafte Selbstvergötterung aus eigener Kraft.[11]

Eichendorff findet diese Haltung gestaltet in der antiken Götterwelt und in der modernen Vorliebe für sie, zumal für Venus und Cupido. Fortunatos erstes Lied im *Marmorbild* enthält beides: den Venusdienst beflügelter Bübchen, Amoretten, und die Verwerfung des Venus-Kultes durch den Aufblick in die Zukunft und nach oben, zu Tod und Transzendenz.[12] In der humoristischen Erzählung *Viel Lärmen um nichts* (1832)

---

[9] Seidlin (s. Anm. 3), S. 118 f.
[10] Seidlin, S. 114.
[11] Seidlin, S. 121 f.
[12] Seidlin, S. 122 f., wo allerdings die „Andacht" der Jünglinge fälschlich als Liebes-Andacht gelesen wird. Auch dem Versuch, die Zeitthematik philosophisch zu systematisieren, wird man vielleicht nicht immer beipflichten; das Grundkonzept dürfte aber zutreffen und demonstrieren, daß die Zeitproblematik für die Restaurationsepoche und insbesondere auch für Mörike durchaus die zentrale Bedeutung hat, die Wolfgang Taraba herausgearbeitet hat, die Friedrich Sengle jedoch bestreiten zu müssen glaubt (Biedermeierzeit Bd. III., Stuttgart 1980, S. 699. W. Tabara: Eduard Mörike. In: Deutsche Dichter der Romantik, hrsg. Benno von Wiese. Berlin 1971, S. 499–528).

preist der oberflächliche Prinz Romano wiederholt das nackte Bübchen
Cupido und dessen Schießkunst; der „Wanderdichter" Willibald dagegen
leitet seine Erzählung eines Wandererlebnisses ein, indem er Wandern,
Reisen als Symbol des Lebens und der Übergangsfunktion seiner sämt-
lichen Stationen erklärt:

> ... das Leben ist ja doch nur ein wechselndes Morgenrot, die Ahnungen und
> Geheimnisse werden mit jedem Schritt nur größer und ernster, bis wir endlich
> von dem letzten Gipfel die Wälder und Täler hinter uns versinken und vor uns im
> hellen Sonnenschein das andere Land sehen, das die Jugend meinte.

Heimkehr also ist Rückkehr zum Ausgang. In solcher dogmatischen
Schärfe liegt Mörike und Keller dergleichen fern. Die strengen Ansprüche des Christentums sind ihnen zwar wohlvertraut, nämlich so sehr, daß
sie sich davon bedrängt fühlen, gequält, und sich dagegen wehren, sich
davon zu befreien suchen. Ohne dem Umkreis des Religiösen ganz zu
entfliehen, sind sie doch Protestanten auch in dem weiteren Sinn, in
welchem Eichendorff den Begriff auf die autonome Lebensgestaltung
anwendet. Daher dienen sie auch dem Kult der Venus; doch tun sie es
mit nicht ganz unbeschwertem Gewissen und bevorzugen daher den
harmloseren Cupido; vgl. die Liebesgötter, die Salomon Landolts
Freundschaftsturm auftürmen. Besonders, und besonders raffiniert aber
tut es der Dichter von *Mozart auf der Reise nach Prag*. Das hat man bisher
nicht gesehen. Um diesen Zug zu profilieren, rücke ich ihn in die Perspektive Eichendorffs, der von Mörike übrigens nirgends ausdrücklich
Notiz genommen hat — erledigte ihn schon die Freundschaft mit dem
Super-Protestanten David Friedrich Strauß? Der Schwabe dagegen war
vom *Taugenichts* begeistert und bildete sein Gedicht *Der Gärtner* einem
Motiv, einer Passage der Novelle von 1826 nach. Noch am 2. November
desselben Jahres 1837 mahnte er den Freund Wilhelm Hadlaub, der ihn
regelmäßig mit Literatur versorgte: „... lasse mir doch ja den Eichendorff
nicht dahinten"[13].

Hier interessiert neben dem raffinierten Spiel des verhüllten Andeu-
tens das genauere Licht, das es auf Sinnlichkeit, Eros und ihren Stellenwert bei Mörike wirft. Franz Mautner[14] und andere sprechen von verhal-
tener Sinnlichkeit. Im Folgenden erscheint sie überaus kräftig, allerdings
in Schach gehalten durch ein bisher nicht bemerktes Maß an Kunstauf-
wand, durch starke Vorbehalte gesellschaftsmoralischer Art — den Preis
der Sünde — und die Resignation aufgezwungener Entsagung. Und
all das wieder erlaubt, daß der Eros sich überhaupt so stark entfaltet.

---

[13] Leo Tönz: Von Eduard Mörikes „Der Gärtner" zu Eichendorffs „Taugenichts".
     In: Jb. d. Wiener Goethe-Vereins 73 (1969), S. 82–93.
[14] Franz Mautner: Mörikes „Mozart auf der Reise nach Prag". Krefeld 1957.

Diese meine Lesart wird vielleicht verständlicher, stellt man sich vor, wie Eichendorff sie kritisiert hätte — und das hätte er gewiß. Mörikes *Kunst der Sünde* (so der Titel eines neuen Buchs zum Thema, nicht aber zur Novelle[15]) schließt sich unterirdisch an die Tradition des Modethemas der verbotenen Liebe im Kloster an. Ihr stellt Eichendorff als mahnendes Gegen-Ärgernis Calderons *Andacht zum Kreuz* entgegen.[16] Wenn schon Sünde und ihren Sold, die Reue und den Tod, dann jedenfalls in rückhaltloser Umkehr zum Gekreuzigten. Wie gefangen bleibt dagegen Mörike in seinem Zwiespalt! Wenn einen sowieso der Sold der Sünde ereilt, der Tod und vorher die Reue über Fehler und Versäumtes, dann soll man lieber sich weniger versagen und notfalls auch ein bißchen sündigen, und sei's bloß in der Phantasie. So etwa ließe sich Eichendorffs Devise umkehren für Mörike, den protestantischen Pfarrer im vorzeitigen Ruhestand.

*

An Mörikes Novelle ist oft ihr kunstvoller Bau hervorgehoben worden, nicht zuletzt das Musikartige ihrer Konstruktion. Man könnte es ebensogut oder besser erblicken in der Entwicklung bestimmter Symbole, auch versteckter symbolischer Verweise, sowie in der vielfältigen Wiederkehr und Abwandlung — thematisch, vorgängig und beides in den zahlreichen Erzähleinlagen — des Motivkreises Reisen: Begegnen, Zusammensein, Abschied, Trennung. Es ist ein Kreis auch im strukturellen Sinn. Er bildet eine Reihe kleiner, offener Kreise oder Ringe in einer fortlaufenden Kette. Das Ganze zusammenfassend, umschließend, tritt er an Anfang und Ende deutlich hervor — völlig deutlich freilich erst, wenn man die geheimen Andeutungen ebenfalls entschlüsselt hat.

Die schroffste Form des Abschieds ist der Tod. Und das Memento Mori des Schlußgedichts wird nicht bloß schon im Anfangsteil behandelt, sondern klingt bereits ganz am Anfang an, verhüllt zwar, nämlich wegen eines damit verbundenen Anspruchs, den Eichendorff verdammt hätte als unerhörten Frevel. Ich meine das Datum der Reise, den 14. September. Es ist das Fest Kreuzerhöhung. Die Liturgie zitiert an diesem Tag Johannes 12, 31—36: Jesus kündigt seinen baldigen Tod an, sein Opfer zur Erlösung der Menschen, und das Gericht, das dabei über die Welt ergehen wird. Wie erwähnt, hat man so seinerzeit oft die Französische Revolution bewertet: als Gericht Gottes über die verderbte Gesellschaft. Wir schreiben 1787. Und Jesus mahnt: „Noch kurze Zeit ist das Licht bei euch. Wandelt, solange ihr das Licht habt . . .; denn wer in der

---

[15] Vgl. Anm. 22.
[16] Zur Geschichte des Dramas (Das christliche Drama), 1854.

Finsternis wandelt, weiß nicht, wohin er geht. Glaubet an das Licht, solange ihr das Licht habt, damit ihr Kinder des Lichtes seid."[17] Das Ungeheuerliche ist natürlich, daß sich das Motiv hier weniger bezieht auf die Revolution oder auf Jesus als vielmehr auf Mozart und seine Musik, die die Novelle mehrfach mit Lichterscheinungen vergleicht. Am Ende sagt Mozart zu Franziska, meint aber, wie an anderer Stelle ebenfalls, in Wahrheit Eugenie, seine wahre Prophetin: „... nachdem ich lang fort bin, wird mancher falsche Prophet aufstehen." Das Licht dieser Kunst soll von der Gemeinde aus der alten schönen Zeit herübergerettet werden in die Zeit der Finsternis. Mozart und seine Kunst werden dabei zu Offenbarungen des Göttlichen weit mehr als Gottes und der Religion, in den Augen Eichendorffs also ein Religionsersatz, ein Sündenfall jener Säkularisation, die den autonomen Künstler zum gottähnlichen Genie erhöht. Mozart heißt „Meister" und „Genie": der „feurige, für jeden Reiz der Welt und für *das Höchste, was dem ahnenden Gemüt erreichbar ist,* unglaublich empfängliche Mensch," der so unendlich viel „in seiner kurzen Spanne Zeit erlebt, genossen und *aus sich hervorgebracht"* hat (Hervorhebung WW). Mozart als betont weltlichautonomes Analogon zu Jesus! Am Schluß empfindet seine Jüngerin Eugenie mit einer Erschütterung, die an die der Frauen bei der Kreuzigung erinnern mag, „daß dieser Mann sich schnell und unaufhaltsam in seiner eigenen Glut verzehre, daß er nur eine flüchtige Erscheinung auf der Erde sein könne, weil sie den Überfluß, den er verströmen würde, in Wahrheit nicht ertrüge".

Das wurde die Formel der existenzphilosophisch-theologischen Tragödiendeutung und ist uns heute schwer erträglich. Wie vermessen hätte sie erst Eichendorff empfunden! Sie steht am Ende. Am Anfang wehrt sich Mörike dagegen, daß man die Ursachen für Mozarts Tod „etwa tiefer suchen will, als sie vermutlich liegen". Mozart kannte nun einmal „genießend oder schaffend ... gleichwenig Maß und Ziel"; galt es doch hier wie dort, „den glücklichen Moment bis auf die Neige auszuschöpfen", ohne irgendwelche „Rücksicht, es sei nun der Klugheit oder der Pflicht, der Selbsterhaltung wie der Häuslichkeit".

Mörike hebt das zunächst auf im Ästhetischen, „in jenem tiefen Quell ..., der, aus hundert goldenen Röhren springend", – das sind Eichendorffs fragwürdige Rokoko-Wasserkünste! – „im Wechsel seiner Melodien unerschöpflich, alle Qual und alle Seligkeit der Menschenbrust

---

[17] Büchner, Grillparzer und die Droste bedienen sich ebenfalls in dieser Weise der religiösen Daten, alle etwa zur gleichen Zeit und unabhängig voneinander. Der 14. September ist ungefähr der Tag, als Friedrich Mergel sich merkwürdigerweise einige Meter hoch in der Judenbuche erhängt, nämlich etwa eine Woche vor der wiederholt erwähnten Tag- und Nachtgleiche am 21. September. Vgl. meine Anm. 5 genannte Arbeit.

ausströmte". Immerhin erwähnt er Folgen. „Gram aller Art und Farbe, das Gefühl der Reue nicht ausgenommen", wurden die gewohnte „herbe Würze" jedes erfüllten Augenblicks und „jeder Lust". Ja, „Schwermut" (unfehlbarer Preis des Unglaubens) macht „unvermeidlich" die „Ahnung eines frühzeitigen Todes" wahr, „die ihn zuletzt auf Schritt und Tritt begleitete".

Eichendorff läse das alles vermutlich als den Preis der Sünde und eben des Unglaubens, als Gottesgericht. Wir werden sehen, er hätte gar nicht so Unrecht, sähe er ein Zeichen in der Rolle, die Mozarts *Don Juan* in der Novelle spielt. Schließlich billigte er in seiner *Geschichte der poetischen Literatur Deutschlands,* erschienen 1857, zwei Jahre nach der Novelle, der „Geistermusik zum *Don Juan"* zu, sie habe „die grauenhaften Abgründe und den ganzen geheimnisvoll lauernden Hintergrund der Geisterwelt auf Augenblicke aufgedeckt" und damit die Wirksamkeit des Teufels „im Taumel der trunkenen Weltlust".

Ganz anders freilich der Mozart Mörikes! Von der gleichen Geistermusik spricht er mit der unangefochtenen Souveränität des schaffenden Künstlers: „Ich griff einen Akkord und fühlte, ich hatte an der rechten Pforte angeklopft, dahinter schon die ganze Legion von Schrecken beieinander liege, die im Finale losgelassen sind." Als er damals die Feder weglegte, hing sein Auge gedankenvoll am „Docht des Lichts . . . und auf den Bergen von abgetropftem Wachs". „Solange ihr das Licht habt . . ." Auch Mozart durchzuckte der Schmerz. Im Zusammenhang mit dem Gedanken seines Todes eventuell in dieser Nacht beschäftigt ihn jedoch einzig die Sorge um seinen Nachruhm. Und er ist dessen gewiß: schriebe ein anderer sein Werk von hier an zu Ende, würde man dennoch seine Handschrift unverwechselbar heraushören.

So löscht er denn jetzt „ohne weiteres die Kerzen", um im Dunkeln die erste Begegnung Don Juans mit der Statue des Gouverneurs vorzutragen samt dem furchtbaren Choral „Dein Lachen endet vor der Morgenröte!" Am Anfang, scheinbar ohne Zusammenhang mit Mozarts Todesahnungen, wird ein Parfum „Rosee d'Aurore" genannt, das Mozart unbewußt verschwenderisch zu allgemeiner künstlicher Erfrischung verbreitete. Nachträglich wird es assoziiert mit dem Todessymbol, der Androhung tödlicher Buße im Gericht.

Und dann läßt Mozart als Höhepunkt die Schlußbegegnung folgen mit eben der Mahnung zur Buße: „Kurz ist dem Geist die Zeit bemessen; weit, weit, weit ist der Weg": Das Motiv der Büchner, Droste, Grillparzer und Eichendorff! Als es hieß, Mozarts Zeit sei kurz bemessen, war die Rede wohl von Reue, nicht jedoch von Buße, was man auch nicht erwartet. Bei Don Juan erwartet man es allenfalls im Sinne ihrer Abweisung. Und tatsächlich feiert Mörike Don Juans Rebellion gegen den Himmel als die großartige Tragödie, die sie ist:

Und wenn nun Don Juan, im ungeheuren Eigenwillen den ewigen Ordnungen trotzend, unter dem wachsenden Andrang der höllischen Mächte ratlos ringt, sich sträubt und windet und endlich untergeht, noch mit dem vollen Ausdruck der Erhabenheit in jeder Gebärde – wem zitterten nicht Herz und Nieren vor Lust und Angst zugleich? ... Wir nehmen gleichsam wider Willen Partei für diese (Eichendorff könnte es sagen!) blinde Größe und teilen knirschend ihren Schmerz im reißenden Verlauf ihrer Selbstvernichtung.

Die Schönheit des Unerlösten, von dem auf diesem Symposium die Rede war! Und wenn es uns so geht, wieviel mehr muß es gelten für den Komponisten, der, ein säkularisierter Christus, sich einzulassen wagt mit diesem „Höllenbrand" und mit derart dämonischen Unternehmungen über sich selbst die „Selbstvernichtung" bringt! Was wir nur mit- und nacherleben: den „Schauer der ewigen Schönheit", die „Berührung des Unendlichen", das uns aus uns selbst versetzt – er schafft und er bewirkt es selbst. Und wenn es unseren „glücklichsten und reinsten" Stolz ausmacht, in dem vollendeten Kunstwerk des gottgleichen Genies „ein göttliches Wunder", und zwar „als ein Verwandtes in (uns) aufnehmen zu dürfen, zu können" – wieviel inniger verwandt mit dem Werk und seinem Helden ist dann der, der es erschuf!

Mozart ist gewiß nicht Don Juan. Immerhin heißt seine Oper *Der gestrafte Ausschweifende oder Don Giovanni*. Und Mörikes Quelle meldete, daß Mozart sich dem „Genuß sinnlicher Freuden ... mit zu wenig Maß" hingab, sehr zu seinem und der Seinen Schaden. Dem Erstdruck der Novelle in Cottas *Morgenblatt für gebildete Stände* schickte Mörike sogar ein Zitat aus der Nähe jener Sätze voran: Hätte Mozart „nur Wasser getrunken und keiner Frau außer der Seinigen den Hof gemacht", hätte ein so braver „Familienvater und Spießbürger" (Mörike schreibt „Philister") schwerlich den *Don Juan* geschaffen. Die Apologie fehlt in der Buchfassung. Die Kunst rechtfertigte da wohl doch zu viel fürs Biedermeier. Und andererseits hatte die Novelle Mozarts Verhältnis zu Don Juan bereits erschöpfend, das heißt, viel reicher ausgeführt.

Setzen wir noch einmal an beim Unterschied, beim Eindruck des Zerbrechlich-Zarten, des schlechthin Gebrechlichen am Mozart des Anfangs. Ihm möchte der „Angstschweiß" ausbrechen, wenn er bedenkt: „Allmittelst geht und rennt und saust das Leben hin", und er hat so viel natürliches Behagen, zumal in Familie und Natur versäumt. Und doch, er würde nicht gedeihen und nur noch rascher sich verzehren, hielte er sich an das, was den Menschen im allgemeinen ziemt und bekommt. Viel auswegloser, als er selbst erkennt, ist daher angesichts des Wald-idylls sein Unbehagen, gleichsam aus dem Paradies verstoßen zu sein.

Das Naturidyll zusammen mit der geradezu kindlichen Einfalt des Mozartschen Gemüts erinnern an den *Taugenichts*. Beide Novellen entsprechen der zeitgenössischen Forderung, daß die Novelle ein idylli-

sches Gegenbild zur unidyllischen Gegenwart zu liefern habe.[18] Statt
Vorgang bietet Mörike freilich Charakterdarstellung, welche bei Eichendorff fehlt. Beide Helden entsprechen ferner auf wiederum verschiedenen Ebenen dem Biedermeier-Ideal der Einfalt, wie der Brockhaus von
1830 es umschreibt: Einfalt des Herzens gewinnt durch Liebenswürdig-
keit, ohne Absicht oder gar „eigennützige Nebenabsichten". Gesinnun-
gen und Handlungen stimmen bei ihr überein. Sie übt ihre Pflichten,
ohne über deren Grund zu grübeln. Sie geht ihren Weg zum Ziele
gerade, mit kindlicher Aufrichtigkeit, spricht „ihre innerste Seele an-
spruchslos aus, und wartet ruhig auf die Seele, die sie verstehe"[19]. Und
wie der Taugenichts durchaus Talent und Neigung zu der verpönten
Philisterexistenz aufweist, so sucht Mozart ohne Hochmut den Zugang
zu ihr, um sich in Gesellschaft mit „anspruchslosen natürlichen Menschen", ja mit „Spießbürgern" zu entspannen. Von Frau Konstanze
hören wir, wie es mißlingt. Die ländliche Braut, die „in größter Freund-
lichkeit, einen vollen Korb am Arm, mit Rechen und Spaten" Mozarts
Musikzimmer betritt, veranschaulicht die Kluft. Und doch leistet der
Künstler ihr über die Kluft hinweg entscheidende Hilfe zur Begründung
ihres Hausstands und ihres Liebesglücks.

So unscheinbar die Episode ist, sie bildet nichts Geringeres als die
Quintessenz meines Ergebnisses: Mozart als Genius der Liebenden.
Oder genauer: Mozart als Genius der Liebe.

Denn weniger für das Brautpaar wird er wichtig als für Eugenie. Er
macht ihr Verlobungsfest zu einer Hoch-zeit im Sinne eines unwieder-
holbaren und unübersteigbaren Höhepunkts, gewiß auch im Sinne des
Hochzeitlichen, aber die Zweierbeziehung mit dem Bräutigam wird
gerade überschritten. Mozarts Talent dazu wurde bereits belegt. Versteckt deutet daraufhin ferner sein harmloser Scherz, er habe dem
Knaben Absalon kein Haar gekrümmt. So etwa sprach David (vgl. 2. Sa-
muel 13, 14). Er schonte seinen schönen Sohn Absalon, der den ältesten
Bruder ermordete, weil er beider Schwester geschändet hatte. Später
kam er bei einem Aufstand gegen seinen Vater um. Mozart legt sich also
die Rolle Davids bei, des königlichen Sängers, fernhintreffenden Stein-
schleuderers, des läßlichen Richters, des Länder- und nicht zuletzt des
Frauenbezwingers. Mozart nennt seinen Geschmack am Küssen seine
„schwache Seite". Er verkündet damit seine Stärke.

Sie wird durchweg behutsam zugedeckt und ebenso harmlos — schein-

---

[18] Carel ter Haar: J. v. Eichendorff, „Aus dem Leben eines Taugenichts". Text,
Materialien, Kommentar. Reihe Hanser 230. 1977, S. 153, im Anschluß an
Sengle (Anm. 12), der Bd. III, S. 738 Mörikes Novelle in Beziehung zur Novel-
lentheorie der Zeit setzt und sie als „Situation", „Charaktergemälde" bezeichnet.
[19] Ter Haar (Anm. 18), S. 143—147.

bar harmlos — aufgedeckt. „Aber was sagt der Bräutigam dazu?" fragt Mozart, und sein Freimut läßt gar nichts Anrüchiges aufkommen. Als er seinen „unfaßlichen Frevel" im Garten schildert, bezeichnet er die „Gartenpolizei" als „Nemesis" und „Satan" (man vernehme ganz fern das Grollen des Don Juan-Themas). Doch der Gärtner nennt sich „Velten" wie der Schutzpatron der Reisenden und der Verlobten.[20] Und wenn er auch nicht dieser Geist ist, so bewährt sich der trotzdem aufs beste. Ähnlich, nur viel radikaler, hat Mozart teil an einer höheren Kraft und ist in diesem — sehr Eichendorffschen Sinn — dämonisch.

Mozart vergleicht seinen Frevel mit Adam, als er im Paradies den Apfel kostete. Unschuldig kehrt er den Sündenfall ins Harmlose und letztlich Produktive; der Fall aus dem Paradies wird mehr zu einem Fall ins Paradies. Sogar die Göttlichkeit seiner Musik kündigt sich an, wenn Mörike seinen Weg durch den Garten aus dem Schatten ins „Licht" einmünden läßt:

ging unser Meister nach den buschigen Teilen der Anlagen zu, berührte ein paar schöne dunkle Piniengruppen und lenkte seine Schritte auf vielfach gewundenen Pfaden, indem er sich allmählich den lichteren Partien wieder näherte, dem lebhaften Rauschen eines Springbrunnens nach, den er sofort erreichte.

Eichendorffs Labyrinth des Lebens führt hier zur Heimat Mozarts: zur Musik, symbolisiert durch die schon erwähnten Wasserkünste. Ferner isoliert Adam-Amadeus Mozart seine Rolle der Wahrheit gemäß, wenn er in jener Schilderung seiner Eva — Konstanze — ihre Unschuld bezeugt, nämlich ihr Alibi, und wenn er sie dabei in ihrem Rokokobett im Wirtshaus mit allen Grazien und Amoretten schildert. Später erscheint er gleichsam als Gott beider Gruppen. Und betätigt er sich hier mehr dekorativ-routinemäßig, so paßt es doch nur allzugut zu den massiv erotisch-sinnlichen Assoziationen, unter welchen er dann die Orange pflückt — häufiger heißt sie Apfelsine, Pomeranze, also mit dem Stamm Apfel-:

Nachdenklich lächelnd reicht er hinüber nach der nächsten Frucht, als wie um ihre herrliche Ründe, ihre saftige Kühle in hohler Hand zu fühlen. Nach einem Weilchen faßt er zerstreut „zum zweitenmal die Pomeranze . . ., sie geht vom Zweige los und bleibt ihm in der Hand . . . die duftige Frucht beständig unter der Nase hin und her wirbelnd", zieht er sein silbernes Messer hervor und schneidet „die gelbe kugelige Masse von oben nach unten langsam" durch. Seine „angeregten Sinne begnügen sich mit Einatmung des köstlichen Geruchs." Er starrt minutenlang die beiden innern Flächen an, fügt sie sachte wieder zusammen, ganz sachte, trennt und vereint sie wieder.

---

[20] Hugo Rokyta: Das Schloß in Mörikes Novelle „Mozart auf der Reise nach Prag". In: Jb. d. Wiener Goethe-Vereins 71 (1967), S. 127—153, hier 144. S. 132 findet sich ein behutsamer Versuch, den Hinweis auf den 14. September als das Fest Kreuzerhöhung auszulegen.

Was immer man hier sonst symbolisiert sah – die Gebrechlichkeit des
Rokokos und seines größten Künstlers; dessen unbewußten Zug zum
Zerstören und zur Selbstzerstörung; das Kom-ponieren – all das wird
sich am Ende klären. Hier interessiert der enge Zusammenhang von
musikalischer und erotischer Phantasie: Mozarts kompositorischer
Einfall wird ausgelöst und begleitet von erotischen Vorstellungen. Er
denkt ja, wie er dann erzählt, währenddessen an das neapolitanische
Wasserspiel mit dem erotischen[21] Symbol des Fisches, der sich „bald da,
bald dort, dem einen zwischen den Beinen, dem andern zwischen Brust
und Kinn herauf" tummelt. Als das Spiel des Fisches seinen Höhepunkt
erreicht, kommt es zum Überfall junger Männer auf eine Barke mit
unbeschützten Mädchen – dieselbe Verführungsmacht des Eros hatte
ihre Begleiter von ihnen weggelockt. Ihr nun ausbrechendes

Angstgeschrei, der gewaltsame Widerstand einiger von ihnen, ihr Bitten und
Flehen, fast erstickt von dem übrigen Alarm, des Wassers, der Musik usw. es war
schön über alle Beschreibung, und die Zuschauer brachen darüber in einen Sturm
von Begeisterung aus.

So heißt es in Mozarts späterem Bericht. Bei genauerem Hinsehen fällt
auf, daß als Urheber von Gewalt zunächst die überfallenen Mädchen
hingestellt werden[22], noch indirekter irgendwie der Fisch, zuletzt aber

---

[21] Hartmut Kaiser: Betrachtungen zu den neapolitanischen Wasserspielen in
Mörikes Mozartnovelle. In: FDJH 1977, S. 364–400, hier 381. Kaiser erläutert
die Wasserspiele mehr im literarischen und mythologischen Zusammenhang
als in ihrer Symbolfunktion für die Novelle. Wie ter Haar (Anm. 18, S. 156) es
für den „Taugenichts" nachweist, zeigt Kaiser, daß Mörike eine Reihe Goethe-
scher Reminiszenzen aus der „Italienischen Reise" verarbeitete – mehr stoff-
lich, meine ich, als künstlerisch. Am meisten mag noch Goethes Plan zu einer
Tragödie „Nausikaa" nachwirken. Die Heldin faßt zu dem Reisenden und
Erzählkünstler Odysseus eine leidenschaftliche Neigung und geht unter im
Zusammenstoß mit der Gesellschaft.
[22] Gerhart von Graevenitz: Eduard Mörike – Die Kunst der Sünde. Tübingen
1978. Gilt die These vom Wiederholungszwang des Handlungsschemas
„Peregrina" – die Verantwortung für die Sünde der Sinnlichkeit wird der
Geliebten so zugeschoben, daß die Unfähigkeit zum Eingeständnis seiner
eigenen Verantwortung sich enthüllt –, dann begegnen wir hier diesem Phäno-
men in mancherlei Variationen. Graevenitz spricht weiter u. a. von einer
„Mischung aus Katholisieren und Sündenfreude" bei Mörike (15), von seiner
Methode, die symbolischen Bezüge zu verschieben und das organisierende
Sinnzentrum zu verhüllen (31). Aus der Madonna unterm Kreuz bei Freund
Bauer wird in Peregrina V die „schön Büßende" zur Märtyrerin am Pfahl
(25/252): der Tod als Sohn und Strafe der Sünde macht schon das Leiden zum
Trost für den Sünder (26/16). All das trifft in feinster Verhüllung auch für die
Mozartnovelle und ihren Helden zu, zumindest in der Perspektive des Lesers,
der durch die Hülle dringt. Das Buch von Graevenitz ist schwer lesbar und
reizte Sengles Allergie gegen das Komplizierte (Bd. III, S. 707). Sengle spricht

eindeutig — nicht etwa die Männer, sondern — der Liebesgott. Aus dem sich entrollenden Segel geht „ein rosiger Knabe hervor mit silbernen Schwingen, mit Bogen, Pfeil und Köcher, und in anmutvoller Stellung"; und „*gewaltiger*" (WW) als Wind und Ruder scheint „die Gegenwart des Gottes und seine heftig vorwärtseilende Gebärde das Fahrzeug fortzutreiben", so daß die nachsetzenden Begleiter aufgeben.

Eros hier in Frustration, dort im Triumph. Und das Ganze bewegt vom Gott, der ohne Namen bleibt und trotz seiner Cupido-Embleme mehr dem gewalttätigen Eros in Mörikes zahlreichen antiken Übersetzungen gleicht. Es entsteht die Vorstellung, Liebe sei eine Gewalt des Kosmos, die in den von ihr gefaßten Menschen wirkt. Mörike liebt dafür das Bild der Götter. Und gern überträgt er diese Kraft als dämonisches Vermögen auf besondere Menschen. Die unausgesprochenen Assoziationen des zierlichen, fernhintreffenden königlichen Sängers David und gar Apolls, des Gottes der Töne, zielen auf Mozart ab, der freilich von sich ablenkt: er erklärt ausdrücklich, dieser Schlußteil seiner Erzählung tue „weiter nichts" zu seiner Sache. Natürlich stimmt das Gegenteil.

Sehr viel tut zur Sache offenkundig auch der anschließende Handlungsteil. Der Orangenbaum wird hereingetragen als wunderbar wiederhergestelltes Eigentum und Brautgeschenk Eugenies. Ihre einstige Trauer um den scheinbar gestorbenen Baum und ihre innige Vertrautheit mit ihm vorher fallen auf und sollen es als Parallelen zu ihrer späteren Trauer um Mozart und zu ihrer tiefen Vertrautheit mit seinem Gesamtwerk. Danach stünde der Baum für Mozart. Daß Eugenie ihren „Liebling" an einer „Schrunde übers Kreuz" erkennen soll, verbindet mit dem allerdings nur indirekt signalisierten Motiv der Kreuzerhöhung.

Dem Festgedicht zufolge verdankt der Baum seine Heilung und seine Früchte, deren „etliche zuletzt den höchsten Grad der Reife hatten", dem Apoll. Dieser verschmilzt wiederum mit Mozart und bleibt in der Symbiose doch wie Eros von ihm unterscheidbar: auch den Gott der Töne verlangt nach den „schön runden Früchten", er teilt eine — die von Mozart zerschnittene — mit der Schönen, seiner „Tochter", *und* mit „Amorn". Da wir nur zwei Hälften haben, muß Apoll mit Amor auch sich selber und natürlich Mozart meinen. Die Verschiebung, Verschlin-

---

andererseits gleichfalls über „heimliche oder experimentelle Katholizität" bei Mörike (732). Die „herrschende dämonische Unsicherheit der Welt macht den christlichen Gott und die christliche Sitte unentbehrlich" (722). Der Sieg des Künstlers, der heitere Gestalten an die Stelle dumpfer „Mächte" setzt, ist letztlich ein Sieg Gottes, denn die Dämonen stehen nun in seinem Dienst (723), es sind oft „Götter" (725). „Die Verknüpfung des Irdischen und des Überirdischen muß ihm tiefstes Bedürfnis gewesen sein, trotz der undurchdringlichen Verknäuelung, die dadurch für sein rationales Denken entstand" (700). Das bestätigt diese Untersuchung.

gung der assoziativen Symbolbezüge, für Mörike so charakteristisch, ergeben die Symbiose von Amor-Eros und (David-) Apoll mit Mozart, mit dem Adam, dessen Name Amadeus niemals fällt, vielleicht weil er hier allzuviel verriete.

Die Symbiose wird bestätigt durch die Assoziationen, die Franziska mit dem Kupferstich verbindet, den sie, von Eros-Mozart „in Bewegung gesetzt", herbeiholte. Kaum hat sie Apoll gleichgesetzt mit Mozart, da zwingt dieser sie bereits, „ihm ihre Lippen" zu reichen, „was sie denn auch ohne vieles Sträuben tat". Den Gestus kennen wir von der Wasserszene her. Jetzt wird er vollends zum Entgegenkommen der Frau, das damals sich ausdrückte in der „feurigen Umarmung" des „nobelsten der Burschen, wie ein Merkur gewachsen", durch die Schönste. Das ist hier Eugenie. Prompt meldet der Oheim auch ihr Verlangen, und Mozart sichert zu, nicht ohne seinen Triumph mit einer Beruhigung des Bräutigams — man weiß nicht, zu unterstreichen oder zu vertuschen: „wir werden die Gelegenheit wahrnehmen".

Dazu kommt es indessen erst, nachdem jenes Motiv wieder ins Spiel gebracht wurde, das sich zuerst mit Mozart verband: Don Juan. Es geschieht in der Horazischen Ode an *Kalliope*[23], aus der einige Zeilen auf dem erwähnten Kupferstich erkennbar sind. Man erinnere sich vorher der Gartenszene, in welcher Mozart, obgleich von der „Nemesis" bedroht, sogleich auf die Frauen vertraut, auffallenderweise besonders auf die ihm doch noch unbekannte „Pflegetochter" (vgl. oben die „Tochter" Apolls, die ursprünglich gar nicht seine Tochter ist). Von ihr hörte er im Gasthaus, sie sei schön, die Güte selbst, „und singe wie ein Engel". „Kalliope" ist die „Schönstimmige". Ihr Name bleibt in den zitierten Zeilen freilich ungenannt, ungenannt auch ihr legendäres Vermögen, die Zukunft vorauszusehen (Eugenies Todesahnung). Das Festgedicht nannte Eugenie „Jungfrau". Und auch die Muse Kalliope soll Jungfrau bleiben. Gleichwohl machte ein Flußgott sie zur Mutter des Orpheus. Und zwei andere Flußgötter retteten der Sage nach ihre Töchter vor den Nachstellungen Apolls, indem sie sie verwandelten in den Lorbeer und den kastilischen Quell, die wieder das Festgedicht erwähnt. Apoll ist Don Juan.

Das Oden-Zitat führt Apoll als den ein, der „keinen untätigen Bogen führt"! Der Oheim-Graf bezieht es scherzhaft auf den fleißigen Geiger Mozart — eines der nun schon vertrauten Ablenkungsmanöver. Und doch stimmt der Bezug auf Mozart. Unmittelbar gemeint ist natürlich der fernhintreffende Bogen, mit dem Apollon Übeltäter fällt. In den nachfolgenden — nichtzitierten! — Strophen tun das jedoch auch jungfräuliche Pfeile mit zudringlichen Werbern, wie Apoll selber einer war. Die Götter,

---

23 Ein Hinweis darauf ist wiederum Kaiser zu danken (Anm. 21), S. 396 f.

so heißt es da in Mörikes Übersetzung, preisen alle „mit Rat geführte
Macht; doch verhaßt ist ihnen / Alle Gewalt, die nach Unheil trachtet".
Ihre Rache ereilt den Buhler und verdammt ihn zu ewigen Qualen —
wenn er nicht gerade Apoll heißt, der andererseits ja selbst zu den göttlichen Richtern und Rächern gehört. Und Mozart teilt auch diese Eigen-
schaft mit ihm.

Wenn Mozart die Orange senkrecht zerschneidet, beide Hälften
langsam mehrfach trennt und zusammenfügt, dann ist das wie das
richterliche Wägen. Mozart zieht sein Messer aus silberner Hülle. Und
silbern ist der Sage nach der Bogen des rächenden Apoll. Damit wird,
scheint mir, jene vielbesprochene[24] Stelle aus der Oper voll verständlich
— es handelt sich um die Geisterstimme des toten Gouverneurs, der
Nemesis — die Mörike so schildert:

Wie von entlegenen Sternen fallen die Töne aus silbernen Gerichts-Posaunen,
eiskalt, Mark und Seele *durchschneidend* (WW), herunter durch die blaue Nacht.

Licht kommt freilich auch von Amors Silberschwingen. Mozart-Apoll-
Amor vermittelt die Gewalt des Eros, verfällt ihr dabei selbst als Adam,
Don Juan und David; doch er, der sich wie ein säkularisierter Christus
einläßt auf den „Höllenbrand", den Schluß seiner Oper, übergibt der
Hölle, wenn schon nicht sich selbst, dann doch von sich so viel, wie er
mit Don Juan und dessen „Selbstvernichtung" teilt. Er, der menschliche
Gott der Töne, ist der „gestrafte Ausschweifende" *und* dessen gestrenger
Richter: Apollon, David, die Nemesis (der Laube des „Tiberius"), ja,
Stellvertreter Christi.

Rückt Mozart, im Schutz solcher richterlichen Funktionen dennoch
mit Apoll und Don Juan zusammen, so hören wir bezeichnenderweise
doch bloß von denjenigen ihrer Abenteuer, die ihnen fehlschlagen:
Entsagung, komisch moduliert. Bei Mozart ist Fehlschlag freilich ein viel
zu starkes Wort. Sein Abenteuer mit Eugenie spielt sich ja nur in seiner
Phantasie ab, sogar so gut wie ganz in seiner unbewußten Phantasie. — In
seiner? Auch in Eugeniens! Das ist es eben. Eros in Aktion. Und in
Entsagung, Frustration. Mörikes „Kunst der Sünde" verschmilzt noch
raffinierter als bei der heiligen Sünderin Peregrina Genuß und Verzicht,
die Sünde und ihren Preis. Bewahrt Apoll im Festgedicht wie dann

---

[24] Bei dieser Gelegenheit möchte ich überhaupt die Studien nennen, denen ich
Anregung und Bestätigung verdanke. Raymond Immerwahr: Narrative and
„Musical" Structure in „Mozart auf der Reise nach Prag". In: Studies in Germa-
nic Languages and Literatures. In Memory of Fred Nolte. Ed. by E. Hofacker
and Liselotte Dieckmann. Washinton University Press. St. Louis 1963, pp.
103—122. Ralph B. Farell: Mörike: „Mozart auf der Reise nach Prag. London:
Arnold 1960. G. Wallis Field: Silver and Oranges: Notes on Mörike's Mozart-
Novelle. In: Seminar 14 (1980), pp. 243—254.

Mozart-Apoll im Leben davor, daß sich die Drohung des Lorbeers erfüllt, „der kunstbegabten Schönen (Schönstimmigen) Herz und Sinn für die Liebe der Männer zu rauben", so bleibt sie doch, wie Apoll der Muse auferlegt, halb jungfräulich, halb bleibt sie es, wie wir sahen, nicht. Sie bleibt es dem Gatten gegenüber nicht – und bleibt es doch; denn im Kontrast zu Mozart wirkt er blaß und unerotisch. Und wie der Lorbeer, einst die von Apoll verfolgte Daphne, dem Gott gewidmet bleibt, so gehört Eugeniens lebenslange Liebe und Verehrung der Kunst Mozarts, ihrem Genius und Mozart selbst.

Das darf man annehmen und jedenfalls, daß Eugenie auf Mörikes Ebene einer mystischen Phantasie dem Meister ihre Jungfräulichkeit recht gern hingäbe oder sogar – gibt. Es wird angedeutet von den weiteren Geheimsignalen, die nun zu entschlüsseln sind.

Daß Eugenie den Gast küssen wolle, erfuhr dieser nämlich nicht erst aus dem Mund des Oheims, sondern schon vorher aus ihrem eigenen. Im ersten Beitrag zur musikalischen Unterhaltung singt Eugenie, die „Wohlgeborene", Namensverwandte der „natürlichen Tochter" Goethes, begleitet von dem Bräutigam, aus *Figaros Hochzeit* „die Arie Susannas in jener Gartenszene",

„wo wir den Geist der süßen Leidenschaft stromweise, wie die gewürzte sommerliche Abendluft, einatmen". Anfangs befangen „bis zur äußersten Blässe", hält sie sich dann „sicher auf der hohen Woge, und das Gefühl dieses Moments, des einzigen vielleicht in seiner Art vielleicht für alle Tage ihres Lebens, begeisterte sie billig."

Das leuchtet uns ein. Darüberhinaus aber ist die Arie, „textlich ein Kabinettstück innerhalb des hervorragenden Librettos, sprachlich vielleicht da Pontes größter Wurf", Susannas Traum von der „Erfüllung im zukünftigen Vereintsein" mit dem Verlobten, Figaro, mit dem Mozart sich hier in Gedanken an die betreffende Sängerin „identifizierte"[25].

Am Schluß aber des Liedes, dessen Text wir nicht vernehmen, wünscht die Braut den Geliebten mit den Rosen zu bekränzen, die die Novelle vom Anfang oder „Aufgang" („Rosee d'Aurore") bis zum Todeslied am Schluß durchziehen.[26] Wie bei Keller sind sie die Blumen der Liebe, Schönheit – und der Vergänglichkeit, des Entsagens.

Das Thema Vergänglichkeit wird laut und heiter, von Mozart wie vom Ernst des Themas ablenkend, intoniert im Rundgesang und Kanon der Herren. Aus dem Stegreif preisen sie die lange „Reihe unsterblicher Werke", von denen Mozart zur Stunde noch nichts weiß und die den Neid seines Rivalen Salieri wecken sollen, falls diesen nicht „der Teufel holt vorher". Anders wird das Thema Vergänglichkeit moduliert in dem

[25] Wolfgang Hildesheimer: Mozart. 1977. Suhrkamp Taschenbuch 598, S. 197 f.
[26] Kaiser (Anm. 21), S. 381.

Duett, das Mozart im Garten komponierte und das er Eugenie als Brautgeschenk verehrt, und zwar als „Brautlied aus dem Stegreif, wenn Sie es
dafür gelten lassen". Und allein den Part Zerlines trällert er auf italie-
nisch, als er die Entstehung schildert.

Mörike übergeht, daß Mozart sich dabei die Rolle des Bräutigams
vorbehält, die er nachher im Duett mit ihr tatsächlich singt. Den Text
Zerlines gibt eine Fußnote unauffällig wieder. Wobei uns auffällt, daß sie
das „heiße Begehren" samt dem Heilmittel, dem Heiraten, genauer: dem
Aufgeben der Jungfernschaft, anders als im Libretto durch das eine Wort
„Amor" wiedergibt, also durch das, was Mozart repräsentiert. Erinnern
wir uns an die Anregung zu dem Duett, die neapolitanische Wasserszene
und ihre Symbolik. Mozart verband sie mit der don juanesken erotischen
„Gewalt", die auch hinter dem Duett oder vielleicht in dessen Auf-
führung hier und jetzt beschlossen liegt.

Als Eugenie mit Mozart das Duett der Brautleute singt, wirken die
anderen mit im Chor. Besonders bringt der Graf die geräuschvolle
Improvisationskunst zu Ehren, die Eichendorff den alten Herren nach-
rühmt. Der Text wird für uns gleichsam übertönt. Mit keinem Wort wird
er erwähnt oder das Thema. Dabei ist es wichtig genug. Es lautet: „Carpe
diem!" Zerlina schließt: „O ihr Mädchen, zur Liebe geboren, laßt die Zeit
nicht verstreichen!" Entsprechend fällt Masetto ein: „Leichtsinnige
Jünglinge, tändelt nicht zu lange umher. Es dauert nicht lange, das Fest,
aber für mich hat es noch nicht begonnen."

Für Masetto wird das Fest nach einem schreckhaften Zwischenspiel
beginnen. Und für Mozart? Wandelt sich Masettos Vorfreude in Mozarts
Mund zu Salomon Landolts ewiger Erinnerung an eine Vorfreude, die
nie Erfüllung fand? Und selbst wenn es zum Genuß des Augenblicks
kommt: verfällt nicht alle Erfüllung sogleich wieder dem Vergehen?
„Denk es, o Seele!" Und wenn es nun auch zum Kuß zwischen Eugenie
und Mozart kommt: bleibt er nicht, gemessen an den bisher geweckten
Erwartungen, auf beiden Seiten „jungfräulich", Entsagung, Resignation?
Gewiß sind jene Erwartungen, realistisch gesehen, absurd. Es gibt sie
aber in der Phantasie. Mörike verweist sie ganz und gar dorthin, verleiht
ihnen insgeheim beträchtliche Intensität und zeigt damit um so eindrucksvoller, daß hinter dem biedermeierlichen Ethos des Maßes viel
Trauer steckt, viel Selbstbeherrschung, Selbstverleugnung, Tapferkeit.

Zerline und Masetto, Eugenie und Mozart schließen, indem sie gleichzeitig sich gegenseitig auffordern:

> Komm, komm, Liebste(r), vergnügen wir uns,
> Singen, tanzen und springen,
> Komm, komm, Liebste(r), vergnügen wir uns,
> Welche Freude, welche Freude wird das sein!

Der Gesang führt „mit einem raschen Übergang auf den Gipfel geselliger Lust, wo die Musik an und für sich nicht weiter in Betracht mehr kommt, und zwar gab zuerst unser Freund das Signal": der Mozart-Eros und gezähmte Don Juan. Er beginnt mit Franziska einen „Schleifer". Das Tanzprogramm ist fast dasselbe wie in der Schilderung Eichendorffs. Nur bildet das Menuett hier nicht den „herkömmlichen Initialschnörkel", sondern geht erst unmittelbar seinem parodistischen Gegenstück voran, dem wilden Kehraus. Ihn tanzt Mozart, nicht der Bräutigam, mit Eugenie, vielmehr mit der „Braut"; und am Ende nimmt er den ihm versprochenen Kuß, vielmehr: er nimmt „sein versichertes Recht auf ihren schönen Mund in bester Form dahin".

In bester Form! Der Höhepunkt physischer Annäherung wird sublimiert, ausbalanciert durch Form, das Dionysisch-Don Juaneske durch Apoll (oder der don-juaneske Apoll durch den Apoll der Form). Intimere Annäherung wird verwiesen ins Geistige, in Mörikes irdisch-überirdische Mystik der Phantasie, in sein Reich poetischer Andeutungen, Hüllen und Nuancen.

An der aufwendig signalisierten und zugleich überdeckten Zwiespältigkeit hätte Eichendorff im Rahmen seiner öffentlich erstellten Kategorien mancherlei tadeln müssen: Vermieden sind die religiöse Klärung der Fronten und die wahre Bändigung des Dämonischen. Mörike läßt seinen Helden den Sold der Sünde gleichsam im voraus zahlen; mit seinem vorausgeahnten Tod beschwichtigt er die Gewissen auch der Leser, so daß alle, Autor, Held und Leser, sich getrost den amourösen Phantasien überlassen können. Diese büßen, recht verstanden, sicher nie ihre „jungfräuliche" Unschuld ein, versagen sich aber eben andererseits auch nicht den lustvollen Blick über die Grenze. Mit ihrer Entsagung im handfesten Dasein handeln sie überdies noch eine gute Portion Schmerz, Mitleid und Selbstmitleid mit ein.

Bis in den vorausgeahnten Untergang begleiten Mozart, wenn schon nicht Adams Pomeranzen, so doch Embleme seiner Amor- und Apollon-Existenz. Es sind die Rosen — die Rosen der Schönheit und der Liebe, der Vergänglichkeit, des Entsagens und der Morgenröte des Gerichts. Es ist das Silber der Amorflügel und der Gerichtsposaune, des Liebes- und des Rache-Bogens. Die Rosen „sind erlesen schon, / Denk es, o Seele, / Auf deinem Grab zu wurzeln und zu wachsen" — sie werden weiterleben ohne dich und uns an dich erinnern, bis sie selbst vergehen. Die Musik wird das Gedächtnis, so scheint es, ins Unendliche verlängern. Dennoch ist das Ende hier auf Erden schmerzlich, kaum verwindbar. Der Reisende traf mit einer geliehenen Kutsche ein und fuhr mit einer geschenkten weiter. Die schwarzen Rößlein (hörte Mörike zugleich etwas wie „schwarze Rosen"?)

> werden schrittweis gehn
> Mit deiner Leiche;
> Vielleicht, vielleicht noch eh'
> An ihren Hufen
> Das Eisen los wird,
> Das ich blitzen sehe!

Mörike, der die geistliche Barocklyrik gut kannte, dürfte sie hier säkularisieren. Übrig bleibt trostlose Trauer über das Verlassen der Erde. Daß aber die Erzählung in dieses Gedicht mündet, das dem Vergehen sich so tapfer stellt, ist eine ostentative Anstrengung der Kunst. Die Ewigkeit der Kunst ersetzt die Ewigkeit der Religion. Sie ist „Religion der Kunst", die neue Form der alten Erbsünde der Reformation. So sah es Eichendorff. Seiner Ansicht nach war Schiller „der eigentliche Vater dieses modernen Ideals"[27]. Und kein Zweifel: Schillers großer Ton ist klar vernehmlich hinter den Hufen und den Tränen Eugenies in Mörikes Biedermeier-Klage, die so viel irdischer, menschlich wärmer klingt, mit Schiller jedoch den Mangel teilt an Relevanz der Religion und an dem Trost, welchen sie Eichendorff und seiner Dichtung lieh und den er bei Mörike hätte ebenso vermissen müssen, wie er es bei Schiller tat.

Was wir hinter Mörikes „Denk es o Seele!" hören, ist Theklas Klage. Sie gilt ebenfalls der unerfüllt, der jungfräulich gebliebenen Liebe zum Bräutigam (falls wir auch *das* in Eugenies Tränen mit vernehmen dürfen; die Tür dazu hat Mörike geöffnet); und ebenfalls erhebt sie sich darüber zu dem, was leider allgemein und ewig gilt:

> Da kommt das Schicksal! − Roh und kalt
> Faßt es des Freundes zärtliche Gestalt
> Und wirft ihn unter den Hufschlag seiner Pferde −
> Das ist das Los des Schönen auf der Erde!

Auf der Erde! Um so mehr gilt auch für Mörike, was Schiller im gleichen Jahr wie *Wallensteins Tod* (IV,12), 1799, über Klage als Kunst, als Klagelied dichtete − *Nänie* mündet, über die antikische Atmosphäre, genau in die Schlußsituation der Novelle:

> Auch das Schöne muß sterben! Das Menschen und Götter bezwinget (das Schicksal),
> Nicht die eherne Brust rührt es des stygischen Zeus . . .
> Siehe, da weinen die Götter, es weinen die Göttinnen alle,
> Daß das Schöne vergeht, daß das Vollkommene stirbt.
> Auch ein Klaglied zu sein im Mund der Geliebten ist herrlich,
> Denn das Gemeine geht klanglos zum Orkus hinab.

---

[27] Geschichte der poetischen Literatur Deutschlands. Kap. VI. Die Poesie der modernen Religionsphilosophie.

Diskussion

Der Reiz der Don Giovanni-Figur und speziell der Celina geht davon aus, daß sie den Reiz des „Dazwischen" ausdrücken – zwischen dem Feudalen und Bürgerlichen. (Nach Adornos Celina-Aufsatz.) Die Lust sowohl Eichendorffs als auch Mörikes liegt im Reise-Motiv als „dazwischen-sein" wie auch historisch „dazwischen-seiend", im Sinne von Goethes „es ist an der Zeit", das, was fällig wäre, aber noch nicht ist, „der Traum dazwischen". Vielleicht liegt auch gerade da die Differenz Mörike – Eichendorff: Mörike ist geschichtsphilosophisch sensibler in seinem Lob, Eichendorff mehr universal dauer-euphorisch. Bei Mörike bleibt das Wetterleuchten der Revolution im Hintergrund, seine Zwiespältigkeit nennt keinen Grund für die vorhandene Gefährdung.

Bei Eichendorff ist das Moment, daß etwas „an der Zeit ist und zugleich noch vor der Zeit ist", der Topos der „alten Zeit". Die Formel, mit der er dies deutlich macht, ist das Gefühl des Irreseins, des Unbenennbaren. Dazu kommt das Thema „Gewalt des Eros", die mit gemeint ist im Bild der alten Zeit, der Unnennbarkeit der paradoxalen Figur, deren Struktur es ist, sich immer selbst durchstreichen zu müssen.

Bei Mörike wird dies faßbar gemacht; die Divergenz „Daseinsverständnis" und „Geist der Erzählung" oder sogar ihr Widerspruch sind vielleicht ein epochentypisches Ereignis.

Der fundamentale Unterschied zwischen Mörike und Eichendorff liegt in der Sicht der „guten alten Zeit". Eichendorff sieht sie als die Zeit, auf die hingestrebt werden muß im Sinne eines Goldenen Zeitalters; Mörike denkt bewußt historisch an eine bestimmte Zeit, die symbolisch überhöht wird. Offen bleibt, ob er – trotz des dunklen Untertones – genügend Lebens- und Liebenswertes findet, oder aber (im Sinne von Benjamins: einmal habe ich gehen gelernt, jetzt kann ich gehen, gehen lernen nie mehr) Wehmut empfindet über eine Immanenz, welche verloren ist.

Alfred Riemen

Friedrich von Sallet

Friedrich von Sallet, ein Dichter aus der Zeit zwischen Romantik und Realismus – wie ist er zu beschreiben? Romantikepigone? Imitator byronscher Zerrissenheit? Wenig bekannter Vertreter des Jungen Deutschland? Schüler Hegels in einem vielleicht ganz unhegelschen Sinn? Religionsphilosoph und pantheistischer Reformator des christlichen Glaubens? Dichterischer Kritiker der Politik und Gesellschaft in der späten Restaurationszeit? Alle diese Urteile könnte man auf ihn anwenden, aber alle kennzeichnen höchstens einen Abschnitt seines kurzen Lebens oder nur eine Seite seiner Persönlichkeit. Zwei andere Feststellungen sind unbestreitbar: Von seinen Freunden und von einem Teil der interessierten Öffentlichkeit in der zweiten Hälfte des 19. Jahrhunderts wurde seine Bedeutung überschätzt; heute ist er fast unbekannt und verdient, dieser Vergessenheit entrissen zu werden. Gewiß zählt Sallet nicht zu den Großen seiner Zeit. Wollte man ihn mit Heine, Mörike, Eichendorff vergleichen, man täte ihm unrecht, weil man ihn in eine Kategorie erhöbe, der er nicht gewachsen ist, womit allerdings nicht bestritten wird, daß es zwischen ihnen zeitgenössische Gemeinsamkeiten gibt. Allerdings hält Sallet den Vergleich mit manchem Autor aus, den man vor einigen Jahren als gesellschaftskritischen und sozialpolitischen Dichter des Vormärz wieder entdeckte. Daß man ihn trotz der systemkritischen Gedichte, die er während seiner letzten Lebensjahre veröffentlichte, nicht hervorgeholt hat, kennzeichnet weniger den Schriftsteller als die ideologische Verengung der Literaturrezeption, der wir die Wiederentdeckungen der dreißiger und vierziger Jahre des vorigen Jahrhunderts verdanken. Sallet paßte nicht in das Konzept, er war adliger Herkunft, war eine Zeitlang preußischer Offizier, war vor allem eine tief religiöse Natur, wenn auch seine persönliche Auffassung des Christentums den Widerstand beider Kirchen hervorrief – ein paar sozialkritische und revolutionäre Gedichte wiegen diese Mängel nicht auf! Die Ehre jedoch, die man einem Herwegh oder Freiligrath antut, von obskuren „Jakobinern" zu schweigen, verdient auch Sallet.

Diese Darstellung ist also der Versuch einer Rehabilitation. Nach einem Überblick über Leben und Frühwerk soll vor allem die gewichtige Endphase seines Schaffens dargestellt werden. Da der Inhalt der Werke in der Regel nicht als bekannt vorausgesetzt werden kann, wird es dienlich sein, ihm mehr Aufmerksamkeit als üblich zu widmen.

Die gegenwärtigen literarhistorischen Darstellungen erwähnen Sallet gewöhnlich nur knapp und vermitteln tradierte Urteile.[1] Neudrucke seiner Werke gibt es kaum. Nach dem Zweiten Weltkrieg wurde die Erzählung *Contraste und Paradoxen* noch einmal herausgegeben.[2] Gelegentlich erscheint ein Gedicht in einer Sammlung.[3] Die monographische Behandlung des Werks ist vereinzelt geblieben.[4] Man mag darin ein

---

[1] Beispiele:

Ernst Alker: Die deutsche Literatur im 19. Jahrhundert. Stuttgart, 2. veränderte und verbesserte Auflage, 1962. S. 62 f.: Dabei die übliche Zusammenstellung des Laien-Evangeliums mit Leopold Schefers Laienbrevier; die Lyrik bleibt unberücksichtigt.

Bernd Balzer: Liberale und radikaldemokratische Literatur. In: Viktor Žmegač (Hrsg.): Geschichte der deutschen Literatur vom 18. Jahrhundert bis zur Gegenwart. Band I/2. Königstein/Ts., 1979. S. 321: In wenigen Zeilen werden das Laien-Evangelium und ein Gedicht erwähnt.

Werner Kohlschmidt: Geschichte der deutschen Literatur. Band IV: Vom Jungen Deutschland bis zum Naturalismus. Stuttgart, 1975. S. 38: eine kurze Charakteristik der politischen Lyrik; S. 208: ein Satz über das Laien-Evangelium, wieder im Vergleich mit Schefer; S. 210: nur Erwähnung des Titels Contraste und Paradoxen.

Friedrich Sengle geht sehr oft auf Sallet ein, jedoch immer nur, der Anlage seines Werks entsprechend, an zahlreichen Stellen mit knappen Bemerkungen. Er zählt ihn mit Recht zu den weniger bedeutsamen Dichtern der Epoche; aber in seiner Bedeutung unverständlich bleibt mir das moralische Urteil, er habe sich „ungestraft spreizen" dürfen, nur weil auch er „Hegels Schüler" war. (Bd. I, S. 217 f.) An anderen Stellen macht er dagegen aufschlußreiche Bemerkungen: F. S.: Biedermeierzeit. Deutsche Literatur im Spannungsfeld zwischen Restauration und Revolution 1815–1848. 3 Bände, Stuttgart, 1971 ff. Die Stellen über Sallet sind den Registern zu entnehmen.

Grundsätzlich positiv wird Sallet mit knappen Bemerkungen beurteilt in Vormärz. 1830–1848. Erläuterungen zur deutschen Literatur. Hrsg. vom Kollektiv für Literaturgeschichte im volkseigenen Verlag Volk und Wissen. 10. Aufl., 1977, S. 232 u. 234. Jedoch wird nur die revolutionäre Gesinnung erwähnt, und auch das ist wieder eine Verfälschung.

[2] Im Werner Wulff Verlag, Überlingen, o. J.

[3] Z. B. in: Deutsche Sonette. Hrsg. von Hartmut Kircher. Stuttgart, 1979, S. 231.

[4] Meist sind es Dissertationen:

Marie Hannes: Friedrich von Sallet. Eine Gesamtdarstellung seines Schaffens mit Ausnahme der religionsphilosophischen Schriften. Diss., München, 1915.

Otto Hundertmark: Friedrich von Sallet. Ein Dichterphilosoph. Diss., Würzburg, 1916.

Urteil der Geschichte sehen. Trotzdem scheint mir Sallet seine persönlichen Farben in das Bild der späten Restaurationszeit zu mischen, und es ist daher für die literarhistorische Erforschung der Epoche notwendig, seinen Beitrag genauer zu untersuchen.

Theodor Paur, Sallets Freund während seiner letzten Lebensjahre, Herausgeber der ersten und einzigen Gesamtausgabe des Werks[5], behauptet in der Biographie, die er nach dem Tode des Dichters verfaßt hat[6]: „Friedrich von Sallet stammt aus einer geflüchteten französischen Hugenotten-Familie."[7] Wie Paur zu dieser Meinung kam, wird sich kaum feststellen lassen, und es ist auch unwichtig. Jedenfalls ist die Behauptung falsch. Daniel Jacobi teilt in der *Allgemeinen Deutschen Biographie*[8]

Ernst Reichl: Friedrich von Sallet und seine „Contraste und Paradoxen". Diss., Leipzig, 1925.

Ingeborg Krahl: Friedrich von Sallet und sein „Laienevangelium". Diss., (Masch.), Wien, 1945.

Rudolf Martens: Leopold Schefer und Friedrich von Sallet und ihr Verhältnis zu den geistigen Strömungen des beginnenden 19. Jahrhunderts. Diss., (Masch.), Marburg, 1949.

Gertrud Kraus: Friedrich von Sallet. Diss., (Masch.), Freiburg i. Br., 1956.

Hermann Hettner hat wahrscheinlich um 1844 einen umfangreichen Aufsatz über Sallet verfaßt, aber nicht veröffentlicht. Er wurde erstmals ediert in: H. H.: Schriften zur Literatur und Philosophie. Hrsg. von Dietrich Schaefer. Frankfurt/M., 1967. S. 25–86 u. 160–162. Dazu im Nachwort von Ludwig Uhlig S. 173–179.

Kleinere Aufsätze:

Alfons Hayduk: Friedrich von Sallet. Zum 115. Geburtstag des Dichters am 20. April. In: Der Oberschlesier. 9. Jahrg., 1927, S. 115–121.

Werner Milch: Friedrich von Sallet und die Überwindung der Romantik. In: Der Oberschlesier. 12. Jahrg., 1930, S. 29–34.

Werner Milch: Friedrich von Sallet. In: W. M.: Kleine Schriften zur Literatur- und Geistesgeschichte. Hrsg. von Gerhard Burkhardt. Heidelberg, 1957, S. 160–164.

Mieczyslaw Urbanowicz: Friedrich von Sallet und seine politische Dichtung. (polnisch mit deutscher Zusammenfassung). In: Germanica Wratislaviensia. 1957, S. 143–146.

[5] Sämtliche Schriften. Hrsg. von Theodor Paur. 5 Bände. Breslau, 1845 und 1848.
1. Band: Laien-Evangelium, 3. Aufl., 1845
2. Band: Gesammelte Gedichte, 2. Aufl., 1845
3. Band: Contraste und Paradoxen, 1845
4. Band: Des Dichters Werden, 1845
5. Band: Prosaische Schriften, 1848

[6] Leben und Wirken Friedrich von Sallet's nebst Mitteilungen aus dem literarischen Nachlasse desselben. Hrsg. von einigen Freunden des Dichters. Breslau, 1844.

[7] Anm. 6, S. 37.

[8] 33. Band, Leipzig, 1891. Der Aufsatz über Sallet, S. 717–727.

mit: „Der Dichter stammt nicht, wie falsch behauptet wird, von einer französischen Hugenotten-, sondern aus einer alten lithauischen Adelsfamilie Salleyde, die im Anfang des 15. Jahrhunderts nachweisbar ist. Ein Stammbuchblatt eines Johann Georg a Sallet, ‚eques Prussus' Tübingen 1654, besitzt der Sohn des Dichters, Professor Alfred v. Sallet."[9] Geboren wurde Sallet in Neisse am 20. April 1812. Sein Vater, ein preußischer Offizier, starb schon zwei Jahre später. Die Mutter heiratete 1816 den Juristen Karl Jungnitz aus Breslau, und dort wuchs Sallet auf, bis er 1826 in das Kadettenkorps in Berlin eintrat. 1829 wurde er als Secondlieutenant nach Mainz versetzt, widmete sich seinen literarischen Studien und der Musik — er spielte Flöte — und versuchte sich als Schriftsteller. Die angebliche Verunglimpfung des Militärs in einer mit vollem Namen gezeichneten Erzählung brachte ihm 1831 ein Kriegsgerichtsverfahren und eine Festungshaft ein, die der König von zunächst zehn Jahren nach einem Revisionsverfahren auf zwei Monate reduzierte. Nachdem er diese Strafe verbüßt hatte, wurde er 1832 nach Trier versetzt. Hier entstanden die meisten Gedichte, die er 1835 in seiner ersten lyrischen Sammlung veröffentlichte.[10] Als er im gleichen Jahr zur Kriegsschule nach Berlin kam, nahm er die Gelegenheit zu Studien an der Universität wahr und machte dabei die erste intensive Bekanntschaft mit der Philosophie Hegels. Aber 1837 wurde er vor Ablauf des Kriegsschulkurses nach Trier zurückgeschickt. Er hatte über seinen philosophischen und literarischen Interessen die militärischen Studien vernachlässigt. In jener Zeit entstanden die Verserzählungen *Schön Irla*[11] und *Die wahnsinnige Flasche*[12], die Epigrammsammlung *Funken*[13] und die Prosaerzählung *Contraste und Paradoxen*.[14] 1838 nahm Sallet seinen Abschied vom Militärdienst und kehrte nach Breslau zurück. Dort schrieb er das *Laienevangelium*[15], den größten Teil der religiösen und politischen Gedichte[16] und die Abhandlung *Die Atheisten und Gottlosen unsrer Zeit*.[17] Der 1841 mit seiner Kusine Caroline von Burgfeld geschlossenen Ehe entstammte ein Sohn. Sallet starb am 21. Februar 1843 in Reichau, dem Wohnort seiner Schwiegereltern, an einem Lungenleiden.

---

[9] Anm. 8, S. 717.
[10] Gedichte von Friedrich von Sallet. Berlin, 1835.
[11] Schön Irla. Ein Mährchen. Trier, 1838.
[12] Die wahnsinnige Flasche. Heroisches Epos in zwei Sitzungen. Trier, 1838.
[13] Funken. Trier, 1838.
[14] Erst aus dem Nachlaß 1845 als Band 3 der Gesamtausgabe veröffentlicht: s. Anm. 5.
[15] Laien-Evangelium. Jamben von Friedrich von Sallet. Leipzig, 1842.
[16] Gesammelte Gedichte von Friedrich von Sallet. Im Verlag des Verfassers. (Königsberg), 1843. Darin vor allem die beiden letzten Teile.
[17] In: Prosaische Schriften: s. Anm. 5.

Theodor Paur gab postum die *Sämmtlichen Schriften*[18] heraus und setzte sich intensiv für die Wirkung Sallets ein, was ihm als Gymnasiallehrer ein Disziplinarverfahren und schließlich die Versetzung aus dem katholischen Neisse an einen protestantischen Ort einbrachte.[19] Von ihm stammen auch die Nachrichten über Sallets Leben, die er zusammen mit den Aufsätzen anderer Freunde ein Jahr nach Sallets Tod in einer Gedenkschrift veröffentlichte.[20] Das Buch enthält außerdem Gedichte und Fragmente aus dem Nachlaß. Die *Gesammelten Gedichte* und das *Laienevangelium* erlebten im 19. Jahrhundert noch mehrere Auflagen und wurden beide in Reclams Universalbibliothek aufgenommen, was ihre Beliebtheit und Verbreitung bezeugt.

Friedrich von Sallet begann seinen literarischen Weg als Epigone der Romantik. Man konnte sich in den frühen dreißiger Jahren des vorigen Jahrhunderts den romantischen Vorbildern offenbar noch nicht entziehen. Gut zehn Jahre vorher hatte Heine so begonnen. Lenaus Anfänge verraten diesen Einfluß, und er ist ebenso bei Dichtern wie Mörike und der Droste, selbst noch bei Storm nachzuweisen. Sallet ist darin also keineswegs ein rückständiger Einzelfall. Er war sich des Einflusses wohl bewußt; denn auf das Titelblatt der ersten Gedichtsammlung von 1835[21] setzte er den Uhlandschen Vierzeiler „Singe, wem Gesang gegeben"[22]. Damit ist ein Programm angedeutet, das auf die Spätromantik verweist. Dem entsprechen die Themen der Sammlung, die 43 Gedichte und das Märchen *Der Johanniswürmerprinz* enthält. Die Inhalte der Gedichte sind im Gegensatz zu denen der späteren Zeit subjektiv getönt und doch poetisches Allgemeingut der Zeit: Frühling und Liebe, Abschied und Heimweh — auch das sehnsuchtweckende Posthorn fehlt nicht —, Todesahnungen, Jenseits, Ewigkeit. Das tradierte Arsenal herrscht vor; vieles erinnert an Uhland, manches an Eichendorff und Tieck, gelegentlich klingt Goethe an. Daher ist der Stil formelhaft bis zum Klischee. Es ist bezeichnend, daß Sallet von den 43 Gedichten nur 12 in die Lyrikausgabe letzter Hand von 1843 übernommen hat, daneben das Märchen *Der Johanniswürmerprinz*.

Dieses sieht wie ein Prosatext aus, aber nur der Anfang, wo der Johanniswürmerprinz noch unter den Menschen weilt, ist echte Prosa. Sobald die Naturgeschöpfe, Pflanzen und Tiere, sprechen, beginnen gereimte Verse, die jedoch wie fortlaufende Prosa gedruckt sind. Sallet bedient

---

[18] S. Anm. 5.
[19] Darüber in der Dissertation von Ingeborg Krahl: Anm. 4.
[20] S. Anm. 6.
[21] S. Anm. 10.
[22] Das ist die erste Strophe des Gedichts „Freie Kunst". Ludwig Uhland: Werke. Band I: Sämtliche Gedichte. Hrsg. von Hartmut Fröschle und Walter Scheffler. München, 1980, S. 34 f.

sich der formalen Kniffe, mit denen man seit dreißig Jahren den Leser zu frappieren sucht und ihm das Erlebnis vermittelt, mehr zu entdecken, als äußerlich sichtbar ist. Hier wird die Erkenntnis suggeriert, daß die Poesie bei den Wesen der unverbildeten Natur existiert. Urromantisch ist das gesamte Thema des Märchens: Sehnsucht nach einer über- oder hinterdiesseitigen Welt, die empirisch nicht faßbar, aber dennoch als Mythos existent ist.

Dasselbe Thema behandelt Sallet in dem lyrischen Märchen *Schön Irla*. Die Natur wird magisch vergeistigt, und das drückt sich in der Versform aus.[23] Irla, ein kleines Kind im eisigen Norden, erlebt in der Agonie den Eintritt ins südliche Paradies. Im Tode verwandelt sie sich in einen grauen Vogel, macht sich auf den Weg nach Süden, lernt von den freundlichen Naturwesen das Singen, und dabei wird sie immer bunter und schöner; schließlich zerstört sie mit ihrem Gesang die Demantmauer, die das Paradies umgibt und den Zugang hindert, und sie vereinigt sich mit dem Engel, den sie in den Träumen der Agonie gesehen hat.

Das romantische Thema ist deutlich: Erlösung der Welt durch die Poesie. Man wird an Novalis' Märchen erinnert. Vielsagend ist auch hier das vorangestellte Motto: Eichendorffs Vierzeiler „Schläft ein Lied in allen Dingen". Daran klingt eine Strophe des Gedichts an:

> Tief verborgen schläft ein Klingen
> In dem Schooß kristallner Schaale;
> Wenn es einem mag gelingen,
> Just den rechten Ton zu singen,
> Bebt Kristall mit einemmale,
> Leis beginnend einzustimmen,
> Bis die Kläng' in eins verschwimmen.[24]

Das Motto zu *Schön Irla* beweist, daß Sallet die literarischen Neuerscheinungen aufmerksam verfolgte. Eichendorffs Vierzeiler „Wünschelrute" ist im *Deutschen Musenalmanach* auf das Jahr 1838, von Chamisso und Schwab herausgegeben, veröffentlicht worden. Wahrscheinlich ist der Almanach im Herbst 1837 erschienen[25]; jedenfalls kann Sallet nur durch ihn die Verse kennen gelernt haben, und es kennzeichnet seine

---

[23] Werner Milch — in: Kleine Schriften: Anm. 4, S. 162 — nennt Schön Irla und Die wahnsinnige Flasche Prosadichtungen. Es scheint, daß er die Texte nicht gesehen hat, denn beide sind schon vom Druckbild her als Versdichtungen zu erkennen.

[24] Anm. 11, S. 36.

[25] Es war damals üblich, Neuerscheinungen am Ende des Jahres vorauszudatieren.

Einstellung, daß er sich mit ihnen identifizieren konnte. *Schön Irla* ist die Konsequenz der poetischen Identifikation.

In romantischer Tradition steht ohne Zweifel auch die Erzählung *Contraste und Paradoxen*, ebenfalls um 1838 verfaßt, aber erst postum 1845 ediert. Warum Sallet sie nicht selbst herausgegeben hat? Vielleicht hängt es damit zusammen, daß er während der Arbeit die ursprünglich romantische Grundkonzeption geändert haben soll. Romantisch ist jedenfalls die Form: ein Prosatext mit eingefügten Gedichten, einem dramatischen Teil und philosophischen Reflexionen. Der Onkel Holofernes erscheint als Bürgerschreck, der zum Entsetzen einer Damengesellschaft ein skurriles Opernlibretto vorträgt; der Held Junius macht magische Naturerfahrungen, wobei die Naturgeschöpfe ihn mit Versen auf die Poesie verweisen; er erlebt eine traumhafte Verbindung mit einem Feenreich, in das er am Ende selig eingeht. Junius findet in der Natur zu sich selbst und zu seiner poetischen Bestimmung. Zunächst schreibt er auf, was er von den Naturwesen hört, und diese sprechen wie im *Johanniswürmerprinz* in Versen; danach äußern sich auch seine eigenen Empfindungen in Gedichten, und nachdem er die Verse als solche erkannt hat, übt er die Kunst bewußt. Hier wirken romantische Gedanken nach. Von seinem Paten, dem Onkel Holofernes, hat er zur Taufe ein Fernglas erhalten, das ihn hinter die Fassade der Natur blicken und ihr Wesen erkennen läßt. Wieder eine romantische Idee, die an die magischen Sehgeräte E. T. A. Hoffmanns erinnert. Ein weiteres Patengeschenk des Onkels ist ein ABC-Buch, von diesem selbst verfaßt. Mit dessen Hilfe will Holofernes den Lebensweg des Neffen beeinflussen. Es enthält hauptsächlich Lebensregeln in Form von Aufforderungen und endet mit einer didaktischen Parabel. Man sieht, daß in diesen Formen die romantische Romanpoetik Friedrich Schlegels nachwirkt. Denn das gilt auch von den Reflexionen über verschiedenartige Erscheinungen des Lebens, die unter dem Titel „Aus dem Tagebuch des Onkels Holofernes" bei entsprechenden Situationen und Gelegenheiten unvermittelt in den Erzähltext eingeschoben sind. Romantisch wirkt der Traum, der in eine Welt entrückt, die im Alltag unzugänglich ist, die aber ihre Realität dadurch beweist, daß sie auf die Alltagswelt zurückwirkt. Wie in E. T. A. Hoffmanns Märchenerzählungen durchdringen sich Märchen- und Alltagswelt; zwar wird das Magische im gewöhnlichen Leben nur von den poetisch Begabten erkannt, wirkt aber auch auf diejenigen ein, denen es fremd ist. An Hoffmanns Meistergestalten − z. B. Lindhorst im *Goldenen Topf,* Celionati in der *Prinzessin Brambilla,* auch an Meister Abraham im *Kater Murr* − erinnert Holofernes, der die Entwicklung seines Neffen Junius oft mit magischen Mitteln lenkt, ohne daß dieser darum weiß. Es ließen sich noch weitere formalen und thematischen Anleihen bei der Romantik aufzählen. Trotzdem muß man den Beobachtern zustimmen, die in der Erzählung einen Wendepunkt in Sallets Entwicklung abgebildet finden. Es heißt, er habe sie noch ganz im romantischen Sinne begonnen und mit Junius Einzug ins Feenreich den Sieg der Poesie über die Alltagswelt darstellen wollen; bei der Arbeit aber habe er seine Ansichten geändert, und nun stelle Junius das falsche Verhalten dar, da doch „praktische Tüchtigkeit, Lebensklugheit, Einordnung in die Geschehnisse der Welt" gefordert würden.[26] Grundsätzlich ist das richtig; aber es erscheint doch zu oberflächlich, die Wendung einfach darin zu sehen, daß Sallet nun das Gegenteil seiner früheren Ansichten proklamiert, einfach die Position des romantischen Idealisten mit der des nüchternen Realisten vertauscht habe. Die Verhältnisse erweisen sich als komplizierter. Romantikkritik ist nicht zu übersehen. Aber warum hätte Sallet die Einkleidung in romantisches Gewand bewahren sollen, wenn er sich so absolut von seinen romantischen Überzeugungen abgekehrt hätte? In dem Zusammenspiel von Form und Gehalt ist das Werk ein komplexes Gebilde, ein Zeugnis der geistesgeschichtlichen Übergangszeit, in der es entstanden ist.

Die Erzählung beginnt mit echt romantischer Philisterkritik, wie sie allerdings auch in den dreißiger Jahren noch üblich war. Junius' Vater ist ein Bankherr. Von morgens bis abends sitzt er in einem zwölfeckigen, nur vom Dach her beleuchteten Turm zusammen mit zwölf Schreibern. Durch Drahtgitter ist jeder vom andern getrennt; Habichs thront in der Mitte. Sie sitzen auf hochgeschraubten Schreibeseln vor Kontobüchern und rechnen den ganzen Tag. Dieses Turmverließ mit den Drahtgittern markiert die Befangenheit im Alltagsdenken. Alles, was nicht zu der alltäglichen Beschäftigung gehört, stört, so das Lied des Schwans bei Junius' Geburt, das die Schreiber irritiert, aber das Habichs nicht einmal hört. Selbst die Nachricht von Junius' Geburt, von der Magd gebracht, empfindet er als Störung; dergleichen hat bis zur Zeit nach den Arbeitsstunden zu warten. Übrigens ist der Name Habichs wohl sprechend, er läßt sich auflösen in Hab-ich-es. Folgerichtig ist alles, was sich nicht in bare Münze umsetzen läßt, unnützes Zeug. Als der Onkel Holofernes von Junius voraussagt: „Ihr habt einen Poeten, ein Genie zum Jungen"[27], schauert Habichs zusammen und weiß dann nur zu seufzen: „Also ein Vagabund." Frau Habichs Meinung von der Poesie ist zwar milder, aber nicht besser: ein Talent für Freistunden, eine „ästhetische Zierde edlerer Geselligkeit" und es könne „manche angenehme Stunde für schönere Seelen verkürzen helfen"[28]. Überhaupt ist Frau Habichs die ästhetische Musterphilisterin. Sie verschlingt Romane aus der Leihbücherei und

[26] Milch: Kleine Schriften: Anm. 4, S. 163.
[27] Schriften, Bd. 3: Anm. 5, S. 24.
[28] Ebd., S. 123.

veranstaltet weibliche Teegesellschaften mit viel Getratsche. Das ABC-Buch des Onkels Holofernes versteht sie wegen seines philosophischen Inhalts nicht, hält es deshalb für besonders wertvoll und zudem für ein frommes Werk, weil darin mehrfach das Wort Gott vorkommt. Eine ihrer Teegesellschaften treibt Holofernes auseinander, indem er auf die Bitte, etwas Poetisches vorzutragen, ein satirisches Opernlibretto, eine Parodie auf die Artussagen, vorliest. Die Damen sind über den Text ebenso empört wie über die Vortragsart.

Holofernes hat insgeheim die Erziehung seines Neffen übernommen oder vielmehr, er sucht dessen Entwicklung zu leiten. Neben dem ABC-Buch dient dazu das magische Glas, das die Fassade der Naturdinge aufschließt und die eigentliche Wirklichkeit erkennen läßt. Das romantische Thema von der Hieroglyphenschrift der Natur klingt hier an. Bei Spaziergängen erlebt Junius an einer großen Felswand magische historische Bilder, die Holofernes, ohne sichtbar zu sein, daran erscheinen läßt. Welterkenntnis erfordert historische Erkenntnis; denn Weltgeschichte erweist sich als Kunstwerk des göttlichen Geistes.[29] Junius' Anlagen werden auf diese Weise so gefördert, daß er sich in das Bankgeschäft seines Vaters unmöglich einfügen kann. Seine Veranlagung ist die des Dichters, sie wird von Holofernes erkannt, mit seiner Hilfe durch die Natur geweckt und dadurch gesteigert, daß Junius schlafend in das Reich der Fee Tausendblüt gelangt. Die Veranlagung ist stärker als sein Wille; trotz der ehrlichen Absicht, sich zur Arbeit im Geschäft seines Vaters zu zwingen, stört er dessen Betrieb, indem er z. B. Verse in das Kontobuch schreibt. Eines Tages bringt er aus dem Reich der Poesie eine Rosenblüte mit und steckt sie bei der Arbeit im Turm in das Gitter. Der Zweig wächst, überzieht innen den ganzen Turm, läßt sich trotz aller Anstrengungen Habichs und seiner Schreiber nicht ausrotten, und als Junius auch den goldenen Wundervogel der Poesie mitbringt, den Habichs und seine Schreiber gewaltsam vertreiben wollen, fällt bei dem Kampf der Turm zusammen und mit ihm das ganze Anwesen der Habichs. Junius rettet sich, auf dem Wundervogel reitend, ins Reich der Poesie. Das aufgefundene Hab und Gut der Habichs wird versteigert, darunter ein stattlicher Teekessel, der vorher Frau Habichs gewesen war.

Das alles könnte man noch ganz als Romantiknachfolge bezeichnen. Aber Sallet begnügt sich damit nicht. Die Erzählung ist von satirisch-kritischen Elementen durchsetzt, die sich an seine Zeitgenossen wenden. In Frau Habichs werden die Lesegewohnheiten, der Leihbibliotheksbetrieb, die verbreiteten Romane – Trivialromantik – verspottet. Gefragt sind, wie Sallet einen Verleger schreiben läßt, Übersetzungen französi-

---

[29] Es ist daran zu erinnern, daß Sallet in Berlin mit der Philosophie Hegels in Berührung gekommen war.

scher und englischer Romane und deutsche Räuber- und Rittererzählun-
gen.[30] Karikiert wird die Verflachung der Volksbildungsidee, die aus der
Aufklärung stammt[31], und die Rücksichtnahme auf die lesenden Frauen,
indem z. B. ein Verleger verlangt, ein wissenschaftliches Werk „in Briefe
an eine Dame sachgemäß einzukleiden"[32]. Gefragt ist auch Phantasti-
sches, jedoch eben nur als Romanlektüre; denn als Frau Habichs die
Rosenlaube, die über Nacht im Zimmer ihrer Tochter gewachsen ist,
sieht, fällt sie in Ohnmacht, „denn sie mochte das Zauberische wohl in
Büchern leiden, aber in der Wirklichkeit es zu ertragen, das war ihr zu
stark"[33]. Deshalb wird sie beim Untergang des Hauses zum Teekessel,
dem Mittelpunkt der scheinpoetischen Damengesellschaften — einer der
Hiebe auf die ästhetischen Tees der Zeit. Als Frau Habichs einmal
glaubt, sich gegen ihren Mann verteidigen zu müssen, hält sie eine
Zornesrede mit einem ganzen Lexikon — allerdings meist verballhornter
— Modewörter der damaligen Emanzipationsbewegung, als da sind: das
Fortschreiten der cosmopolitischen Humanität des Zeitgeistes, das
Tribunal höherer Intelligenz, die Zerwürfnisse der sozialen Zeitwirrniß
durch Emanzipation der Frauen, Freiheit und Gleichgültigkeit, soziable
Institutionen, soziable Revolutionen, objektivische selbstbewußte Weib-
lichkeit usw.[34] Die Sprechenden verstehen selbst nicht, was sie sagen;
politische Begriffe sind zu Modewörtern, zu Versatzstücken im Ehestreit
geworden. Dagegen verlangt Holofernes trotz aller Magie den Gebrauch
der Vernunft; allerdings meint er nicht den platten Verstand, wie Habichs ihn vertritt. Er will vielmehr die kritische, die erkenntnissuchende
Vernunft, die auf aufklärerische Tendenzen zurückgeht. Gegen diesen
Vernunftgebrauch wendet sich wiederum die Predigt eines Pfarrers, weil
er zum Unglauben führt.[35] Nach der Meinung dieses Pfarrers, der als
Vertreter der Kirchen gelten kann, darf der Glaube nicht kritisch untersucht werden. Die Wendung gegen die Kirchen wird bei Sallet wenig
später im *Laienevangelium* und in der Abhandlung *Die Atheisten und
Gottlosen unsrer Zeit* zu einem zentralen Thema. Das ist nicht mehr
romantisch, sondern ist Ideen des 18. Jahrhunderts verpflichtet, die in
den dreißiger und vierziger Jahren des 19. Jahrhunderts wieder aufgegriffen werden.

Mehrfach spricht Holofernes von seiner Vorstellung vom Dichter und
von der Poesie: sie sei „die Verkündigung der ächten, das heißt: der

---

[30] Schriften Bd. 3: Anm. 5, S. 161.
[31] Ebd., S. 159.
[32] Ebd., S. 162.
[33] Ebd., S. 323.
[34] Ebd., S. 127 f.
[35] Ebd., S. 138.

geistig verklärten Wirklichkeit"[36]. Das hätte Sallet ohne die Romantik so nicht formulieren können. Wenn Holofernes jedoch den Dichter beschreibt, stecken darin eine Menge Goethe und ein bißchen Hegel: „Alles lebendige Sein in seiner reichen Fülle, mit gesunden derben Sinnen und hellem heitern Blick erfassen, so daß jedes Ding nur als Offenbarung und Körper des darin von Anbeginn wohnenden (nicht hinzu gefabelten oder erdachten) göttlichen Gedankens erkannt wird, immer im Zusammenhang mit dem Ganzen und Einen, und dies Schauen in harmonisch verwebter mild geschaffner Erfindung den Erkennenden symbolisch hingeben – das ungefähr macht den großen Dichter."[37] Folgerichtig nennt Holofernes im ABC-Buch als Ideal des Dichters den Mann, „auf dessen Götterstirn das gewaltigste, geistigste Anschaun, auf dessen attisch lächelnder Lippe das vollste, keckste Genießen der ganzen Welt thronte und der dastand mit festen, markigten Knochen auf der wohlgegründeten, dauernden Erde"[38]. Das Zitat aus „Grenzen der Menschheit" sagt deutlich, wer gemeint ist. Man hat behauptet, nach der Abkehr von der Romantik habe sich Sallet dem Jungen Deutschland zugewandt. Aber die angeführten Zitate lassen den Schluß nicht zu. Vielmehr bewahrt er romantische Vorstellungen und verbindet sie mit anderen, wie sie seiner neuen Einstellung entsprechen. An der romantischen Vorstellung der Poesie als Korrektiv der verphilisterten, der vermaterialisierten Welt hält er fest. In der Erzählung vernichtet die Poesie das Haus des Bankherrn Habichs, und Junius findet sein Glück im poetischen Feenreich, wo er sich mit Tausendblüt vereinigt wie in Hoffmanns *Goldenem Topf* Anselmus auf dem Rittergut in Atlantis mit Serpentina. Junius hat damit wieder zu sich selbst gefunden, und Sallet hat alles getan, den Eingang ins Reich der Poesie als Junius' persönliches Glück zu beschreiben.

Aber für die Familie Habichs und für die Alltagswelt bewirkt die Poesie des Junius und der Tausendblüt nichts Positives. Während z. B. in Hoffmanns Märchen *Der goldene Topf* auch die Alltagsmenschen zu ihrem bürgerlichen Glück finden und weder Lindhorst noch Serpentina oder Anselmus negativ auf die Bürgerwelt einwirken, werden hier der Rechenturm und das Haus der Habichs zerstört, die Menschen gehen zugrunde, und selbst Junius' Schwester Malvina, die doch mit ihm einige Gemeinschaft hatte, versinkt in ein Grab. Verursacht wird die Zerstörung durch die Kräfte der Poesie, die mit denen des Alltags in Konflikt geraten und diese vernichten, während sich die Poesie in ihr eigenes isoliertes Reich zurückzieht. Das Ende der Erzählung gibt der romantischen Idee

---

[36] Ebd., S. 116.
[37] Ebd., S. 115 f.
[38] Ebd., S. 40.

von der Erlösung der Welt durch die Poesie eine Absage. Holofernes hat das offenbar vorher schon erkannt und erklärt, daß die romantische Poesieauffassung zwar ein individuelles Glück, aber keine allgemeine positive Wirkung erzeugen kann. Schon ins ABC-Buch hatte er Aufforderungen geschrieben, die den Schüler auf die Bewältigung des Diesseits vorbereiten sollten, etwa: „Trinke keinen Mondschein, sondern Rheinwein"[39]. „Iß Beefsteak und fliehe das gedankenlose Brüten!"[40] oder: „Die Welt soll nicht auf dir spielen, sondern du auf ihr."[41] Auch die schon erwähnte Idealisierung Goethes meint gerade seine Hinwendung zum Diesseits. Das Gefühl wird nicht verurteilt, im Gegenteil; aber es wird dem Gedanken untergeordnet.[42] Bei einer Art Nachruf auf Junius faßt Holofernes das alles zusammen in dem Wort „leben": „Du hättest das Leben überwunden und dir erobert." oder: „Ja leben, leben! Das ist die Hauptsache, das macht den Kerl." oder: „Lebe ächt und derb und tüchtig."[43] Das klingt wie ein Rückgriff auf den Sturm und Drang. Aber Holofernes ist kein Stürmer und Dränger, er hat selbst das Gedankengut der Klassik und noch mehr der Romantik in sich aufgenommen und ist daran ebenso, wenn auch auf andere Art, gescheitert wie Junius. Was sich hier als Aufgabe des begabten Menschen andeutet, ist das, was Sallet wenig später in den „Ernsthaften Gedichten" die Tat nennen wird: Wirken in die Welt. Holofernes ist das mit dem Versuch, Junius zu erziehen, nicht gelungen. Denn dieser entzieht sich der Welt und lebt in einem romantischen Feenreich. Allerdings wird weder in Holofernes' Erziehungsplan noch in seinen Schlußworten deutlich, wie die Einwirkung auf die Welt sich gestalten und zu welchem Ziel sie führen soll. Sichtbar wird nur, daß es sich nicht um eine Einfügung in die vorgegebenen Verhältnisse, etwa in das Bankgeschäft der Habichs handeln kann. Dem stehen Holofernes' pädagogische Ideen völlig entgegen. Aber die Undeutlichkeit bei Holofernes darf nicht verwundern. Denn auch er scheitert an seinen Romantizismen. Sein Fehler ist vor allem Mangel an Selbstbeschränkung; er strebt gewissermaßen immer nach Selbstentgrenzung; er erschöpft sich in Reflexion und Selbstbespiegelung. Vor lauter Reflexion über seine Gefühle, Erlebnisse, kommt er nicht zum Fühlen und Erleben. Er ist in dieser Beziehung ein zweiter Rocquairol. Er klagt sich an: „Ich [. . .] schaute mit dem kalten Anatomenlächeln der Beobachtung in's zerrissne, zuckende Herz."[44] Und folgerichtig erwähnt er typisch romantische Motive: Ich-Spaltung und Doppelgänger. Diese

---

[39] Ebd., S. 39.
[40] Ebd., S. 40.
[41] Ebd., S. 39.
[42] Ebd., S. 42.
[43] Ebd., S. 328 f.
[44] Ebd., S. 330.

romantische Veranlagung hindert ihn am Leben. Es ist das romantische Erbe, das auch sonst in den dreißiger Jahren zu beobachten ist. Auch Holofernes' Reaktion auf seine Erfahrungen ist der seines Neffen Junius ähnlich. Er wandert „den Nil aufwärts nach Abyssinien. Dort ist er verschollen."[45]

Fazit: Die Erzählung *Contraste und Paradoxen* enthält auf romantischer Basis eine Romantikkritik und demonstriert damit das geistige Stadium des Umdenkens, in dem sich der Autor befindet, und darin lebt er in Übereinstimmung mit manchen Zeitgenossen. Die Poesie wird als ein autonomer Wert zwar fragwürdig, aber noch nicht völlig verneint; jedenfalls kann sie ein individuelles Glück wie das des Junius vermitteln. Aber dieser subjektivistischen Anschauung wird eine andere entgegengestellt, die Aufforderung, sich dem Leben zu stellen und auf die Welt einzuwirken. Das ist zeittypisch. Bei Heine kann man eine ähnliche Entwicklung verfolgen. Es geht darum, das für die Gegenwart Brauchbare der Tradition mit den neuen Vorstellungen und Forderungen zu verbinden. Diese Forderungen lauten: Einwirken auf die Welt, Belehrung, Erziehung des Menschen zur Selbstfindung. Das wenigstens scheint Holofernes zu wollen, auch wenn er es undeutlich formuliert und mit seinen Maßnahmen scheitert.

Aber die aufgerufenen Menschen – und das dürfte in diesem Stadium auch für Sallet selbst gelten – sind der Aufgabe noch nicht gewachsen. Sie sind nämlich paradoxerweise in ihrem Kern noch ganz und gar Romantiker. Die Habichs sind als echte Philister verbreitete romantische Typen, freilich negative. Junius steht in der Tradition romantischer Dichterfiguren, die das Irdische transzendieren: Novalis' Ofterdingen, Hoffmanns Anselmus und bis zu einem gewissen Grade auch Kreisler, Brentanos Maria. Auch sie hätten sich nicht, wie Holofernes es Junius wünschte, „in das erste, beste, tüchtige, derbe Mensch vergafft"[46], ihre Geliebten sind eher ätherische Gestalten wie die Tausendblüt des Junius. Holofernes ist der andere Typ des Romantikers, der durch Reflexion und Selbstbespiegelung seine geistigen Kräfte auf sich selbst zentriert, unfähig wird zu fruchtbarer Aktivität und sich damit selbst zugrunde richtet. Die Reihe beginnt mit Tiecks Lovell, mit Einschränkung gehören Wackenroders Berglinger und Hoffmanns Kreisler dazu, gewiß aber Nathanael im *Sandmann*, Brentanos Godwi, Eichendorffs Rudolph in *Ahnung und Gegenwart*. Man sieht, die Ahnenreihe für die beiden Hauptgestalten Sallets ist lang und gut romantisch. Sallet soll den Titel der Erzählung bei der Umarbeitung von *Onkel Holofernes* in *Contraste und Paradoxen* geändert haben. Die Kontraste zwischen den

---

[45] Ebd., S. 333.
[46] Ebd., S. 328.

Personen sind deutlich. Die Paradoxen scheinen mir zwischen den
Charakteren des Holofernes und des Junius und ihren Aufgaben, die von
ihnen verlangt werden, zu liegen. Denn es ist paradox, daß von einem
Erzromantiker, wie beide es sind, Ideen verwirklicht werden sollen, die
seinem Charakter geradezu entgegengesetzt sind.

Aber die Erzählung enthält bereits Ansätze, die bei Sallet zur Überwindung dieses Stadiums führen. Der sehr eigentümliche Pantheismus, wie
er sich im *Laienevangelium* und in der Prosaschrift *Die Atheisten und
Gottlosen unsrer Zeit* niederschlägt, kündigt sich hier schon an. In den
Gedichten der Naturstimmen heißt es einmal:

> Nur wer im All das Eins erringen will,
> Dem glückt's, daß er das All sich froh erhält.[47]

Das ABC-Buch enthält die philosophische Sentenz: Der Geist „wird
göttlich, wenn er bis dahin dringen kann, in Allem nur einen einzigen
Gedanken zu sehn. Dieser Urgedanke aber weiß und fühlt sich selbst,
wirkt ewig lebendig fort und wird Gott genannt"[48]. Die Parabel vom
Edelstein am Ende des ABC-Buches enthält diese Lehre im Bild: Wie
der Edelstein, in viele Behälter gesperrt, durch sein gewolltes und bewußt
gelenktes Strahlen eine Hülle nach der anderen sprengt, so soll der
Mensch sich seiner Teilhabe an der Gottheit bewußt werden und damit
seine Begrenzungen und Unfreiheiten sprengen. In einer Vision, die
Junius hat, heißt es, Gott hauchte „in Dich einen Athemzug seines
innersten, heiligsten Wesens, und ward Mensch in Dir"[49]. Hier ist Sallets
Vorstellung vom Gottmenschen ausgesprochen, und auf dieser Vorstellung beruht sein gesamtes weiteres Werk.

Die Hinwendung zu religiösen Fragen teilt Sallet mit manchen Zeitgenossen. Zu Beginn des Jahrhunderts war ein neues religiöses Gefühl
geweckt worden, auf protestantischer Seite z. B. durch Schleiermacher
und Arndt. Die Romantiker haben dem Erstarken des Katholizismus
vorgearbeitet; gerade am Ende der dreißiger und zu Beginn der vierziger
Jahre kam die katholische Bewegung zu ihren Höhepunkten. Die religiöse Romantik ist denn auch ein Anlaß für die kritische Beschäftigung
mit dem Christentum. Für manche andere kann Heine als Beispiel
stehen; seine *Romantische Schule* und *Religion und Philosophie in
Deutschland* polemisieren gegen Romantik, Katholizismus und restaurierte Fürstenherrschaft. Diese Gegenbewegung gipfelt in der Evange-
lienkritik auf philologischer Basis von David Friedrich Strauß, in der
philosophischen Kritik von Feuerbach und schließlich in der sozialpoliti-

---

[47] Ebd., S. 62.
[48] Ebd., S. 40.
[49] Ebd., S. 131.

schen Kritik von Marx. Sie wenden sich nicht mehr nur gegen die katholische Kirche. Beschäftigung mit dem christlichen Glauben ist also ein Phänomen der Zeit. Nicht von ungefähr wurden damals in Preußen die beiden großen protestantischen Bekenntnisse vereinigt — ein politisches Ereignis, wie auch die katholische Bewegung ihre eminent politische Bedeutung besaß. Sallet ordnet sich also mit seinen religiösen Werken in die Zeit ein. Aus der Fülle religiöser Dichtungen sei nur erinnert an *Das Geistliche Jahr* der Droste, an Brentanos *Leben-Jesu*-Trilogie oder, von geringerem poetischen Rang wie Sallets *Laien-Evangelium*, das *Laienbrevier* von Leopold Schefer.

Sallets Pantheismus — man müßte ihn genauer Panentheismus nennen — verrät den Einfluß Hegels, mit dessen Philosophie er sich seit etwa 1837 beschäftigt hatte. Sie sei, so schreibt er, „durch und durch gar nichts Anderes [. . .], als Religion"[50]. Die Vorstellung eines persönlichen Gottes und seine Existenz in einem Jenseits lehnt er ab. Gott ist der Weltgeist, der sich in der Welt verwirklicht von den geringsten Formationen bis zu den höchsten. Geist ist in allem; aber dem Menschen fällt eine besondere Aufgabe zu, insofern er als einziges Wesen bewußter Geist ist und folglich die Verwirklichung des göttlichen Geistes in seiner ganzen Fülle anstreben muß. Sallet sieht in den menschlichen Gemeinschaften Ehe, Familie, Staat eine Steigerungsform der Geistverwirklichung. Aufgabe des Menschen ist es, sich zum Gottmenschen zu entwickeln, d. h. die bewußte Verwirklichung des göttlichen Geistes in sich zu erwirken. Durch den Begriff des Gottmenschen verbindet Sallet seine religiösen Vorstellungen mit dem Christentum; denn er ist überzeugt, daß seine Vorstellung der ursprünglichen Idee des Christentums entspricht und daß Christus vorbildhaft die Verwirklichung des Geistes im Menschen gelungen sei, so daß er die Bezeichnung „Gottmensch" als erster verdient habe. Aber das Gottmenschentum Christi ist für Sallet kein exklusives Phänomen, sondern eine Aufgabe, die allen Menschen gestellt ist. Die Kirchen, so meint er, seien früher erforderlich gewesen, weil die Menschen für die reingeistige Form des Christentums noch nicht reif gewesen seien; die Zeit dafür sei jetzt gekommen. Moderne Atheisten sind für ihn alle diejenigen, die diese reingeistige Religion nicht akzeptieren, die beispielsweise Gott zu einer Person machen, ihn damit begrenzen — ein persönlicher Gott kann nicht der allgegenwärtige Geist sein — und ihn sogar in einen Raum außerhalb der Welt verbannen. Die Prosaschrift *Die Atheisten und Gottlosen unsrer Zeit* beweist, daß Sallet für seine religiöse Meinung absolute Gültigkeit beansprucht.

Er ist überzeugt, seine Deutung des Christentums, die Lehre vom Gottmenschen, entspreche völlig der Vernunft; um rationale Argumen-

---

[50] Paur: Anm. 6, S. 106.

tation geht es ihm vorzüglich in der Prosaschrift, aber auch schon im *Laien-Evangelium*. Jedoch bleiben bei seiner Lehre rational unauflösbare Reste; denn Voraussetzung ist der Glaube, daß Gott sich im Menschen und durch den Menschen erst recht verwirklicht. In dieser Gott-Mensch-Beziehung, die durch vernünftige Schlüsse nicht bewiesen, sondern bestenfalls abgeleitet werden kann aus der Annahme, daß Gott als Geist in der ganzen Welt existiere, steckt ein gutes Stück Mystizismus. Es fragt sich, aber die Frage ist wohl nicht zu beantworten, welche Rolle dabei mystische Traditionen, die seit langem in Schlesien beheimatet waren, gespielt haben. Ob und wie hier Jakob Böhme oder Angelus Silesius nachgewirkt haben, ist schwer zu entscheiden.[51] Beide wurden von Romantikern wieder entdeckt, und so mag Sallet auch diese zentralen Überzeugungen seiner letzten Jahre aus romantischen Quellen geschöpft haben. Jedenfalls ist seine Lehre keineswegs so vernunftgemäß, wie er sie wohl einschätzte, und das Verhalten seiner Freunde nach seinem Tode bestätigt diese Meinung.

Im *Laien-Evangelium* will Sallet seine religiöse Überzeugung in poetischer Form verkünden. Er versteht sich nicht als Religionsgründer, sondern als Verwirklicher der ursprünglichen Lehren des Christentums, und die dichterische Form hält er für die ihm gemäße. Das dichterische Wort nämlich soll die Wirkung der Tat besitzen. In dem Gedicht „Kanonierphantasie"[52] vergleicht er das Wort mit einer Bombe; es zündet langsamer, aber anhaltender und intensiver. Man könnte das *Laien-Evangelium* eine Evangelienharmonie nennen. Aber um die Synopse der Evangelien geht es Sallet nicht. Durch Auswahl und Anordnung der Bibelstellen, unter denen natürlich die wichtigsten Stationen im Leben Christi nicht fehlen dürfen, sucht er zu zeigen, daß in den Evangelien nichts anderes gelehrt werde als die Verwirklichung des göttlichen Geistes im Menschen. Die Exegese und Beweisführung gehen nicht ohne Gewaltsamkeiten ab.[53] Zudem bilden über 400 Seiten kreuzgereimter fünffüßiger Jamben eine wahrhaft ermüdende Lektüre; die weitgehend abstrakte Gedankenführung und die belehrende Attitüde tragen das ihre dazu bei. Jedoch scheint man zu seiner Zeit dergleichen genossen und — mißverstanden zu haben. Im Vorwort zu den *Atheisten* geht Sallet auf einen Brief ein, den ihm jemand nach der Lektüre des *Laien-Evangeliums* geschickt hat.[54] Der Briefschreiber fühlte sich — zu Sallets Entsetzen — durch das Werk in seinem angelernten Christentum bestä-

---

[51] Daß man auf Spinoza stößt, ist spätestens seit dem Sturm und Drang zu erwarten. Vgl. dazu in diesem Band den Aufsatz von Herbert Anton.

[52] Gesammelte Gedichte von Friedrich von Sallet. Leipzig: Reclam, o. J., S. 280.

[53] Als Beispiel können die Seligpreisungen der Bergpredigt dienen: Anm. 15, S. 67 ff.

[54] Schriften, Bd. 5: Anm. 5, S. XVII ff.

tigt; er kann es allerdings kaum unvoreingenommen gelesen haben. Trotzdem lassen die Auflagenzahl und die Verbreitung des *Laien-Evangeliums* vermuten, daß es in der zweiten Hälfte des 19. Jahrhunderts als Erbauungsschrift gedient hat.[55] Man muß sich auch fragen, ob die Reaktion der Freunde nach seinem Tode in seinem Sinne war. Er selbst sieht sich wohl eher als Reformator des Christentums. Die Freunde erheben ihn zu einem zweiten Messias; sie fühlen sich als seine Apostel, denen er seine Lehre zur Verbreitung anvertraut hat. Diesen Geist atmet das Nachrufwerk. In dem darin enthaltenen Aufsatz von Julius Möcke, der ihn zum *Laien-Evangelium* angeregt haben soll, heißt es: „Hier ist der Punkt zu zeigen, daß Sallet der Gesandte eines göttlichen Evangeliums, des alten Gesetzes der Liebe in neuer Erfüllung, gewesen, und daß wir an der Wiege dieses Evangeliums als Pathen gestanden, entschlossen, nach des Vaters Tode seines Kindes uns anzunehmen, es zu bekennen vor den Menschen, jeder nach der geistigen Empfängniß, in welcher er es übernommen."[56] Und wenig später: „Hier müssen die Freunde nicht blos als Freunde, sondern auch als die Apostel und ersten Bekenner seiner Lehre erscheinen."[57] Theodor Paur hat denn auch eine regelrechte Bekenner- und Märtyrerrolle gespielt. Wegen der Herausgabe der Salletschen Werke und der Identifikation mit seinen Ideen wurde er als Realschullehrer für untragbar gehalten und von Friedrich Wilhelm IV. nach Intervention Melchior Diepenbrocks, des Fürstbischofs von Breslau und Freund Brentanos, von seinen Amtsaufgaben suspendiert und einem Disziplinarverfahren unterworfen. Zwar wurde er nicht schuldig befunden, aber man hielt seine Versetzung aus dem katholischen Neisse an einen protestantischen Ort für angebracht.[58]

Sallets spätere Gedichte beruhen auf der religiösen Überzeugung des *Laien-Evangeliums*. Der Abschnitt „Ernsthafte Gedichte" in der Sammlung von 1843[59] enthält vorzüglich politische Lyrik. Auch damit bildet Sallet in der Zeit des Vormärz keine Ausnahme. Aber zwei Aspekte sind dabei bemerkenswert: Diese teils recht revolutionären Verse sind von einem Adligen und ehemaligen preußischen Offizier verfaßt, und sie entspringen einem ausgeprägt religiösen Geist. Darin unterscheiden sie sich von einem großen Teil der üblichen politischen Zeitlyrik. Daß Sallets Äußerungen den Machthabern nicht immer genehm waren, deutet Paur in der Vorbemerkung zu den Gedichten aus dem Nachlaß mit den Worten an, „daß die Umstände nicht gestattet haben, neun der

---

[55] Auch Clemens Brentanos Schrift „Das bittere Leiden unsers Herrn Jesu Christi" hat dieses unbeabsichtigte Schicksal erfahren.

[56] Anm. 6, S. 11 f.

[57] Ebd., S. 12.

[58] Darüber in der Dissertation von Ingeborg Krahl: Anm. 4, S. 90 ff.

[59] S. Anm. 16.

vorzüglichsten bisher ungedruckten Gedichte [...] hier abdrucken zu
lassen"[60]. Das dürfte auf die Zensur anspielen. Aber es ist erstaunlich,
was die preußischen Behörden passieren ließen.[61] Kleinlich haben sie
sich bei Sallets Gedichten nicht gezeigt.

Die Zusammenhänge zwischen Sallets Gottesvorstellung und seiner
politischen Einstellung treten in den „Ernsthaften Gedichten" allenthal-
ben hervor, z. B. bei dem Gedicht „Ecce homo!"[62] Dom und Königs-
schloß gelten als Symbole tradierter Macht; aber über den Gottmenschen, wie Sallet ihn denkt, haben sie keine Gewalt mehr. Der Dichter
verkündet:

> Du Mensch! Es kostet dich ein Schütteln nur
> Des Götterhaupts: zerstäubt vor deinem Groll
> Schwand des Palasts, des Domes letzte Spur.
> Du blickst: und eine neue Welt entquoll.

Sallet vertritt in seinen Gedichten die Zentralparolen der Französischen Revolution: Freiheit und Gleichheit. Aber er verwahrt sich dagegen, daß man sie habe von Frankreich übernehmen müssen. Er sieht sie
auch in der deutschen Geschichte wirken. Denn nationale Themen sind
ihm nicht fremd, und möglicherweise hat dabei die Rheinkrise von 1840
mitgewirkt. Aber wie andere Zeitgenossen, z. B. Eichendorff[63], verspottet
er die Deutschtümelei. Sein Gedicht „Aechtes Deutschthum"[64] beginnt
mit einer Satire auf den Untertanengeist, den mehrere Strophen in den
verschiedensten Erscheinungen als „ächtdeutsch" brandmarken, und es
endet:

> Und bist du dann, mein Volk, begraben,
> Verschwunden von dem Erdenrund,
> Wirst du doch noch die Grabschrift haben:
> Hier fault, ächtdeutsch, ein todter Hund.

Das Gedicht enthält eine der bittersten politischen Aussagen Sallets.
Aber dieser Pessimismus entspricht nicht seinem Charakter. Vielmehr
schöpft er aus seiner Religiosität die Überzeugung, daß Freiheit und
Gleichheit sich irgendwann durchsetzen werden. Sie nämlich sind dem
Gottmenschen gemäß. Wenn Gott im Menschen zu seiner höchsten

---

[60] Anm. 6, S. 324. − Meines Wissens sind sie auch später nicht veröffentlicht
worden.
[61] Die erste Auflage der Sammlung ist 1843 in Königsberg, die zweite 1845 im
Rahmen der Werkausgabe in Breslau erschienen; beide Erscheinungsorte
waren also der preußischen Zensur zugänglich.
[62] Anm. 52, S. 292 ff.
[63] Vgl. dessen Gedicht „Hermanns Enkel": Werke. Band I. München, 1970,
S. 167 ff., ebenso „Familienähnlichkeit", Band IV. München, 1980, S. 76 f.
[64] Anm. 52, S. 259 f.

Erscheinungsform kommt, kann nicht ein Mensch über die anderen erhaben sein; da Gott absolut frei und sich immer gleich ist, sind Freiheit und Gleichheit nicht nur politische, sondern auch religiöse Werte. Das Streben nach Freiheit gehört daher zur Verwirklichung des Gottmenschen im Sinne Sallets. Gleichermaßen religiös wie politisch ist daher ein Gedicht zu verstehen, das wie „Reimspiel"[65] zur revolutionären Tat aufruft:

Als Gott den ersten Mann erschuf
Mit einem Worte: „Sei!"
Scholl in der Tiefe nach ein Ruf,
In Gottes Tiefe: „Frei!"

Als ein Mann sprach zum andern Mann
Zuerst: „Ich bin dein Knecht", [!]
Fuhr durch's Gewissen ihm ein Bann,
Ein Wort, das brandmarkt: „Schlecht."

Als sich ein Knecht zuerst erkühnt,
In sich zu rufen: „Muth!"
Ging's, wie ein Gotteshauch, der sühnt,
Durch Mark und Bein ihm: „Gut!"

Und als sich straffte seine Hand,
Und er froh trotzte: „Krieg!"
Wol hoch ob lichten Wolken stand
Der Flammenschriftzug: „Sieg!"

Der Zusammenhang zwischen politischer und religiöser Überzeugung äußert sich formal in der Neigung zum Parabelgedicht; Sallet spricht gewissermaßen in Gleichnissen nach dem Vorbild Christi, allerdings meist mit satirischem Unterton. Beispiele sind „Der schlafende Riese", unter dem sich das noch nicht aufgewachte Volk verbirgt[66], „Im Trüben ist gut fischen", worin Sallet die Verdummungspraxis der Monarchie angreift, und zwar, wie der Schlußvers „Wahlfischer oder erblich" beweist, ohne Unterschied ihrer Konstitutionen.[67] „Der Bär auf allgemeine Kosten"[68], auch eine der Parabeln, wird vom Volk genährt, weil von seiner Existenz angeblich das allgemeine Wohl abhängt; mit Erstaunen erfahren die Bürger von Bern, daß nach dem Tode des Bären kein Unglück eingetreten ist. Die satirischen Angriffe auf die Monarchien sind unübersehbar, und es kann erstaunen, daß zu Beginn der vierziger Jahre solche Gedichte in Preußen gedruckt werden durften. Noch erstaunli-

---

[65] Ebd., S. 221 f.
[66] Ebd., S. 266 f.
[67] Ebd., S. 224 f.
[68] Ebd., S. 222 f.

cher ist es, daß Sallet ziemlich unverhüllt auf das uneingelöste Verfassungsversprechen hinweisen und diese Gedichte publizieren konnte. So in dem Gedicht „Räthsel"[69]: Der Vater fordert das Kind auf, die fremden Tiere aus seinem Garten zu verjagen, und er verspricht ihm dafür:

> Was du schon längst gewollt von mir:
> Das schöne Goldstück, blank und schwer.

Aber er hält das Geld zurück, weil das Kind noch nicht reif dafür sei. Nach dem Tode des Vaters bittet das Kind den Stiefvater um die Auszahlung, doch der steckt das Goldstück in die eigene Tasche. Die Anspielung auf die Befreiungskriege und die Schlußaufforderung an den Leser lassen an Deutlichkeit nichts zu wünschen übrig:

> Nun sagt mir an, wo das geschah?
> Wer war das Kind, wer der Papa?
> Das rathet mir, und seid nicht faul!
> Und wer's erräth, der hält das Maul.

Auf das Verfassungsversprechen zielt auch die „Hyperboräische Ballade"[70], und ihr Abdruck in der Gedichtausgabe ist noch erstaunlicher, weil sie die Bürger offen zur Selbsthilfe, d. h. zur revolutionären Tat aufruft:

> 1
> Es war ein König von Thule,
> Zu seinem Volk der sprach:
> „Geh nur erst in die Schule,
> Die Freiheit folgt schon nach.
>
> Mit einem Eid gewaltig
> Versprech' ich sie dir klar,
> Und was ich verspreche, das halt' ich
> Am 30sten Februar."
>
> 2
> Da war das Volk bestochen,
> Manch Jahr lang Vivat schrie,
> Bis endlich Lunte rochen
> Die größten Pfiffici.
>
> „Ach! stünd' er im Kalender! —
> Jetzt bleibt uns nichts, als Spott." —
> So ändert den Kalender!
> Helft euch, so hilft euch Gott.

---

[69] Ebd., S. 250 f.
[70] Ebd., S. 249 f.

Aber man muß immer beachten, wenn man solche Gedichte liest, daß sie auf einer religiösen Basis beruhen. Dem Gottmenschen geziemt Freiheit, die ein Attribut des göttlichen Geistes ist.

Dem Herrn ein Volk bereiten
Voll Geist, voll Mark und Glut

verlangt Sallet in dem Gedicht „Manifest"[71]. Das ist ihm eine nationale wie religiöse Forderung:

Auch klingt's noch schöner treulich:
„Freiheit", [!] als „liberté",
[...]
Auch: „Ça ira" zu singen,
Thut wahrlich uns nicht noth.
Wir lassen Lieder klingen
Von deutschem Korn und Schrot.

Der Freiheitsgedanke ist für ihn auch nicht an einen sozialen Stand gebunden:

Wir brauchen keine Franzosen
Und keine Sansculott's;
Man kann in feinsten Hosen
Für Freiheit stehn mit Trotz.

Sallet ist kein Sozialrevolutionär. Wenn er sich gegen den Adel wendet, dann gegen den Junker, dem nichts über sein Pferd und seinen König geht, wie er mehrfach sagt; dieser ist der Nutznießer der Monarchie. Mit der Aufforderung an die Bürger, sich selbst zu helfen, fordert er sie auf, dem göttlichen Geist, wie er sich in freien Staaten manifestiert, zum Durchbruch zu verhelfen. So schaffen sie die gottgewollte Ordnung im eigentlichen Sinne. Von gottgewollter Ordnung sprechen auch die Anhänger des Gottesgnadentums, aber gerade sie wird von Sallet als atheistisch abgelehnt. Auch wenn er es nicht wahrhaben will, seine politischen Ideen, die er mit seiner religiösen Überzeugung verknüpft, gehen auf die Französische Revolution zurück und sind ohne diese nicht denkbar.

Nach der bisherigen Darstellung wird es nicht verwundern, daß Sallet auch Zeitereignisse zu Themen seiner Gedichte macht. Dazu gehört die Julirevolution, die er zehn Jahre später noch feiert. Zwei Gedichte befassen sich insbesondere mit ihr, und beide behandeln an Einzelbeispielen das sich befreiende Volk.[72] Die untätige Restaurationszeit ist Krankheit, die Revolution ist der Weg zur Gesundung. Denn die Revolu-

---

[71] Ebd., S. 218 f.
[72] „Ein schön neu Lied von einem Pariser Studenten": ebd., S. 271 f.; „Der Freiheitsveteran": ebd., S. 273 f.

tion ist Aktion, Tat, und die Tat ist die Äußerung des göttlichen Geistes. Er zeigt sich im Wirken, und dazu ist der Mensch aufgerufen, um seine Gottwerdung herbeizuführen. Der Aufruf zur Tat ist daher ein wichtiges Motiv der „Ernsthaften Gedichte". Für Sallet ist das in seiner Gegenwart noch die Tat in Wort und Schrift. Aber diese Gedichte haben im ganzen einen optimistischen Charakter: Der vergeistigte Staat und die Freiheit werden kommen, wenn auch erst für spätere Generationen. Die Bedeutung des Wortes und vor allem des Drucks für die politische Entwicklung hebt Sallet in dem Gedicht „Der schwarze Landsturm"[73] hervor: Gutenberg ist der Hauptmann der Buchstaben-Freiheitstruppe. Sallet betont dabei ausdrücklich die Bedeutung des Bürgertums für die Freiheit; denn in diesem Stand hat der Gedanke zuerst gezündet, und Gutenberg ist dafür das Symbol. Es sei daran erinnert, daß auch Heine den Erfinder der Buchdruckerkunst ähnlich würdigt. In seinem *Wintermärchen* spricht er auch von der Tat als der Folge des Gedankens und des Worts[74]; auch das sind offenbar verbreitete Vorstellungen bei den Literaten, die mit den bestehenden Zuständen unzufrieden sind. Wegen solcher Übereinstimmungen hat man Sallet zum Jungen Deutschland rechnen wollen, eine oberflächliche Zuordnung, wie ich meine. Schon ein äußerliches Argument spricht dagegen. Die Jungdeutschen pflegten gerade nicht die Lyrik als politische Waffe, sondern setzten auf die Prosa. Vor allem aber trennt es Sallet von ihnen, daß seine politischen und sozialen Erneuerungsbestrebungen aus religiösen Überzeugungen erwachsen. Im Vormärz, als die jungdeutsche Welle schon verebbt ist, wird das Gedicht für die politische Agitation wieder entdeckt. In diesen Zusammenhang stellt Kohlschmidt mit Recht auch Sallets späte Lyrik.[75] Wenn er aber von seiner Konfession der Unverbindlichkeit spricht und ihn als Freigeist einstuft, muß man das als Irrtum bezeichnen, es sei denn, man verstehe darunter alle diejenigen, die sich den dogmatischen Lehren der christlichen Kirchen nicht fügen.

Die Fülle der Themen, die Sallet in den „Ernsthaften Gedichten" aufgreift, läßt sich in diesem Überblick nicht behandeln. Die meisten sind von brisanter Bedeutung für die Vormärzzeit. Sie werfen, so meine ich, die Frage nach der Toleranz des damaligen preußischen Staates auf. Sahen die Behörden in diesen Gedichten keine Gefahr? War der Verfasser nicht bekannt genug, als daß er hätte gefährlich wirken können? Sah man deshalb in ihm keine Gefahr, weil man ihn — mit Recht — nicht zu den erstrangigen Dichtern zählte? Oder waren die Zensoren großzügig,

---

[73] Ebd., S. 247 f.
[74] Deutschland. Ein Wintermärchen. Caput VI. In: Sämtliche Schriften. Hrsg. von Klaus Briegleb. Vierter Band. München, 1971, S. 589–592.
[75] Anm. 1, S. 38.

weil ihnen Sallet mehr als religiöser Phantast denn als politischer Um-
stürzler erschien? Denn die Idee der Freiheit, von der er in den Gedichten immer wieder spricht, ist schon ein zentraler Gedanke des *Laien-
Evangeliums.* Das geht schon aus dessen Prolog hervor, der den Sündenfall behandelt. Nach Sallets Überzeugung haben Sündenfall und Vertreibung aus dem Paradies — „aus des Nichtsthuns Paradiese" heißt es dort —
die symbolische Bedeutung, den Menschen erst zum Menschen gemacht
zu haben; denn Handeln, als Verdammung zur Arbeit mißdeutet, ist ein
göttlicher Wert:

> Durch diesen Fluch sprachst du ein zweites: Werde!
> Schlummernde Gotteskraft in mir zu wecken.

Und diese Aufforderung zur Tat ist eine Folge des Freiheitsgedankens,
der sich in der Gebotsübertretung zuerst meldete.[76] Von Freiheit und Tat
als von zwei einander bedingenden menschlichen Werten ist in den
Gedichten häufig die Rede. Seine schriftstellerische Tätigkeit selbst sieht
Sallet als eine Tat, mit der er die Freiheit und damit die höchste Form
des Menschen, die göttlich vergeistigte, vorbereiten will. Deshalb beschwört er in den Einleitungsversen zu den „Ernsthaften Gedichten" die
Käufer des Buches[77]:

> Bitte
> Die ihr euch dies Büchlein schaffet:
> Hört's! mir wär's ein schlechter Dank,
> Wenn ihr's flüchtig nur begaffet
> Und dann hinstellt in den Schrank.
>
> Männer, die da Kinder haben,
> Uebet einen neuen Brauch!
> Gebt's zu lesen euren Knaben,
> Gebt es euren Mädchen auch!
>
> Ihr von Jugendlieb' Erfreuten,
> Werft's nicht auf den Bücherhauf!
> Les't es laut vor euren Bräuten,
> Hebt es euren Kindern auf!
>
> Denn vor eurem Angesichte
> Zum Bajazzo taug' ich nicht;
> Nein, ich will, daß einst Geschichte
> Werden soll, was jetzt Gedicht.

---

[76] Anm. 15, S. 1—4.
[77] Anm. 52, S. 217.

Diskussion

Von Sallets Schriften waren zu seiner Zeit sehr bekannt, vor allem das Laienevangelium, welches aber möglicherweise als Andachtsbuch mißverstanden wurde. In seinem Werk gibt es Ende der 30er Jahre einen Bruch — kenntlich in „Kontraste und Paradoxen", ein Märchen —, welcher die Wendung zur aufklärerischen Tendenz und zu politischer Aussage markiert, obgleich die Herkunft aus der Romantik auch in den späten Schriften spürbar bleibt. Der wesentliche Einfluß kommt von Feuerbach, von seiner „Philosophie des Todes" und der These: „Wir müssen wieder religiös werden, und unsere Religion wird die Politik sein."

Offen bleibt, ob die Anspielung „Schwarze Landwehr" — im Vortrag als Macht der Presse oder der Lettern gedeutet — sich auch auf die Lützower Truppen oder die Giessener „Schwarzen Studenten" beziehen kann, da dort die demokratischen Tendenzen von Sallets vertreten sind. Von Sallet ist praktisch-politisch nicht in Erscheinung getreten.

Sein „Erweckungserlebnis" liegt in der Zeit des Studiums in Berlin: seinem Kontakt zu jungen Hegelianern, der seine eigene religiöse Deutung der Hegelschen Philosophie beeinflußt. Wenn man mit Hegel die Konfrontation „Poesie des Herzens" und „Prosa der Verhältnisse" voraussetzt, kann man im Hinblick auf die Fragestellung der bisherigen Diskussionen nach der ästhetischen Versöhnung feststellen, daß ihre Gesetze bei Eichendorff nicht verletzt werden, während sie bei von Sallet transzendiert werden; damit gehört er zur Genese der politischen Romantik.

Interessant innerhalb einer Geschichte dieser Genese ist die Gesamterscheinung von Sallets, die Aufschluß geben kann über die verfehlte Romantikkritik Hegels, welche dem erliegt, was sie kritisiert, und die in der Literaturkritik seitdem fortgesetzt wurde.

Christoph Lüth

Arbeit und Bildung in der Bildungstheorie Wilhelm von Humboldts und Eichendorffs*

Zur Auseinandersetzung Humboldts und Eichendorffs mit dem Erziehungsbegriff der Aufklärung

Es dürfte leicht sein, in der gebildeten Öffentlichkeit Zustimmung zu folgendem Satz zu finden: Humboldt hat berufliche Bildung und Beruf aus der allgemeinen Menschenbildung ausgeschlossen. Für diese Auffassung ließe sich folgender Satz Humboldts aus dem Jahr 1809 zitieren: „Je tiefer der Mensch, der nicht höher gebildet werden kann, leider ins Leben (sc. ins Berufsleben) eintauchen muß, desto sorgfältiger halte man ihn bei dem wenigen Formellen (sc. z. B. Mathematik), was er rein zu fassen im Stande ist" (IV, 194). Die Aussage scheint eindeutig zu sein: Bedauern über jene, die zu früh in einen Beruf eintreten müssen, die daher nicht „höher gebildet werden" könnten. Bildung und Beruf schließen einander offensichtlich aus.

Von dieser Annahme einer Ausgrenzung der beruflichen Bildung und des Berufs aus dem Bereich der allgemeinen Menschenbildung geht auch die pädagogische Geschichtsschreibung seit langem aus. Dort wird die These vertreten, Humboldt habe diese Bildungstheorie in Entgegensetzung zur Aufklärungspädagogik entwickelt, der es in erster Linie um eine Ausbildung des Menschen zu einem nützlichen Glied der Gesell-

---

* Vorbemerkung: Humboldt zitiere ich — soweit nicht anders angegeben — immer nach der Ausgabe von A. Flitner / K. Giel: Wilhelm von Humboldt. Werke in fünf Bänden. Darmstadt 1960–1981. Ich gebe jeweils den Band und die Seitenzahl an.
Eichendorff wird nach den beiden folgenden Ausgaben zitiert:
1. Sämtliche Werke des Freiherrn Joseph von Eichendorff. Historisch-Kritische Ausgabe. Regensburg 1908 ff. Diese Ausgabe wird unter der Abkürzung „HKA" und unter Angabe des Bandes zitiert (z. B. Eichendorff HKA 8.2, S. 150).
2. Joseph von Eichendorff. Werke Bd. I–III. Winkler Verlag München. o. J. (z. B. III, S. 5).

schaft gegangen sei.[1] Dadurch werde die seitdem geläufige Entgegensetzung von allgemeiner Bildung (= Menschenbildung) und beruflicher
Ausbildung bildungstheoretisch begründet.[2]

Diese These möchte ich unter drei Gesichtspunkten prüfen:

1. Humboldts Theorie über den Zusammenhang von Arbeit und Bildung.[3]
2. Niederschlag dieser Theorie in Humboldts Bestimmung der Beziehung zwischen allgemeiner und beruflicher Bildung in seinen Schulreformplänen (1809).
3. Humboldts Bestimmung der Beziehung zwischen allgemeiner und
   beruflicher Bildung als Ergebnis seiner Auseinandersetzung mit der
   Theorie der Aufklärungspädagogik über diese Beziehung.

In einem abschließenden Teil (4.) möchte ich untersuchen, ob die
Entgegensetzung von allgemeiner Bildung einerseits, Beruf und beruflicher Bildung andererseits, die Humboldt zugeschrieben wird, nicht erst
im Gefolge der romantischen Kritik an der Aufklärung entstanden ist. Zu
diesem Zweck werde ich Eichendorffs Auseinandersetzung mit dem
Erziehungskonzept der Aufklärung betrachten.

---

[1] F. Paulsen, Das deutsche Bildungswesen in seiner geschichtlichen Entwicklung
(1909). Reprint Darmstadt 1966, S. 104. E. Spranger, Wilhelm von Humboldt
und die Reform des Bildungswesens. Tübingen 1960 ([1]1910), S. 133–136. –
A. Reble, Geschichte der Pädagogik. Stuttgart [13]1980 ([1]1951), S. 174–175. –
F. Blättner, Das Gymnasium, Heidelberg 1960, S. 114–115. – H. Blankertz,
Berufsbildung und Utilitarismus. Düsseldorf 1963, S. 23–24, 100–106; ders.
(Hrsg.), Bildung und Brauchbarkeit. Braunschweig 1965, S. 9. – J. H. Knoll /
H. Siebert, Wilhelm von Humboldt. Politik und Bildung. Heidelberg 1969,
S. 34. – C. Menze, Die Bildungsreform Wilhelm von Humboldts. Hannover
1975, S. 11–13, 123–130.

[2] E. Dauenhauer / N. Kluge In: Dies. (Hrsg.), Das Verhältnis von Allgemeinbildung und Berufsbildung. Bad Heilbrunn 1977, S. 204–205. – H. Blankertz, Die
Geschichte der Pädagogik, Wetzlar 1982, S. 119–120.

[3] Blankertz nimmt zwar an, daß es für Humboldt „nicht denkunmöglich war", die
„Gegebenheiten des Berufs zum Bildungsmittel" zu mediatisieren (Blankertz
1963 [s. Anm. 1], S. 98–99, vgl. ebd. S. 23–24, 93, 95), geht dieser Frage aber
nicht weiter nach. – Vgl. Menze 1975 (s. Anm. 1), S. 126–127.

I.

Humboldt unterscheidet verschiedene Arten von Arbeit.[4] Im Sinne eines Allgemeinbegriffs spricht er von Tätigkeit.[5] Zunächst frage ich nach Humboldts Analyse von Tätigkeiten im allgemeinen, dann nach seiner wertenden Klassifizierung verschiedener Arten von Tätigkeit. Will man nämlich nach einer möglichen bildenden Wirkung von Arbeit (Tätigkeit) fragen, so muß man zuvor die Struktur von Tätigkeiten analysieren und − da Bildung ein normativer Begriff ist − Humboldts Bewertung von Tätigkeiten darstellen.

Als Grundelemente jeder Tätigkeit werden die Kräfte der Menschen und ein Gegenstand (bzw. die Welt als Gesamtheit aller Gegenstände) unterschieden: „Da jedoch die bloße Kraft einen Gegenstand braucht, an dem sie sich übt, und die bloße Form, der reine Gedanke, einen Stoff, in dem sie, sich darin ausprägend, fortdauern könne, so bedarf auch der Mensch einer Welt außer sich" (I, 235). Diese Unterscheidung gilt für geistiges und körperliches Schaffen. Daher veranschaulicht er die Tätigkeit der Kräfte an den beiden Beispielen der Verfassung eines Staates und der „leblosen Natur", denen der Mensch „das Gepräge seines Werthes sichtbar aufdrücken" müsse (I, 236).

In einem nicht vermittelten Sprung von seiner erkenntnis- und handlungstheoretischen Lehre über die Kräfte des Menschen (z. B. sinnliche Empfindungen, Verstand, Einbildungskraft, Vernunft; I, 132, I, 14) geht Humboldt über zu den Produkten des Menschen und zur Relation der Kräfte des Menschen zu diesen Produkten. Der Prozeß des Produzierens konkreter und geistiger Produkte (Werke)[6] selbst bleibt nämlich merkwürdig abstrakt. Er sei nur von den wahrnehmbaren Produkten her zu

---

[4] Arbeit (I, 209, 345; II, 82, 118. Brief Humboldts an Schiller vom 2. 2. 1796. In: A. Leitzmann (Hrsg.), Briefwechsel zwischen Schiller und Wilhelm von Humboldt. Stuttgart ³1900, S. 279) − Beruf (I, 388; vgl. Humboldt an Körner In: E. Spranger, Wilhelm von Humboldt und die Humanitätsidee. Berlin 1909, S. 58). − Berufsgeschäfte (IV, 211). − Geschäfte (I, 234; V, 214). − Beschäftigung (I, 79, 98−99, 362; II, 49, 82, 93, 343). − Geschäftigkeit (I, 235; V, 224) − praktische Wirksamkeit (V, 173). − Wirkung (I, 209). − „Bedürfnisse des Tages befriedigen helfen", „Sorge für die Bedürfnisse des Lebens" (I, 384; II, 82).

[5] I, 21, 132, 235, 335, 346, 388−389, 393, 311, 281; II, 109, 143, 93; V, 196. Wegen dieser allgemeinen Verwendung des Ausdrucks „Tätigkeit" kann ich der Feststellung Menzes (Wilhelm von Humboldts Lehre und Bild vom Menschen. Ratingen 1965, S. 105) nicht zustimmen, mit Tätigkeit sei nur jene Tätigkeit gemeint, „die die dem Individuum eigenen Kräfte entwickelt und fördert", nicht also auch „Emsigkeit, Betriebsamkeit, Beschäftigung".

[6] Zwischen diesen beiden Arten von Produkten unterscheidet Humboldt, wenn er aus „alle(n) Werke(n), welche der Mensch hervorbringt" (Sperrung v. Verf.) die „Arbeiten des Geistes" herausgreift (Humboldt, Bd. I, 345).

erschließen: „... was ist jenes Daseyn (sc. von Menschen) anders, als eine ununterbrochene Wirksamkeit, welche unaufhörlich die Thätigkeit vorbereitet, die wir nur in dem letzten Theil ihrer Laufbahn erblicken, wenn das fortgesetzte Streben die Kraft endlich bis zum Ueberströmen anschwellt? Nur die körperliche Wirkung rührt unsren gröberen Sinn ..." (I, 281, vgl. I, 475–476). Zur Entstehung von Produkten („menschlichen Handlungen") heißt es daher unvermittelt und lapidar: „... jede menschliche Handlung (ist) ein Resultat der ganzen Beschaffenheit der Kräfte des Handelnden, in ihrer durchaus bestimmten Individualität" (I, 49; vgl. I, 53).

Diese allgemeine Aussage (1791) wird später allerdings modifiziert. Faktisch sei es nicht so, daß die Individualität des Produzierenden sich immer im gleichen Maße in seinen Produkten ausdrücke (II, 8). Deswegen solle man den Menschen nicht nur nach seinen Werken beurteilen (I, 453; vgl. I, 463, I, 475–476, 484). Unverkennbar ist aber die Auffassung, daß ein Werk in dem Maße besser sei, in dem es die „subjective Originalität" des Menschen − allerdings des „objektiven Werthe(s) des Werks unbeschadet" − zeige (I, 346; vgl. I, 345, I, 512–513, II, 8). Die hiermit bereits anklingende wertende Beurteilung der Produkte und Humboldts Forderung, jeder müsse seine beruflichen Tätigkeiten dem „Fortschreitungsplan seines (sc. des Menschen) ganzen Geschlechts" anpassen (I, 388–389), führen zu der Frage einer wertenden Klassifizierung der Tätigkeiten.

Zunächst zur Bewertung von Tätigkeiten allgemein! Im Unterschied zu seiner früheren Auffassung, daß der Mensch nur dadurch zähle, was er sei, nicht dadurch, was er tue[7] − eine Entgegensetzung, die sich ähnlich in Goethes Wilhelm Meister findet[8] −, beurteilt Humboldt später (ab 1793/94) die produzierenden Tätigkeiten grundsätzlich positiv. Von „produzierenden Tätigkeiten" spreche ich nicht im Unterschied zu Dienstleistungen. Vielmehr möchte ich mit diesem Ausdruck betonen, daß es bei diesen Tätigkeiten auch um ein Produkt geht. Der Akzent wird jetzt nicht mehr nur auf die Tätigkeit als Tätigkeit gelegt wie in folgender früherer Äußerung (1792): „Denn ich thue nie etwas um des Werkes

---

[7] Vgl. Humboldt, Brief vom 24. 12. 1790 an Caroline von Dacheröden. In: Wilhelm und Caroline von Humboldt in ihren Briefen. Hrsg. von A. v. Sydow. Berlin 1910. Bd. 1, S. 344–345. − Humboldt, Bd. I, 79 (1792); Brief Humboldts vom 29. 11. 1797 an Gentz. In: Preuß. Jahrbücher 240 (1935), S. 19. Vgl. die Auffassung jener Kreise, die Humboldt in seiner Schrift „Das achtzehnte Jahrhundert" (1797/98) kritisiert (Bd. I, 454).

[8] Vgl. O. F. Bollnow: Vorbetrachtungen zum Verständnis der Bildungsidee in Goethes „Wilhelm Meister". In: Die Sammlung, Jg. 10 (1955), S. 454–458; L. Fertig, „Ja, es ist jetzo die Zeit der Einseitigkeiten". In: Die berufsbildende Schule, Jg. 29 (1977), S. 696–700.

willen, das unmittelbar und außer mir, immer nur um der Energie willen, die mittelbar und in mir bleibt."[9] Geht es hier bei der Tätigkeit nur um die Steigerung der Kräfte des Menschen (Energie), nicht aber um das Produkt (vgl. I, 76, 78, 86–87, 92), so geht es später auch um das Produkt einer Tätigkeit. Diese Umorientierung ist klar in dem Fragment „Theorie der Bildung des Menschen" (ca. 1793/1794) zu erkennen – worauf später einzugehen sein wird. Sie wird besonders pointiert ausgedrückt in einem Brief aus dem Jahre 1797 an Gentz: man müsse „etwas hervorbringen, einen Beweis . . . hinterlassen, daß man verdiente, da gewesen zu seyn"[10]. Von dieser Umorientierung her wird es verständlich, daß Humboldt später in einem Brief an F. A. Wolf (1809) seine Neigung, mehr an der Tätigkeit selbst als an ihren Resultaten interessiert zu sein, selbstkritisch beurteilt (V, 224–225).

Die Wertschätzung der Produkte (im weitesten Sinn: in Kunst, Poesie, Philosophie, Wissenschaft, Politik, Handel und Gewerbe) stimmt mit seiner gleichzeitig entwickelten philosophischen Anthropologie überein: nur in den Produkten der Vergangenheit können Intensität und Extensität des „Begriffs der Menschheit" bzw. des „Ideals der Menschheit" erkannt werden, nur durch neue Produkte kann der „Begriff der Menschheit" erweitert werden.[11] Eine noch so vielseitige und harmonische Bildung der Kräfte des Menschen allein wäre dazu nicht hinreichend, da sie nicht in Produkten objektiviert und aufbewahrt würde. Daher stimmt Humboldt der Forderung zu, „daß der Mensch den Verfassungen, die er bildet, selbst der leblosen Natur, die ihn umgiebt, das Gepräge seines Werthes sichtbar aufdrücke, ja daß er seine Tugend und seine Kraft (so mächtig und so allwaltend sollen sie sein ganzes Wesen durchstralen) noch der Nachkommenschaft einhauche, die er erzeugt. Denn nur so ist eine Fortdauer der einmal erworbenen Vorzüge möglich . . ." (I, 236). Eine Scheu vor der Befleckung des „Inneren" durch die äußere Wirklichkeit – die Litt für Humboldt allgemein meinte feststellen zu können[12] – ist hier also nicht zu erkennen.

Diese Bewertung produzierender Tätigkeiten allgemein wird dann

⁹ Brief Humboldts vom 3. 9. 1792 an v. Brinkmann. In: C. Menze (Hrsg.), Wilhelm von Humboldt. Bildung und Sprache. Paderborn ²1965, S. 125.

¹⁰ Humboldt, Brief vom 29. 11. 1797 an Gentz (s. Anm. 7), S. 19. – Vgl. Humboldt, Bd. I, 235–236, 454–455; II, 128. – Vgl. E. Spranger, Wilhelm von Humboldt und die Humanitätsidee. Berlin 1909, S. 58–59.

¹¹ I, 235–236, 339–340, 350, 354–355, 376–378, 415–420, 506–515. – Brief Humboldts an Körner v. 19. 11. 1793 (In: Humboldt, V, S. 172); Brief Humboldts an Schiller vom 2. 2. 1796 (s. Anm. 4), S. 277–279; Brief Humboldts vom 23. 12. 1796 an Wolf (In: Humboldt, V, S. 182–183).

¹² Th. Litt, Das Bildungsideal der deutschen Klassik und die moderne Arbeitswelt. Bonn 1955, S. 58.

nach der Art der Tätigkeit differenziert. Am Modell der Griechen ver-
deutlicht Humboldt seine höhere Bewertung „geschäfteloser Muße" und
„edeln Müßiggangs" gegenüber der „körperlichen Arbeit und Sorge für
die Bedürfnisse des Lebens" (II, 82). Mit „geschäfteloser Muße" ist
allerdings nicht so sehr die geistige Arbeit im Unterschied zur körperlichen gemeint. Eine wertende Entgegensetzung körperlicher und geistiger Arbeit findet man nicht – sie würde auch Humboldts ganzheitlichem
Menschenbild widersprechen. Vielmehr ist mit „geschäfteloser Muße"
die freie Tätigkeit gemeint (II, 82, 93)[13], die von der unterordnenden
Beschäftigung unterschieden wird (II, 49). Dieser „freien, rein nach dem
Höchsten in der Menschheit strebenden Thätigkeit" werden die „kleinli-
che(n), nirgends tief ins Leben eingreifende(n) Beschäftigungen" (II, 93)
gegenübergestellt. Damit tritt zu der wertenden Entgegensetzung von
freier Tätigkeit und unterordnender Beschäftigung – einem Gegensatz,
der sich auch in dem „frei ausgebildeten Körper" der Griechen (II, 49)
und dem durch Arbeit gedrückten Körper (I, 309) zeigt – der Gegensatz
von bedeutungsvollen und unbedeutenden, alltäglichen Beschäftigungen
(vgl. I, 384–385, II, 140).

Differenziert Humboldt die bildenden Wirkungen dieser Tätigkeiten
entsprechend seiner wertenden Klassifizierung? Denn daß produzierende Tätigkeiten eine bildende Wirkung haben – diese allgemeine
These kann man bereits aus seiner staatsphilosophischen Jugendschrift
(1792) erschließen. Er prüft dort nämlich anhand des Kriteriums „Bildung", ob eine positive Einwirkung des Staates auf die beruflichen
Tätigkeiten seiner Bürger deren Bildung befördert oder hemmt.[14]

Eine bildende Wirkung solcher Tätigkeiten wird also vorausgesetzt. In
diesem Sinne heißt es später, daß „jedes Geschäft des Lebens" Einfluß
auf „unsre innere Bildung" ausüben kann (I, 238), ja, daß erst die Bin-
dung des Menschen „durch selbstthätigen Anteil an einen kleinen Kreis"
(z. B. an einen Beruf) eine Sammlung und eine bestimmte Ausbildung
seiner Kräfte ermöglicht (I, 454).

Revidiert Humboldt damit seine frühere Auffassung (1790), daß
„Geschäfte ... Kopf und Charakter platt (machen)"?[15] Können wir eine
Revision beobachten, die seiner Umorientierung in der Bewertung der
produzierenden Tätigkeiten entspricht? Ja und nein. Humboldt hält an

---

[13] Vgl. Humboldt, Brief vom 2. 2. 1796 an Schiller (s. Anm. 4), S. 279. Vgl. schon
vorher Humboldt, I, 92. – Ob Humboldt sich hier auf Aristoteles' Lehre von
der Muße (Aristoteles, Pol. 1333 a 30 – 1333 b 5, 1337 b 23 – 1338 b 8) bezieht,
müßte besonders untersucht werden.

[14] I, 64–78, 86–92.

[15] Humboldt, Brief vom 31. 10. 1790 an Caroline von Dacheröden. In: Wilhelm
und Caroline von Humboldt in ihren Briefen, 1910, Bd. I (s. Anm. 7), S. 262.

seiner früheren Auffassung insoweit fest, als er weiterhin bestimmten beruflichen Tätigkeiten eine bildende Wirkung abspricht, er trennt sich von ihr dadurch, daß er einem bestimmten Typ dieser Tätigkeiten eine bildende Wirkung zuspricht. Diese Position befindet sich bereits in der erwähnten Jugendschrift: „Jede Beschäftigung vermag den Menschen zu adeln, ihm eine bestimmte, seiner würdige Gestalt zu geben. Nur auf die Art, wie sie betrieben wird, kommt es an" (I, 78).

Humboldts Kritik an den nach seiner Auffassung bildungshemmenden Beschäftigungen[16] bezieht sich zum einen auf die Art der Tätigkeiten, zum anderen auf die einseitige Betonung und die Art der Produkte. Diese Tätigkeiten seien teils mechanisch[17], teils einseitig[18], teils unfrei.[19] An ihnen werden also Selbsttätigkeit, Vielseitigkeit und Freiheit vermißt. Die Kritik an der Sorge für den Lebensunterhalt und an der Nützlichkeit des Geschäftsmannes[20] richtet sich dagegen, daß es jeweils nur um die Produkte (Lebensunterhalt, Nützlichkeit) geht, nicht grundsätzlich gegen diese Tätigkeiten. In diesem Sinn soll gemäß seiner Metaphysik der Humanisierung des ganzen Lebens keine Beschäftigung zurückgewiesen, sondern nur „alles Kleinliche und Unedle" davon hinweggenommen werden (V, 206).

Nach dieser bildungstheoretischen Kritik an den genannten Tätigkeiten überrascht es nicht, daß Humboldt als Bedingungen für eine bildende Wirkung produzierender Tätigkeiten Freiheit (I, 76—77, I, 65, I, 88—89), Selbsttätigkeit (I, 73, 76), Vielseitigkeit (I, 64—65, I, 88—89, II, 16) nennt. Dabei sind die beiden letzten Ausprägungen von Freiheit (vgl. I, 64, 88). Unter diesen Bedingungen sei auch die Arbeit der Bauern und Handwerker bildend: „So ließen sich vielleicht aus allen Bauern und Handwerkern *Künstler* bilden, d. h. Menschen, die ihr Gewerbe um ihres Gewerbes willen liebten, durch eigen gelenkte Kraft und eigne Erfindsamkeit verbesserten, und dadurch ihre intellektuellen Kräfte kultivirten, ihren Charakter veredelten, ihre Genüsse erhöhten. So würde die Menschheit durch eben die Dinge geadelt, die jezt, wie schön sie auch an sich sind, so oft dazu dienen, sie zu entehren" (I, 76). „Eigen gelenkte Kraft und eigne Erfindsamkeit" verweisen auf die genannten Bedingungen Freiheit und Selbsttätigkeit als Bedingungen für bildende Wirkungen von Tätigkeiten. Nur in Freiheit ausgeübte Tätigkeiten wirken also bildend auf den Tätigen zurück. Daß das so ist, wird von Humboldt nur indirekt dadurch

---

[16] I, 85—86, 93—94, 309, 407, 511; II, 7, 341, 434, 436—437.

[17] I, 77, 86, 309; vgl. Humboldts Brief vom 31. 10. 1790 an Caroline von Dacheróden (s. Anm. 15), S. 262.

[18] I, 85; vgl. II, 7, 434, 436—437.

[19] I, 93—94, II, 341.

[20] I, 309, 407, 511; vgl. Humboldts Brief vom 31. 10. 1790 an Caroline von Dacheröden (s. Anm. 15), S. 262.

gezeigt, daß eine *un*freie Tätigkeit nicht bildend wirke: in diesem Falle bleibe ihm die Tätigkeit fremd, da sie von anderen angeleitet, nicht also von ihm „selbst gewählt" sei; daher gehe sie „nicht in sein Wesen über" (I, 77). Daraus folgt, daß eine bildende Tätigkeit deswegen frei gewählt sein muß, weil sie nur so den Interessen und Kräften des Tätigen entspricht. Dieser Entsprechung wegen werden die durch eine Tätigkeit gemachten Erfahrungen an die Interessen und Kräfte des Tätigen angeknüpft, so daß diese Interessen und Kräfte dadurch beeinflußt, d. h. gebildet werden.

Die bezeichneten, eng miteinander zusammenhängenden Bedingungen für bildende Wirkungen von Tätigkeiten werden durch Humboldts Bildungsideal „vielseitiger und kraftvoller Charaktere" (I, 72) begründet. Im Sinne dieses Bildungsideals werden in Entgegensetzung zu den mechanischen, einseitigen und unfreien Tätigkeiten Selbsttätigkeit, Vielseitigkeit und Freiheit als Bedingungen bildender Tätigkeiten gefordert. Es ist bei Humboldt also keine grundsätzliche Abwertung der Berufe zu erkennen − wie in der Literatur behauptet wird[21] −, wohl aber der meisten damals vorhandenen (I, 343).

Vergleichen wir Humboldts wertende Klassifizierung von Beschäftigungen in zwei Gegensatzpaaren mit diesen Aussagen über bildende und bildungshemmende Wirkungen von Beschäftigungen, so entdeckt man klare Entsprechungen: freie Tätigkeiten werden in beiden Fällen positiv beurteilt. Und weiter: wie dort die „kleinlichen ... Beschäftigungen" negativ beurteilt werden, so soll hier das „Kleinliche und Unedle" der Beschäftigungen aufgehoben werden.

Wir haben damit vor allem die Bedingungen bildender Wirkungen der Tätigkeit selbst betrachtet. Nur die Ablehnung einer einseitigen Konzentration auf die Produkte − insbesondere auf die unbedeutenden − verweist auf das Produkt der Tätigkeit. Spielt das Produkt selbst, dem Humboldt im Laufe der Entwicklung seiner Theorie der Tätigkeit eine größere Bedeutung einräumte, ebenfalls eine Rolle bei der Bildung? Um diese Frage zu beantworten, ist zunächst zu klären, ob Humboldt sich in dem Fragment „Theorie der Bildung des Menschen" (ca. 1793/94) nur mit der bildenden Wirkung der Wissenschaften (so Leroux 1932)[22] oder auch mit der bildenden Wirkung produzierender Tätigkeiten (so Schelsky [2]1971)[23] befaßt.

---

[21] F. Blättner 1960 (s. Anm. 1), S. 102−103, 114−116, 120. − Th. Litt, 1955, S. 56−59, 62−63. − Knoll/Siebert 1969 (s. Anm. 1), S. 34. − Vgl. aber A. Reble [13]1980 (s. Anm. 1), S. 186.

[22] R. Leroux, Guillaume de Humboldt. La formation de sa pensée jusqu'en 1794. Paris 1932, S. 421−425, 428−429.

[23] H. Schelsky, Einsamkeit und Freiheit. Düsseldorf [2]1971, S. 64 (aber ebd., S. 69).

Humboldt erklärt dort, weshalb der Mensch von sich aus zur Welt übergeht. Er nennt zwei Gründe: um seine Kräfte zu üben und um „seinem Wesen Werth und Dauer" zu verschaffen, benötige der Mensch einen Stoff, die Welt (= Nicht-Ich) (I, 235). Aus diesen beiden Gründen erweitere er den „Kreis seiner Erkenntnis und seiner Wirksamkeit" (I, 235). Hier interessiert nur, daß Humboldt nicht allein von Erkenntnis (Wissenschaft), sondern auch von Wirksamkeit spricht, die ihrerseits in Handeln und „die ganze äußre Geschäftigkeit" (= produzierende Tätigkeit, berufliche Arbeit) untergliedert wird. Die dann folgenden Aussagen gelten daher auch für die „ganze äußre Geschäftigkeit". Damit ist deutlich, daß Humboldt in dem genannten Fragment von den bildenden Wirkungen der Wissenschaften *und* der produzierenden Tätigkeiten spricht.

Humboldt fordert dort, daß der Mensch nicht nur in „Bildung, Weisheit und Tugend", sondern auch in der Gestaltung von Verfassungen eines Staates und — worauf es hier ankommt — in der Bearbeitung[24] der Natur einen möglichst hohen Wert ausdrücken soll. Dadurch könne die jeweils nachfolgende Generation geprägt werden und die Menschheit im Laufe der Geschichte einen stetigen Fortschritt machen (I, 236). Um diese sich auf das „innere Wesen des Menschen" beziehende Forderung zu erfüllen, müsse der Mensch — angewiesen auf einen Stoff für seine Tätigkeit — „zu den Gegenständen außer ihm übergehen" (I, 237): „Beschränken sich indess auch alle diese Forderungen (sc. nach Differenzierung des ‚Begriffs der Menschheit', d. h. nach Schaffung neuer Formen menschlichen Daseins und damit nach Fortschritt der Menschheit) nur auf das innere Wesen des Menschen, so dringt doch seine Natur beständig von sich aus zu den Gegenständen außer ihm überzugehen, und hier kommt es nun darauf an, daß er in dieser Entfremdung nicht sich selbst verliere, sondern vielmehr von allem, was er außer sich vornimmt, immer das erhellende Licht und die wohlthätige Wärme in sein Innres zurückstrale" (I, 237). Hier wird der Begriff der Entfremdung erstmals in den Kontext einer Theorie der Arbeit eingeführt. Humboldt antizipiert damit einen Gedanken, der durch Hegel und Marx (Pariser Manuskripte) — ohne Beziehung auf Humboldt — vertieft, zur Kritik an den damaligen ökonomischen Verhältnissen ausgearbeit und so berühmt geworden ist.

Dieser notwendige Schritt der Entfremdung — so argumentiert Humboldt — habe nur dann nicht einen Selbstverlust des Menschen zur

---

[24] Vgl. Humboldt, Bd. I, 235: Humboldt spricht davon, daß Handeln (was hier auch die „ganze äußre Geschäftigkeit" mit umschließt) „nur vermöge des ... Bearbeitens von etwas möglich ist, dessen eigentlich unterscheidendes Merkmal es ist, Nicht-Mensch, d. i. Welt zu sein" (I, 235).

Folge, wenn dieser die Gegenstände „sich näher bringe", d. h. ihnen
seine Form aufpräge. Nur so strahle „von allem, was er außer sich vornimmt (d. h. tut, Verf.), immer das erhellende Licht und die wohlthätige
Wärme in sein Innres zurück" (I, 237). Das heißt, der Mensch erkennt
sich — seine Kräfte — in seinem Produkt wieder. Seine Kräfte werden
dadurch nicht nur geübt und gestärkt, sondern ihm durch die Vergegen-
ständlichung in seinem Produkt auch deutlicher. Durch die beiden
Schritte einer Übung der Kräfte in der Bearbeitung der Natur und einer
reflexiven Wiederaneignung der vergegenständlichten Kräfte bildet der
Mensch sich (d. h. seine Kräfte). Jetzt wird auch verständlich, weshalb
Humboldt in seiner Ablehnung der aufkommenden Industrie das Dazwi-
schenschieben von Mitteln (Werkzeugen, Maschinen) zwischen den
Menschen und sein zu schaffendes Produkt als Übersteigerung der
Kultur kritisiert (1798: II, 341): durch solche Vermittlung prägen sich die
Kräfte selbst nur indirekt im Produkt aus, so daß die bildende Wirkung
dieser Tätigkeit geringer wird. An die beiden Möglichkeiten einer direk-
ten und einer indirekten Beziehung der Kräfte auf ein Produkt denkt
Humboldt auch, wenn er eine enge Berührung zwischen der Tätigkeit
und der inneren Bildung des Menschen, aber auch eine Trennung beider
für möglich hält (I, 38, I, 405).

II.

Nach diesen Aussagen über die teils bildenden, teils bildungshemmenden Wirkungen beruflicher Tätigkeiten können wir jetzt die zweite Frage
aufnehmen: Schlagen diese Aussagen Humboldts sich in der Bestimmung des Verhältnisses allgemeiner und beruflicher Bildung in seinen
Schulreformplänen (1809) nieder?

So, wie Humboldt zwischen bildungshemmenden und bildenden
Wirkungen beruflicher Tätigkeiten unterscheidet, unterscheidet er jetzt
auch zwei Arten einer beruflichen Bildung:

1. eine direkt auf den Beruf vorbereitende Bildung
2. eine Stufenfolge von allgemeiner und beruflicher Bildung.

Kennzeichen einer direkt auf den Beruf vorbereitenden Bildung sei es,
daß dabei nur Fertigkeiten übernommen würden, ohne die theoretischen
Voraussetzungen dafür zu erkennen (Beispiel: „unwissenschaftliche
Chirurgen", IV, 188). Humboldt nennt das „Abrichtung" (IV, 173).
Durch diese mechanische Nachahmung verlören die so Ausgebildeten
auch „an Kraft und Selbständigkeit". Überdies würden sie einseitig, da sie
nur die speziellen Fertigkeiten für den jeweiligen Beruf erlernten (IV,
218, vgl. II, 15). Diese Kennzeichnung einer direkt auf einen Beruf
vorbereitenden Bildung (mechanische Nachahmung, Einseitigkeit, Ver-

lust an „Kraft und Selbständigkeit") entspricht genau jenen Merkmalen, mit denen Humboldt – wie gezeigt – die bildungshemmende Arbeit charakterisiert. Um den charakterisierten Typ bildungshemmender Arbeit aufzuheben, fordert Humboldt eine Stufenfolge von allgemeiner und beruflicher Bildung. Er lehnt daher die seinerzeit vordringenden Realschulen ab, in denen allgemeine und berufliche Bildung vermischt würden (IV, 172–173). Statt dessen plädiert er für einen Ausbau der beruflichen Schulen (IV, 175).

Wie begründet Humboldt diese Stufenfolge? Seine Begründung ist teils bildungstheoretischer, teils pragmatischer Natur: Erst eine auf der allgemeinen Bildung aller Kräfte des Menschen aufbauende spezielle, berufliche Bildung ermögliche es, die im Beruf praktizierte Fertigkeit intellektuell zu durchdringen. Nur so wirke diese Fertigkeit auf den Menschen zurück – d. h.: nur so bilde sie ihn –, während eine unverstandene, nur mechanisch angewandte Fertigkeit nicht auf den Menschen zurückwirke, d. h. seine intellektuellen Kräfte nicht bilde: „Ein Hauptzweck der allgemeinen Bildung ist, so vorzubereiten, daß nur für wenige Gewerbe noch unverstandene, und also nie auf den Menschen zurück wirkende Fertigkeit übrigbleibe" (IV, 188, vgl. I, 76, 89). Diese Argumentation erinnert an den Gedanken einer Aufhebung jener Entfremdung, zu der jede Arbeit zunächst führe. Auf eine wichtige Einschränkung ist allerdings hinzuweisen: Eine solche bildende Rückwirkung sei nicht in allen Berufen möglich. Für wenige Gewerbe würde noch „unverstandene, und also nie auf den Menschen zurück wirkende Fertigkeit übrigbleibe(n)". An diesen Fall ist in dem eingangs zitierten – demselben Kontext (Litauischer Schulplan) entnommenen – Satz gedacht: „Je tiefer der Mensch, der nicht höher gebildet werden kann, leider ins Leben (sc. ins Berufsleben) eintauchen muß, desto sorgfältiger halte man ihn bei dem wenigen Formellen (sc. z. B. Mathematik), was er rein zu fassen im Stande ist" (IV, 194). Hier wird also nicht – wie es zunächst schien – behauptet, daß Bildung und Beruf einander generell ausschließen; es geht hier vielmehr nur um den bezeichneten Fall mechanisch angewandter Fertigkeiten im Beruf.

In dem zweiten Argument für eine Stufenfolge allgemeiner und beruflicher Bildung ist eine Verknüpfung bildungstheoretischer und pragmatischer Überlegungen zu erkennen. Erst eine allgemeine Bildung aller Kräfte des Menschen ermögliche es, frei eine bestimmte Berufsausbildung zu wählen und die erforderlichen Kenntnisse und Fertigkeiten selbständig anzueignen (IV, 91). Solche selbständige Aneignung stärke die bereits auf der Stufe allgemeiner Bildung geübten Kräfte des Menschen weiter und gebe ihm Freiheit in seinem Beruf. Diese Freiheit, Kraft und Selbständigkeit erst ermöglichten es, daß man bloße Routine und Nachahmung vermeide und Verbesserungen in dem jeweiligen

Beruf einführe. Sie befähigten ferner dazu, den Beruf notfalls zu wechseln (berufliche Mobilität) (IV, 218).

Betrachten wir die Art der Beziehung zwischen allgemeiner Bildung, beruflicher Bildung und Berufstätigkeit, so erkennen wir eine durchgehende Verknüpfung. Es geht um eine stufenweise Steigerung der Kräfte des Menschen und immer um Freiheit und um Selbständigkeit. Allgemeinbildung und Berufsbildung sind also nicht absolut getrennt – so sehr ihr Unterschied auch betont wird –, sondern funktional miteinander verknüpft (vgl. IV, 169–170, 217, 219). Auch hier ist eine weitgehende Übereinstimmung mit Humboldts früheren Aussagen über die Bedingungen, unter denen Arbeit (Beruf) bildet, festzustellen. Diese Bedingungen sind, wie gezeigt, Freiheit, Selbsttätigkeit (der die soeben betrachtete Selbständigkeit entspricht) und Vielseitigkeit. Von Vielseitigkeit im Prozeß beruflicher Bildung erfahren wir allerdings nichts. Davon abgesehen kann behauptet werden, daß sich Humboldts Theorie der Berufsbildung auf der Basis einer allgemeinen Bildung auf seine vorher entwickelte Theorie über die Bedingungen einer Bildung durch berufliche Arbeit zurückführen läßt.

III.

Im folgenden möchte ich prüfen, ob Humboldt diese Bildungstheorie in Auseinandersetzung mit der Aufklärungspädagogik entwickelt hat. Ich vermute, daß die herrschende Interpretation die Differenz Humboldts zur Aufklärungspädagogik überbetont. Daher kam sie zu der Auffassung, Humboldt habe Beruf und Berufsausbildung aus dem Feld der allgemeinen Menschenbildung ausgeschlossen.

Soweit Humboldt sich während seiner bildungspolitischen Amtszeit mit den Realschulen, die von den Aufklärungspädagogen favorisiert wurden, auseinandersetzte, bin ich auf seine Kritik an der Aufklärungspädagogik bereits eingegangen. Im folgenden frage ich danach, ob Humboldt sich auch mit Theoretikern der Aufklärungspädagogik auseinandergesetzt hat. Auf den ersten Blick wird man – mit Blankertz[25] – diese Frage verneinen wollen. Denn Humboldt befaßt sich an keiner Stelle seiner Bildungstheorie ausdrücklich (d. h. unter Namensnennung) mit einem Theoretiker der Aufklärungspädagogik. Dabei kannte er drei hervorragende Vertreter dieser Erziehungstheorie persönlich: Campe (der einer seiner Erzieher war), Trapp und Stuve.[26] Auch ist aus Briefen

---

[25] H. Blankertz 1963 (s. Anm. 1), S. 99; ders. 1982 (s. Anm. 2), S. 101.
[26] Vgl. die Briefe Humboldts vom 31. 8.1781, 4. 8. 1788 und vom 8. 2. 1790 an Campe. In: J. Leyser, Joachim Heinrich Campe. Braunschweig ²1896, Bd. 2, S. 301, 306, 314.

an Campe bezeugt, daß er einige Werke Campes und Trapps gelesen hat.[27] Ich stelle die These auf, daß Humboldt sich mit der Erziehungstheorie Campes und Villaumes — eines von ihm allerdings auch nicht in seinem Briefwechsel mit Campe erwähnten Zeitgenossen des letzteren — auseinandergesetzt hat. Beziehungen zu Trapp sind — trotz der bezeugten Lektüre von Werken Trapps — hingegen nicht zu erkennen.

Villaume (1746—1825) veröffentlichte im Jahr 1785 in dem von Campe herausgegebenen Standardwerk der Aufklärungspädagogik („Allgemeine Revision des gesamten Schul- und Erziehungswesens") eine Abhandlung unter dem bezeichnenden Titel „Ob und inwiefern bei der Erziehung die Vollkommenheit des einzelnen Menschen seiner Brauchbarkeit aufzuopfern sei?" Im Sinne des Utilitarismus der Aufklärungspädagogik sprach er sich dafür aus, daß jeder in der Regel für den Stand, dem er von Geburt angehöre, ausgebildet werden müsse.[28] Dabei müsse seine Brauchbarkeit für Staat und Gesellschaft, denen er als ihr Zögling zu dienen habe, das leitende Ziel sein. Ihr müsse die Erziehung zur Vollkommenheit — allerdings nicht um den Preis der „Rechte der Menschheit" — aufgeopfert werden.[29] Ausdrücklich wird für den Regelfall die Ausbildung „mechanischer Kräfte und Fertigkeiten", die die „Seele leer ausgehen" ließen, der Bildung nicht mechanischer Kräfte vorgezogen.[30] Solche nicht mechanischen Kräfte beispielsweise eines „denkenden Kopfes" wären nachteilig für mechanisches Arbeiten („maschinenmäßig handeln")[31], das in den Berufen in der Regel erforderlich sei.[32] Es ist anzunehmen, daß Humboldt sich gegen diese im Standardwerk der Aufklärungspädagogik vertretene, mithin weit verbreitete These einer frühen und mechanischen Berufsausbildung wendet. Seine Kritik an der „mechanischen Beschäftigung" (I, 309), die den Menschen zur Maschine mache (I, 86), zielt offensichtlich wörtlich auf die Position Villaumes.

Während Villaume eine Unvereinbarkeit der Bildung zur Brauchbarkeit und der Bildung zur Vollkommenheit des Menschen behauptete, versuchte Campe (1746—1818) genau umgekehrt die Vereinbarkeit beider Arten von Bildung durch ihre Gleichsetzung zu erweisen. Eine harmonische und gleich starke Bildung aller Kräfte als Voraussetzung für

---

[27] Briefe Humboldts vom 31. 8. 1781 und vom 8. 2. 1790 an Campe (s. Anm. 26), S. 300—301, 313.

[28] P. Villaume, Ob und inwiefern bei der Erziehung die Vollkommenheit des einzelnen Menschen seiner Brauchbarkeit aufzuopfern sei? (1785). In: H. Blankertz 1965 (s. Anm. 1), S. 90, 106—108.

[29] Ebd. (1785) 1965, S. 109—111 (Zitat ebd., S. 111).

[30] Ebd. (1785) 1965, S. 94—97 (Zitate ebd., S. 96).

[31] Ebd. (1785) 1965, S. 92—93 (Zitat ebd., S. 92).

[32] Ebd. (1785) 1965, S. 105—106.

die „Vollkommenheit und Glückseligkeit des Menschen"[33] sei deswegen
auch in seiner Berufsausbildung möglich, weil es im Prinzip immer
dieselben Kräfte seien, die gebildet würden. So würde die allen Menschen gemeinsame Verstandeskraft (als „ursprüngliche Kraft") je nach
Richtung des Berufs in jeweils anderer Form (in abgeleiteter Weise)[34]
gebildet: zum Beispiel könne die Verstandeskraft eines Bauern gleich
stark wie die eines Professors sein; sie unterscheide sich nur durch ihre
Anwendungsgebiete.[35]

Gegen diese Annahme der Möglichkeit einer gleichzeitigen harmonischen Bildung aller Kräfte des Menschen und einer beruflichen Ausbildung wandte sich Humboldt. Er übernahm zwar die Forderung Campes
nach einer harmonischen Bildung aller Kräfte.[36] Realistischer als der
Realist Campe sah er aber den Nachteil einer zu frühen beruflichen
Ausbildung darin, daß sie zu Einseitigkeit, Unfreiheit und Unselbständig-
keit mechanischer Tätigkeit führen würde. Daher forderte er – in Anlehnung an Rousseau[37] –, daß zunächst die auch bei Campe vorgesehene,
aber erheblich kürzer bemessene[38] Stufe der allgemeinen, von jedem
Beruf noch absehenden Bildung durchlaufen werden soll. Erst dann
sollten die so entwickelten und gestärkten Kräfte den Anforderungen
einer speziellen Berufsausbildung ausgesetzt werden.

Zusammenfassend ist also festzustellen: Humboldt sprach sich in
dieser Auseinandersetzung mit Repräsentanten der Aufklärungspädagogik weder gegen die Berufsausbildung aus noch entfernte er Berufsausbildung und Beruf prinzipiell aus dem Bereich der Menschenbildung.
Vielmehr begriff Humboldt Berufsausbildung und Beruf unter bestimmten, vorher genannten Bedingungen auch als Mittel zur Menschenbildung. Insofern übernahm er die These Campes, wenn auch in entschei-
dend veränderter Form. Er lehnte den Utilitarismus Campes ab, da
dieser Bildung und Brauchbarkeit unvermittelt gleichsetzte und damit
jene verändernden Impulse negierte, die von einer allgemeinen, freien
Bildung aller Kräfte des Menschen aus auf Berufsausbildung und Berufstätigkeit einwirken können. Diese Ablehnung des Utilitarismus drückte

---

[33] J. H. Campe, Von der nötigen Sorge für die Erhaltung des Gleichgewichtes
unter den menschlichen Kräften (1785). In: Blankertz 1965 (s. Anm. 1), S. 29 bis
30 (Zitat ebd., S. 29).

[34] Ebd. (1785) 1965, S. 23, 30.

[35] Ebd. (1785) 1965, S. 31.

[36] J. H. Campe, Über Empfindsamkeit und Empfindelei in pädagogischer Hin-
sicht. Hamburg 1779, S. 20; ders. (1785) 1965 (s. Anm. 33), S. 27. Vgl. L. Fertig,
Campes politische Erziehung. Darmstadt 1977, S. 98–99.

[37] J. J. Rousseau, Emile ou de l'éducation (1762). Paris (Editions Garnier Frères)
1964, S. 12.

[38] L. Fertig 1977 (s. Anm. 36), S. 82 ff., 102–107, 118.

Humboldt in folgender Tagebucheintragung auf seiner Reise nach Paris aus, die er in Begleitung Campes im Jahr 1789 unternahm: „Für das schöne, selbst für das wahre, tiefe, feine, scharfsinnige in intellectuellen, für das große, in sich edle in moralischen dingen scheint er (sc. Campe) äußerst wenig gefühl zu haben, wenn nicht mit diesem zugleich eigen ein unmittelbarer nuzen verbunden ist. Vom Rheinfall bei Schaffhausen sagte er mir . . .: ‚ich sehe lieber einen kirschbaum, der trägt früchte, und so schön und groß der Rheinfall ist, so ist es ein unnüzes geplätscher, das niemandem nüzt' " (V, 23).

IV.

Eine Ablehnung des Utilitarismus Campes ist ebenfalls im literarischen und im theoretischen Werk Eichendorffs, des im Vergleich mit Humboldt etwa eine Generation Jüngeren (1788–1857), zu erkennen. Können wir hier – in der Spätromantik – jene Entgegensetzung von Bildung und Arbeit (Beruf) beobachten, die zu Unrecht Humboldt zugeschrieben wird? Anders gefragt: Entspricht der stärkeren Kritik der Romantiker an der Aufklärung[39] eine Entgegensetzung von Bildung und Arbeit (Beruf), die in der Aufklärungspädagogik eng verbunden wurden?

Betrachten wir zunächst Eichendorffs Kritik an Campes Erziehungstheorie, um dann die hier bereits vorausgesetzte, an anderen Stellen weiter ausgearbeitete Bildungstheorie Eichendorffs positiv zu bestimmen. Dabei geht es nur um die Rolle der Arbeit für Bildungsprozesse, nicht also um Eichendorffs Bildungstheorie allgemein, wie sie – für die Erziehungswissenschaft noch weithin terra incognita – aus seinen Bildungsromanen zu erschließen und in seinen theoretischen Schriften (wenn auch verstreut) zu fassen ist.

In Eichendorffs erstem Roman „Ahnung und Gegenwart" (1815) erzählt Friedrich, die zentrale Figur in diesem Roman, aus seinem Bildungsgang: Sein Hofmeister, ein „aufgeklärter Mann"[40], habe eines Tages seine heimliche Lektüre von Sagen und sein ebenso heimliches Betrachten alter Holzstiche, beides Nahrung für die Ausbildung seiner Phantasie, entdeckt und verboten. Statt dessen habe er die „Kinderbibliothek" Campes lesen müssen und sei damit dem „Anfall einer ganz nüchternen Welt"[41] ausgesetzt worden. Diese „nüchterne Welt", die der Phantasie-Welt entgegengestellt worden sei, wird drastisch wie ein Mittel zur Ausnüchterungskur beschrieben: „Da erfuhr ich denn, wie man

---

[39] Vgl. L. Fertig (s. Anm. 36), 1977, S. VII und Anm. 2.
[40] Eichendorff, Ahnung und Gegenwart. In: Eichendorff, Werke II, S. 51.
[41] Werke II, S. 51.

Bohnen steckt, sich selber Regenschirme macht, wenn man etwa einmal, wie Robinson, auf eine wüste Insel verschlagen werden sollte, . . ."[42] Der Zugriff einer so auf Nützlichkeit ausgerichteten Erziehung wird durch die Metapher der „pädagogischen Fabrik"[43] und durch den Vergleich der Natur des Menschen mit dem „farb- und geruchslosen, zur Menschheitssaat umgepflügten Boden"[44] ausgedrückt. Aus diesem Boden sollen dem Ideal der Nützlichkeit dienende Menschen aufwachsen. Der „umgepflügte Boden" ist „farb- und geruchslos", was doch heißen soll: in ihm sind die Keime zur Ausbildung der Phantasie getilgt.

Nicht zufällig wird der Hofmeister ein „aufgeklärter Mann" genannt. Nicht zufällig empfiehlt dieser die Lektüre der Kinderbücherei des Aufklärungspädagogen par excellence Campe. Unverkennbar ist auch, daß in der Person Friedrichs die auf Nützlichkeit eingeschränkte Aufklärungspädagogik abgelehnt wird. Aber: Ist die Auffassung dieser Romanfigur diejenige Eichendorffs? Diese Frage ist nicht nur deswegen zu stellen, weil Eichendorff explizit vor einer Gleichsetzung des Dichters mit seinem Werk warnt[45], sondern auch deswegen, weil er im Tagebuch über seine Reise nach Hamburg (1805) seine Lektüre von „Robinson, Campe" zu den „seeligen Stunden der Kindheit" zählt.[46]

Ich möchte die gestellte Frage mit folgender These beantworten: Zumindest seit der Veröffentlichung des zitierten Romans „Ahnung und Gegenwart" (1815) lehnt Eichendorff die Aufklärungspädagogik à la Campe ab. Demzufolge vertritt er bereits in diesem Roman jene Auffassung, die er in seinen späteren theoretischen Schriften zur Literatur als *seine* Auffassung zu erkennen gibt. Campe gilt ihm hier (1851) nur noch „als Schulmeister einer seichten Pädagogik", unter dessen Hand die „abenteuerlichen Touristen" früherer phantastischer Reisebeschreibungen zu realistischen und gesitteten Figuren zum Gebrauch in Kinderstuben zurechtgestutzt worden seien.[47] Er hält ihm vor, daß er die Jugend vor den „alle Blumengärten umackernden und alle Höhen nivellierenden Pflug des materiellen Realismus" gespannt habe.[48] Auch hier wird also das Zurückdrängen der Phantasie zugunsten von Realismus, d. h. Nützlichkeit, kritisiert, so daß die analoge Kritik Friedrichs in dem genannten Roman als Auffassung Eichendorffs erschlossen werden darf. Dem

---

[42] Werke II, S. 51.

[43] Werke II, S. 51.

[44] Werke II, S. 52.

[45] Eichendorff, Der deutsche Roman des achtzehnten Jahrhunderts in seinem Verhältnis zum Christenthum (1851) (im folgenden zitiert als „Der deutsche Roman") In: Eichendorff HKA 8.2, S. 83.

[46] Eichendorff, HKA 11, S. 124.

[47] Eichendorff, Der deutsche Roman (1851), HKA 8.2, S. 62.

[48] Eichendorff, Der deutsche Roman (1851), HKA 8.2, S. 186.

entspricht im theoretischen Werk eine allgemeine, über Campe hinaus-
greifende und zum Beispiel Nicolai einschließende Kritik am Zeitalter
der Aufklärung. Ich muß mich hier auf die Dimension der Nützlichkeitstheorie der Aufklärung beschränken, kann also die religiöse Dimension
seiner Kritik an der Vernunftreligion der Aufklärung[49] und an der Auflö-
sung der Gesellschaft durch Zerstörung ihres christlichen Fundaments[50]
übergehen. Diese Nützlichkeitstheorie wird als fatal zurückgewiesen,
weil sie den Menschen von der christlichen Religion trenne, auf das
Diesseits begrenze und damit in einen einseitigen Realismus absinken
lasse.[51] Die Kritik wird dann schulpolitisch umgemünzt auf die „ganz
materielle Richtung" der „Realschule zur Erzielung einer industriellen
Reichsritterschaft, wo der erfinderische Eigennutz die Heldenrolle
übernommen hat"[52]. Die Begrenzung auf das Nützliche — so das zweite
Argument — vernachlässige überdies das Schöne.[53]

Zieht Eichendorff aus dieser Kritik an der Nützlichkeitstheorie der
Aufklärung die Konsequenz, daß er die Beziehung auf das Nützliche,
d. h. auf Arbeit und Beruf, aus der Bildung ausschließt? Wenn das so ist,
so stellt sich die weitere Frage, von welcher alternativen, positiven
Bildungstheorie er dabei ausgeht.

Zunächst zu den Auffassungen, die im literarischen Werk zu erkennen
sind! Hier werden entgegengesetzte Positionen entwickelt, die nur den
Umkreis einer möglichen Bildungstheorie markieren, über die dort also
nicht entschieden wird. Der Ausbildung äußerlicher Geschicklichkeiten
für einen Beruf und dem Aufgehen in einem Beruf (am Beispiel des
Beamten) wird die Verlustrechnung präsentiert: das Ich werde hinter
diesen Geschicklichkeiten verborgen und zerstreut, dem religiösen
Glauben zu wenig Raum gelassen.[54] In einem weiteren Gegensatzpaar
wird die Ausbildung zur Ökonomie (Landwirtschaft) — dem Prototyp des

---

[49] Eichendorff, Der deutsche Roman (1851), HKA 8.2, S. 88—89, 108—142.

[50] Eichendorff, Der deutsche Roman (1851), HKA 8.2, S. 68; vgl. ders., Ahnung
und Gegenwart (1815), Werke II, S. 182—183.

[51] Eichendorff, Zur Geschichte der neuern romantischen Poesie in Deutschland
(1846) (im folgenden zitiert als „Romantische Poesie"), HKA 8.1, S. 8—10;
Eichendorff, Der deutsche Roman (1851), HKA 8.2, S. 173—177.

[52] Eichendorff, Geschichte der poetischen Literatur Deutschlands (1857), HKA 9,
S. 17.

[53] Eichendorff, Der deutsche Roman (1851), HKA 8.2, S. 178.

[54] Eichendorff, Ahnung und Gegenwart (1815), Werke II, S. 16. — Vgl. Eichen-
dorff, Dichter und ihre Gesellen (1834), Werke II, S. 294—296. Vgl. ferner
Eichendorff, Ahnung und Gegenwart (1815), Werke II, S. 68—69: Kritik an der
Mädchenerziehung in Pensionaten, durch welche die „kindliche Eigentümlich-
keit" zugunsten einer Ausrichtung nach dem gesellschaftlichen Leitbild
(„Modell") der Dame aufgehoben wird.

Nützlichen – auf Kosten der Poesie und umgekehrt die Neigung zur
Poesie auf Kosten der Ökonomie realisiert[55] – ein Paar sich ausschließen-
der Gegensätze, auf das der Titel „Aus dem Leben eines *Taugenichts*"
(1823) anspielt und das dann zum Leitthema des dramatischen Märchens
„Krieg des Philistern" (1824) wurde.[56] Dort schleppt das Volk die Poetischen „mit . . . (der) verteufelten Maschine" fort, einem Boot, auf dem
die Poetischen gegen die Philister zu Kriege ziehen. Dieses Volk, das also
– in ironisch gebrochener Darstellung – nützliche Arbeit tut, weist die
Poesie zurück: „Wir wollen . . . nicht (sc. wie die Poetischen) gebildet
sein, und auch nicht mehr in Versen sprechen!"[57] Ebenfalls dem Muster
des Gegensatzes von Nützlichem und Poetischem (Schönen) folgend
nennt ein Philister die Blumen „das Unkraut nützlicher Kräuter"[58].
Dieser Gegensatz taucht dann später im Roman „Dichter und ihre
Gesellen" (1834) in der drastischen Entgegensetzung des „wüsten Trei-
bens" der Poesie und der „eisern geregelten Tätigkeit" in der Landwirtschaft wieder auf.[59] In dem genannten dramatischen Märchen, einem
satirischen Sammelbecken von Gegensätzen, begegnet uns auch der
Gegensatz von „höherer Bildung" zur Nützlichkeit und von Religion
wieder, die sich nach Auffassung des dortigen Repräsentanten der
Aufklärung wechselseitig ausschließen.[60]

Dem Nützlichen in Berufsausbildung und Berufsarbeit werden also
die Ansprüche des Individuums, der religiöse Glauben und die Poesie
entgegengesetzt. Diese Entgegensetzungen sind uns aus der Campe-
Kritik im literarischen Werk sowie aus dem späteren theoretischen Werk
schon bekannt: Die Religion wurde explizit genannt; die Phantasie und
das Schöne stehen in enger Beziehung zur Poesie. Die Ansprüche des
Individuums schließlich lassen sich inhaltlich auf Religion und Poesie
beziehen, da diese dem Individuum einen Entfaltungsspielraum in
Abgrenzung vom Beruf und von den damit gegebenen gesellschaftlichen
Verhältnissen geben, mit denen es als Träger einer nützlichen Berufs-
rolle verbunden ist. In diesem Sinne wird im Roman „Dichter und ihre
Gesellen" (1834) einem pflichtgetreuen Beamten vorgehalten: „Keiner
hat Zeit zu lesen, zu denken, zu beten. Das nennt man Pflichttreue; als
hätte der Mensch nicht auch die höhere Pflicht, sich auf Erden auszu-
mausern und die schäbigen Flügel zu putzen zum letzten, großen Fluge
nach dem Himmelreich, das eben auch nicht wie ein Wirtshaus an der

---

[55] Eichendorff, Ahnung und Gegenwart (1815), Werke II, S. 136.
[56] Eichendorff, Krieg den Philistern! (1824), Werke I, S. 486–487, 497–499,
533–535, 541–542.
[57] Ebd., Werke I, S. 478.
[58] Ebd., Werke I, S. 498.
[59] Eichendorff, Dichter und ihre Gesellen (1824), Werke II, S. 445–446.
[60] Eichendorff, Krieg den Philistern! (1824), Werke I, S. 515.

breiten Landstraße liegt, sondern treu und ernstlich und mit ganzer, ungeteilter Seele erstürmt sein will."[61]

Wie diese Gegensätze, die uns im literarischen und im theoretischen Werke begegnen, in einer Bildungstheorie verarbeitet werden, erfahren wir im literarischen Werk nicht. So viel ist gleichwohl bereits jetzt anzunehmen, daß der mit Nützlichkeit identifizierte Beruf und die darauf vorbereitende Ausbildung in dieser Entgegensetzung zu Poesie (Phantasie, dem Schönen) und Religion keine bildende Wirkung haben. Zu negativ erscheint der Stellenwert von Beruf und Berufsausbildung im Kontext dieser Gegensätze. Aber: Gilt die Poesie denn durchweg als das Positive? Auf Eichendorffs differenzierte Charakterisierung der Poesie, die diese nicht durchweg als strahlenden Gegenpol zu Beruf und Nützlichkeit leuchten läßt, kann ich hier nicht eingehen. Zur Relativierung sei nur so viel angemerkt, daß Eichendorff in dem dramatischen Märchen „Krieg den Philistern!" seinen Spott nicht nur auf die Philister — die Protagonisten der nützlichen Berufsmenschen —, sondern auch auf die Poetischen — die Repräsentanten der Poesie — ausgegossen hat.[62] Ich kann Eichendorffs wertende Klassifizierung der Poesie und die Frage, welche Art von Poesie denn zur Bildung beitrage, hier nicht verfolgen. Ich beschränke mich auf die Frage nach einer bildenden Wirkung von Arbeit und Berufsausbildung.

Im Sinne meiner Annahme einer nicht-bildenden Wirkung des bezeichneten Typs von Arbeit und Berufsausbildung entscheidet sich Eichendorff in seinem theoretischen Werk und beendet damit jene „gefährliche Seelenwanderung", die er — als Dichter — zwischen den entgegengesetzten „Elementen seiner Zeit" unternommen hat.[63] Seine bildungstheoretischen Reflexionen, die in seine literaturhistorischen und -kritischen Schriften eingestreut, nicht also zu einer systematischen Abhandlung verdichtet sind, laufen alle auf einen Punkt zu: Die „moderne Bildung", d. h. jene im Sinne der falschen Aufklärung[64] nur auf Nützlichkeit ausgerichtete Bildung, ist für Eichendorff durch und durch mangelhaft, da sie von der christlichen Religion getrennt sei.[65] In analoger Weise wird die Poesie kritisiert, sofern sie sich von der christlichen

---

[61] Eichendorff, Dichter und ihre Gesellen (1834), Werke II, S. 296.

[62] So gleich in der ersten Szene: Eichendorff, Krieg den Philistern! (1824), Werke I, S. 473–475.

[63] So charakterisiert Eichendorff allgemein die Rolle des Dichters. In: Eichendorff, Der deutsche Roman (1851), HKA 8.2, S. 83.

[64] Eichendorff, Der deutsche Roman (1851), HKA 8.2, S. 66, 68.

[65] Eichendorff, Die deutschen Volksschriftsteller (ca. 1846), HKA 8.1, S. 149–150; ders., Der deutsche Roman (1851), HKA 8.2, S. 143, 185–186; ders., Zur Geschichte des Dramas (1854), HKA 8.2, S. 360.

Religion emanzipiert hat.[66] Diesen Mangel der modernen Bildung drückt Eichendorff in folgendem Bilde aus — das Assoziationen zu Habermas' Kritik am positivistisch halbierten Rationalismus[67] weckt: „... diese neue (sc. moderne) Bildung hat nun einmal die Art des Puter's, der mit zugedrückten Augen sich blähend und sein Rad schlagend daherrauscht, ohne zu merken, wie übel und lächerlich das von der Kehrseite sich ausnimmt."[68]

Für unsere Frage, ob Eichendorff Arbeit und Berufsausbildung der Bildung entgegensetzt oder ob er eine bildende Wirkung von ihnen erwartet, heißt das: Unter der Voraussetzung einer nur dem Nützlichen dienenden Arbeit und Berufsausbildung tragen diese zur Bildung im Sinne Eichendorffs nichts bei. Hier ist eine Parallele zu Humboldt zu erkennen, der ebenfalls eine nur dem äußeren Nutzen dienende Arbeit als bildungshemmend ablehnt. Die von Eichendorff geforderte Bildung (Einbeziehung der christlichen Religion, harmonische Bildung aller Kräfte des Menschen, also auch der Phantasie)[69] ist aber nicht so weit in einer Bildungstheorie durchdacht worden, daß er — wie Humboldt — auch nach möglichen bildenden Wirkungen eines anderen Typs von Arbeit und von Berufsausbildung fragt. Darüber zu spekulieren, ob er solche bildenden Wirkungen im Rahmen der von ihm geforderten Bildung für möglich gehalten haben würde, ist müßig. Festzustellen ist, daß Eichendorff in der Spur der romantischen Aufklärungskritik Arbeit und Berufsausbildung der von ihm geforderten Bildung unvermittelt entgegensetzt. Hierin unterscheidet er sich — systematisch gesehen, denn er bezieht sich nirgends auf Humboldts Bildungstheorie — von Humboldt, der der Aufklärung noch näher stand als der Spätromantiker Eichendorff. Auf einen weiteren zentralen Punkt, in dem sich beide unterscheiden — die Bedeutung der christlichen Religion für die Bildung — weist bereits folgende Tagebucheintragung Eichendorffs aus dem Jahre 1812 in Wien hin: „War gegen Abend der junge Veith (sc. Maler, Stiefsohn Friedrich Schlegels) bei uns, wo ... er uns von dem ewig widersprechenden spitzköpfigten, heidnischen Minister Humboldt erzählte, zu dem er eben von uns hingieng."[70]

---

[66] Eichendorff, Romantische Poesie (1846), HKA 8.1, S. 25—28; W. Mauser, Einleitung. In: Eichendorff HKA 8.1, S. XXXVII—XL.

[67] J. Habermas, Gegen einen positivistisch halbierten Rationalismus. In: Th. W. Adorno u. a., Der Positivismusstreit in der deutschen Soziologie. Neuwied (1969) ³1971, S. 235—266.

[68] Eichendorff, Die deutschen Volksschriftsteller (ca. 1846), HKA 8.1, S. 150.

[69] Eichendorff, Romantische Poesie (1846), HKA 8.1, S. 24—25; ders., Der deutsche Roman (1851), HKA 8.2, S. 37.

[70] Eichendorff HKA 11, S. 309.

Für Anregungen zur Korrektur des Textes danke ich Robert F. Antoch, Ascan Heuwold und Hartmut Steuber.

Diskussion

Im Unterschied zu Humboldt geht es Eichendorff nie um Fragen des Berufs, wenn auch ein Desiderat der Arbeitswelt vorhanden ist, sondern um Einstellungen und das Verhalten zur Welt. Kunst (als Beruf) des Nicht-Philisters ist nicht für Lohn, sondern zum Lobe Gottes, seine Kunst ist nicht allein diesseitig ausgerichtet. Eine christliche Kunst beinhaltet ein Sich-selbst-verlieren, bei Humboldt hingegen dient der Beruf der Selbsterhaltung.

Eine schizoide Doppelung herrscht in den Romanen – „Ich mag mich nicht bewahren" –, Feindschaft zwischen Lust zu leben und Schmach der Arbeit. Hier setzt eine Unbestimmbarkeit der Begriffe ein. Einerseits schätzt Eichendorff den Dilletanten als Delektierenden, andererseits ist, z. B. in der Teegesellschaft, der Dilletant mit dem Philister identisch. Der Philister kann aber auch positiv belegt sein.

Ein Test der ästhetischen Erziehung ist die moralische Bewährung. Trotz Schillers realistischer Sicht kommt es ihm letztendlich auf die geistige Entwicklung an, nicht auf die physische Erhaltung, und in diesem Sinne nähert er sich Eichendorff, während Humboldt drei äußerste Markierungspunkte für seine Moralphilosophie setzt: das Schöne, das Wahre und das Gute. Humboldt teilt mit Schiller die Utopie einer idealen Bildung, wie sie am Schluß der ästhetischen Briefe dargestellt wird. Ihre Differenz liegt in Humboldts Vorstellung vom Menschheitsideal: es sind die von allen Menschen zu allen Zeiten hervorgebrachten unterschiedlichen Ausprägungen der Kräfte, die diesem Ideal zustreben. Schiller ist nivellierend, romantisch orientiert, während Eichendorff wiederum idealistisch argumentiert, zum Beispiel im Motiv einer bejahten aktiven Lesesucht, welche reinigend wirkt.

Personenverzeichnis